智能制造产业
关键技术专利分析

张明辰　俞观华　张俊彪◎著

知识产权出版社
全国百佳图书出版单位
—北京—

图书在版编目（CIP）数据

智能制造产业关键技术专利分析 / 张明辰，俞观华，张俊彪著 . —北京：知识产权出版社，2024.8. —ISBN 978-7-5130-9440-5

Ⅰ. F426.4

中国国家版本馆 CIP 数据核字第 20249CV699 号

内容提要

本书以专利数据分析为主线，分析了数控机床、工业机器人、自动化成套生产线的技术创新、产业发展及相关技术路线演变情况，阐述了智能制造产业的发展趋势，本书适合在工业制造、智能生产领域从事技术研发、专利挖掘及知识产权管理的人群阅读。

责任编辑：龚　卫　　**责任印制**：孙婷婷

封面设计：杨杨工作室・张冀

智能制造产业关键技术专利分析

ZHINENG ZHIZAO CHANYE GUANJIAN JISHU ZHUANLI FENXI

张明辰　俞观华　张俊彪　著

出版发行：	知识产权出版社有限责任公司	网　　址：	http：//www.ipph.cn
电　　话：	010-82004826		http：//www.laichushu.com
社　　址：	北京市海淀区气象路 50 号院	邮　　编：	100081
责编电话：	010-82000860 转 8120	责编邮箱：	gongway@sina.com
发行电话：	010-82000860 转 8101	发行传真：	010-82000893
印　　刷：	北京建宏印刷有限公司	经　　销：	新华书店、各大网上书店及相关专业书店
开　　本：	720mm × 1000mm　1/16	印　　张：	17.5
版　　次：	2024 年 8 月第 1 版	印　　次：	2024 年 8 月第 1 次印刷
字　　数：	282 千字	定　　价：	98.00 元

ISBN 978-7-5130-9440-5

前 言

当今世界正经历百年未有之大变局，科技创新和产业发展是推动经济社会发展的重要力量。自党的十八大以来，全国上下坚持立足新发展阶段、贯彻新发展理念、构建新发展格局。进入“十四五”时期，高质量发展是新时代科技创新的主基调。当前，中国制造业面临的挑战是高端制造业向发达国家回流，低端制造向低成本国家转移，新时代的高质量发展必然需要工业的转型升级。新科技革命与产业变革带来了新的挑战和机遇。新一轮科技革命和产业变革正在孕育兴起，这将重塑全球经济结构和竞争格局。同时，新一轮科技革命和产业变革与我国加快建设制造强国形成历史性交汇，实现由“制造业大国”向“制造业强国”的转变，实现制造业产业升级。

本书由张明辰、俞观华、张俊彪合著完成，其中，绪论、数控机床部分由张明辰完成，字数约为 9 万字；自动化生产线部分由俞观华完成，字数约为 9 万字；工业机器人部分由张俊彪完成，字数约为 10 万字。

本书以专利数据分析为主线，结合产业发展概述，分析了数控机床、工业机器人、自动化成套生产线产业发展情况、创新热点以及相关技术路线，较全面地阐述了智能制造产业的创新发展趋势，涵盖了智能制造在高档数控机床、工业机器人及自动化生产线领域中的应用案例，既有理论又联系实际，内容充实，适合专业技术人员、知识产权管理人员、研发人员以及政策制定者从中了解智能制造行业的发展动态、技术创新热点、全球重要创新主体、技术演变路线等信息，以期给读者在日常学习与产业分析中提供帮助。

目 录

第二部分 工业机器人

第三部分　自动化成套生产线

绪　论

0.1　研究内容

2017年5月17日，国务院召开常务会议，指出下一步将深入实施《中国制造2025》，把发展智能制造作为主攻方向。2021年12月28日，工业和信息化部等八部门联合印发了《“十四五”智能制造发展规划》(以下简称《规划》),《规划》指出:“十四五”及未来相当长一段时期，推进智能制造，要立足制造本质，紧扣智能特征，以工艺、装备为核心，以数据为基础，依托制造单元、车间、工厂、供应链等载体，构建虚实融合、知识驱动、动态优化、安全高效、绿色低碳的智能制造系统，推动制造业实现数字化转型、网络化协同、智能化变革。智能制造装备产业的基础作用不仅体现在对海洋工程、高建铁路、大飞机、卫星等高端装备的支撑，也体现在对于其他制造装备通过融入测量控制系统、自动化成套生产线、机器人等技术实现产业的提升。

图0–1展示了智能制造全流程，包括订单产生、产品工艺设计、主生产计划、备料和加工生产、产品总装到最后交付的过程，其中智能制造的发展需要经历自动化、信息化、互联化、智能化四个阶段，每一阶段都对应着智能制造体系中某一核心环节的不断成熟。自动化是指淘汰、改造低自动化水平的设备，制造高自动化水平的智能装备；信息化是指产品服务由物理到信息网络，智能化元件参与提高产品信息处理能力；互联化是指建设工厂物联网、服务网、数据网、工厂间互联网，装备实现集成；智能化是指通过传感器和机器视觉等技术实现智能监控决策。四个阶段的主要产业链如图0–2所

示。自动化、信息化、互联化和智能化是智能制造装备的重要发展趋势，主要表现在装备能根据用户要求完成制造过程的自动化，并对制造对象和制造环境具有高度适应性，实现制造过程的优化。

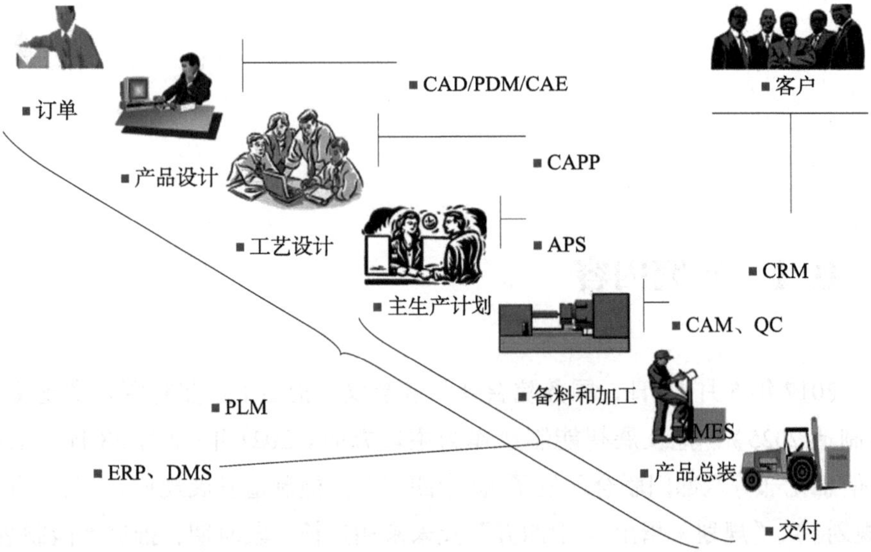

图 0–1　智能制造流程

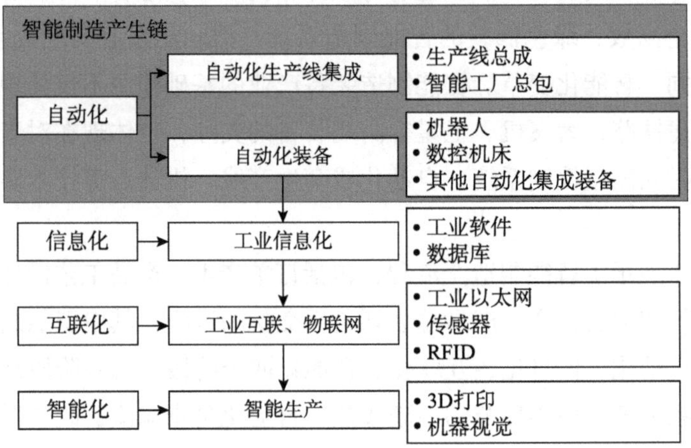

图 0–2　智能制造产业链

资料来源:《流程型智能制造白皮书》，中国电子技术标准化研究院、深圳华制智能制造技术有限公司、东北大学联合编写，2019 年 7 月发布。

从图 0–2 可知，自动化产业链主要包含自动化生产线集成和自动化装备两个部分，两者构成了智能制造的基础设施，其中自动化生产线集成是指按照工艺过程，把一条生产线上的机床和辅助设备按照工艺顺序联结起来，形成包括上料、下料、装卸和产品加工等全部工序都能自动控制、自动测量和自动连续的生产线。传送储存装置和自动控制系统是区别流水线和自动生产线的重要标志，而自动化装备是指机器或装备在无人干预的情况下按规定的程序或指令自动进行操作或控制的过程，因此由自动化装备以及其构成的自动化成套生产线的生产和运用能够将人从繁重的体力劳动、恶劣的环境中解放出来，而且能提高生产效率。自动化装备主要包括以高档数控机床为代表的智能装备制造和以工业机器人为代表的智能制造应用两个方面。高档数控机床是装备制造业的“工作母机”，一个国家的机床行业技术水平和产品质量，是衡量其装备制造业发展水平的重要标志，其对于一国制造业尤其是装备制造业在国际分工中的位置具有“锚定”作用。工业机器人被誉为“制造业皇冠上的明珠”，是实施自动化生产线、工业 4.0、智能制造车间、数字化工厂、智能工厂的重要基础装备，高端制造需要工业机器人，产业转型升级也离不开工业机器人。

由于数控机床和机器人是相对独立的自动化装备产品，所以分别对数控机床和机器人进行研究分析。而自动化生产线集成具有自己的鲜明特点，并不是一个个独立的产品，它是涉及诸多功能部件的一整套体系，并且与上下游产业结构紧密相关，所以重点从自动化生产线上下游产业链着手，研究自动化生产线行业现状和未来发展趋势。

0.2 研究方法

0.2.1 数据检索与处理

本书包括三个部分：数控机床、工业机器人、自动化成套生产线，所有专利数据检索均采用 HiamPat 全球专利智能检索分析平台进行，专利检索数据统计日期均至 2022 年。近两年数据由于大部分未公开等原因，不计入统计。专利检索采取总分式策略，即先对技术主题进行检索，再在技术主题的检索结果中进行分支的检索。针对具体情况，采用钓鱼检索、引证追踪检索及补充检索等策略。

1. 钓鱼检索

先找出一个简单检索要素进行检索，通过对检索结果的分析，挖掘并扩展更多有效的检索要素。

2. 引证追踪检索

检索得到相关文献后，查找该相关文献的引证与被引证文献，从中寻找更多的相关文献。

3. 补充检索

对检索要素及检索结果的进一步完善，除在检索过程中调整加入新的关键词、分类号等检索要素以外，还要从检索结果中挖掘申请人信息作为补充检索要素，对于外文数据库还可以采用更加准确的 CPC 细分分类号进行补充检索。

任何一个检索式都不可避免会带来噪声，由于检索过程主要使用分类号和关键词，因此检索结果的噪声主要来源于两个方面：①分类号带来的噪声，即分类不准导致噪声，或专利文献本身内容丰富导致具有多个副分类号，而其中有一些副分类号并不体现专利文献的发明点；②关键词带来的噪声，一些关键词使用广泛，如“数控机床”，可以包括多种类型的机床，而进一步限定又可能遗漏技术主题并非用数控机床表述的专利文献。基于对噪声来源的分析，确定检索数据去噪策略为分类号去噪、关键词去噪和后续标引过程中进一步采用人工去噪。

通过对各技术分支的数据进行查全率和查准率验证，可以判断是否能够终止检索，并使检索结果可靠。

查全率的评估方法如下：①选择一重要申请人，以其为检索入口，获得在该领域的申请文献量，作为母样本；②在检索结果中同样以上述申请人为检索入口，获得其申请文献量，作为子样本；③查全率 = 子样本 / 母样本 ×100%。

查准率的评估方法如下：①在检索结果中随机选取一定数量的文献，作为母样本；②对母样本中的文献逐篇阅读，确认其与技术主题是否相关，相关文献数量即为子样本；③查准率 = 子样本 / 母样本 ×100%。

0.2.2 数据标引

数据标引是对数据进一步的加工整理，对经过数据清理和去噪的每一项专利申请赋予属性标签，以便统计学上的分析研究。所述“属性”可以是技术分解表中的子分支类别，也可以是自定义的需要研究项目的类别。当为每一项专利申请进行数据标引后，就可以方便快捷地统计相应类别的专利申请数量或其他方面的分析项目。因此，数据标引在专利分析工作中具有重要的地位，是实施统计分析的便捷手段之一。运用数据标引，有利于厘清技术方案，并方便统计各技术分支的各项数据，为后续的专利分析打下坚实的基础。

针对每一项专利申请，标引的项目涉及申请号、公开号、申请日、申请人、被引用频次、重要发明点、技术手段（根据发明点归纳概括）和技术效果（根据解决的技术问题确定）。

0.2.3 主要研究内容

本书研究的主要目的是通过对数控机床、工业机器人和自动化成套生产线在专利方面的整体分析，剖析其产业发展、技术现状以及未来趋势，并与我国相关研发和产业情况进行对比研究，以便能够发现我国在数控机床、工业机器人和自动化成套生产线领域存在的问题、差距及未来发展的重点，同时为我国实现具有自主知识产权的数控机床、工业机器人和自动化成套生产线提供参考。本书总体上采用了统计分析法和对比分析法等定量分析和定性分析相结合的研究方法，从宏观角度对专利布局和态势进行阐述、研究。

0.2.4 相关事项和约定及术语解释

关于专利申请量统计中的“件”和“项”的说明。

项：同一项发明可能在多个国家或地区提出专利申请，在进行专利申请数量统计时，对于数据库中以一族（这里的“族”指的是同族专利中的“族”）数据的形式出现的一系列专利文献，计算为“一项”。一般情况下，专利申请的项数对应于技术的数目。

件：在进行专利申请数量统计时，如为了分析申请人在不同国家、地区或组织所提出的专利申请的分布情况，将同族专利申请分开进行统计，所得到的结果对应于申请的件数。一项专利申请可能对应于一件或多件专利申请。

接下来对本书中出现的其他术语或现象，一并给出解释。

1. 同族专利

同一项发明创造在多个国家申请专利而产生的一组内容相同或基本相同的专利文献出版物，称为一个专利族或同族专利。从技术角度来看，属于同一专利族的多件专利申请可视为同一项技术。在本书中，针对技术和专利技术首次申请国分析时对同族专利进行了合并统计，针对专利在国家或地区的公开情况进行分析时各件专利进行了单独统计。

2. 专利所属国家或地区

本书中专利所属的国家或地区是以专利申请的首次申请优先权国别或地区来确定的，没有优先权的专利申请以该项申请的最早申请国别或地区确定。

3. 专利法律状态

有效、无效、撤回、驳回和公开。在本书中，“有效”专利是指到检索截止日为止，专利权处于有效状态的专利申请。“无效”专利是指到检索截止日为止，专利权已终止的专利申请。“撤回”专利是指到检索截止日为止，专利申请已撤回的专利申请。“驳回”专利是指到检索截止日为止，专利申请已被驳回的专利申请。“公开”专利是指到检索截止日为止，还未进入实质审查程序或者正处于实质审查程序中的专利申请。“公开”专利申请未显示结案状态，此类专利申请可能还未进入实质审查程序或者正处于实质审查程序中，也有可能处于复审等其他法律状态。

0.2.5 重要专利的定义和筛选

通常来讲，影响专利重要性的因素包括技术因素、市场因素、法律因素等，而在进行重要专利的定义和筛选时又要具体考虑以下因素。

1. 被引用频次

被引用频次在一定程度上反映专利在该领域中的重要性、基础性。通常一件专利被其他专利引用的次数越高，表明该专利在该领域内越重要。采用引证频次的缺点在于一般提出年份较早的专利被引证的概率就越高，因此也容易遗漏近年新提出的重要专利。

2. 同族专利数量

专利布局情况通常采用同族专利数量来表示，同族专利是指同一项发明在多个国家或地区进行专利申请而形成的一组内容相同或基本相同的专利族，通常一项专利如果在多个国家布局，则其同族专利量越多，也说明该专利的重要程度越高。

3. 专利保护范围大小

对于一件专利，权利要求尤其是独立权利要求的保护范围是否恰当，从属权利要求是否呈现层次性细化都会决定专利的保护范围与专利权的稳定性。

4. 申请人/发明人

某一技术领域内处于行业领先的企业，其研发创新能力往往也较强，则其专利技术也就代表了本领域的发展方向，其专利技术在本领域的重要性就越高。但是，由于企业出于专利布局的考虑，企业也会申请一些外围非核心专利，而市场占有率不高的企业反而会申请一些核心重要专利，所以申请人/发明人仅作为筛选重要专利的因素之一。

5. 技术路线关键节点

技术发展路线中的关键点所涉及的专利技术不仅是技术的突破点和重要改进点，也是在生产相关产品时难以绕开的技术点。通常技术路线关键节点文献的出现，会促进本领域企业对该专利进行重要改进和完善，或对该领域的其他相关技术进行相应的改进和发展。因此技术关键点的文献也是判定该阶段专利重要性的一项重要指标。

通常，一件专利的被引用频次、同族专利数量、专利保护范围大小、申请人/发明人、技术路线关键节点这五个方面的信息已经足以表征该专利的重要性，也是对重要专利的定义和筛选的依据。

第一部分　数控机床

第一章
数控机床产业发展概述

1.1　数控机床产业概述

制造业是国民经济的主体，是立国之本、兴国之器、强国之基。18 世纪中叶开启工业文明以来，世界强国的兴衰史和中华民族的奋斗史一再证明，没有强大的制造业，就没有国家和民族的强盛。打造具有国际竞争力的制造业，是我国提升综合国力、保障国家安全、建设世界强国的必由之路。改革开放以来，我国制造业持续快速发展，建成了门类齐全、独立完整的产业体系，有力推动工业化和现代化进程，显著增强综合国力，彰显世界大国地位。然而，与世界先进水平相比，中国制造业仍然大而不强，在自主创新能力、资源利用效率、产业结构水平、信息化程度、质量效益等方面差距明显，转型升级和跨越发展的任务紧迫而艰巨。

机床的发展经历了三个阶段。[1]第一阶段是 1930—1952 年，从手动机床向机、电、液高效自动化机床和自动线发展，1952 年世界第一台数控机床在美国麻省理工学院研制成功，这是制造技术的一次革命性跨越，主要解决减少体力劳动的问题。第二阶段是 1952—2006 年，数字控制机床发展，数控机床采用数字编程、程序执行、伺服控制等技术，实现按照零件图样编制的数字化加工程序自动控制机床的轨迹运动和运行，数控机床逐渐进入实际工业生产的应用。进一步减少体力和部分脑力劳动的问题，提高加工精度和

[1] 刘强 . 数控机床发展历程及未来趋势 [J]. 中国机械工程，2021，32（7）：757-770.

费用。第三阶段是2006年开发出智能机床之后，智能化数控技术开始发展，与人工智能结合将加速智能化机床的发展，全面提升加工精度效率及产品稳定性。

数控机床是数字控制机床（computer numerical control machine tools）的简称，是一种装有程序控制系统的自动化机床。数控机床的基本组成包括加工程序载体、数控装置、伺服驱动装置、机床主体和其他辅助装置。数控机床是现如今的主流发展方向。20世纪70年代以来，国际上电子技术开始成熟，数控机床进入大规模产业化时期，到1979年，数控技术已经发展到超大规模集成电路、大容量存储器、可编程接口、遥控接口。目前，欧洲、美国、日本等已先后完成数控机床产业化进程，并随着微电子技术、计算机技术和软件技术的迅速发展，数控机床的控制系统日益趋向于向高速度、高精度、复合化和智能化的方向发展。例如，数控铣削加工是在一般铣削加工的基础上发展起来的一种自动加工设备，两者的加工工艺基本相同，结构也有些相似。数控铣削加工又分为不带刀库和带刀库两大类，其中带刀库的数控铣削加工又称为加工中心，加工中心按其加工工序分为镗铣和车削两大类，按控制轴数可分为三轴、四轴和五轴加工中心。工件在加工中心上经一次装夹后，能对两个以上的表面完成多种工序的加工，并且有多种换刀或选刀功能，从而使生产效率大大提高。

德国工业4.0是由德国产学研各界共同制定，以提高德国工业竞争力为主要目的的战略。该战略是在德国学术界和产业界的积极建议和共同推动下形成的，被政府接受并迅速上升为国家战略。同时，为了缓解国内严峻的就业压力，德国、美国和日本等发达国家纷纷推行“再工业化”，力图通过产业升级化解高成本压力，寻找能够支撑未来经济增长的高端产业，以重塑竞争优势，保持世界领导者的地位。2006年9月，日本的山崎马扎克公司在IMTS展会上展出了世界上第一台智能机床。智能机床，是对制造过程能够作出决定的机床，其了解制造的整个过程，能够监控、诊断和修正在生产过程中出现的各类偏差，并且能为生产的最优化提供方案。此外，还能计算出所使用的切削刀具、主轴、轴承和导轨的剩余寿命，让使用者清楚其剩余使用时间和替换时间。对于智能机床，还需要进一步完善提高，向智能化、网络化、集成化后的可靠性、稳定性、耐用性更高的方向发展。

我国数控技术发展较晚，在20世纪80年代才开始发展数控机床领域。但是近年来，国家对数控机床产业的支持力度不断加大，明确提出在数控机床方面提高大型、精密、高速数控装备和数控系统和功能部件的水平，以提高我国装备制造业的整体水平，振兴国内装备制造业，由此提高我国整体技术水平，推进工业结构优化升级，促进工业高速发展。

当前，中国制造业面临的挑战是高端制造业向发达国家回流和低端制造业向低成本国家转移。随着“两化”融合的推进，工业4.0来临，加速了中国工业的转型升级。新科技革命与产业变革带来了新的挑战和机遇，一方面，新一轮科技革命和产业变革正在孕育兴起，这将重塑全球经济结构和竞争格局；另一方面，新一轮科技革命和产业变革与我国加快建设制造强国形成历史性交汇，为实施创新驱动发展战略提供了难得的重大机遇。实现我国由“制造业大国”向“制造业强国”的转变，就需要以智能制造、绿色制造等在生产方式和理念上突破创新，实现制造业产业升级。中国目前仍处于工业2.0的后期阶段，工业2.0要补课，工业3.0要普及，工业4.0有条件要尽可能做一些示范。为实现中国由“制造业大国”向“制造业强国”的转变，有必要借鉴德国工业4.0战略的基本思路和实施机制，借助于正在迅速发展的新产业革命的技术成果，加快推进制造业生产制造方式、产业组织和商业模式等方面的创新，加快促进制造业的全面转型升级。我国处于追求持续性发展、实现转型升级的阶段，制造业的国际竞争力依然是支撑我国就业和增长的核心。

2015年3月5日，国务院总理李克强在十二届全国人民代表大会第三次会议上提出了《中国制造2025》，这是中国政府实施制造强国战略第一个十年的行动纲领。《中国制造2025》提出，坚持“创新驱动、质量为先、绿色发展、结构优化、人才为本”的基本方针，坚持“市场主导、政府引导，立足当前、着眼长远，整体推进、重点突破，自主发展、开放合作”的基本原则，通过“三步走”实现制造强国的战略目标：第一步，到2025年迈入制造强国行列；第二步，到2035年中国制造业整体达到世界制造强国阵营中等水平；第三步，到新中国成立一百年时，综合实力进入世界制造强国前列。《中国制造2025》中提出实行五大工程，包括制造业创新中心建设的工程、强化基础的工程、智能制造工程、绿色制造工程和高端装备创新工程。

重点发展十个领域，包括新一代信息技术产业、高档数控机床和机器人、航空航天装备、海洋工程装备及高技术船舶、先进轨道交通装备、节能与新能源汽车、电力装备、农机装备、新材料、生物医药及高性能医疗器械。其中，高档数控机床的目标是开发一批精密、高速、高效、柔性的数控机床与基础制造装备及集成制造系统。加快高档数控机床、增材制造等前沿技术和装备的研发，以提升可靠性、精度保持性为重点，开发高档数控系统、伺服电机、轴承、光栅等主要功能部件及关键应用软件，加快实现产业化。

除此之外，工业和信息化部（以下简称工信部）发布了《智能制造发展规划（2016—2020 年）》。该规划是指导智能制造发展的纲领性文件，将统筹国内智能制造发展，加快形成全面推进制造业智能转型的工作格局。

1.1.1 数控机床结构

数控机床通常由控制系统、伺服系统、检测系统、机械传动系统及其他辅助系统组成。控制系统用于数控机床的运算、管理和控制，通过输入介质得到数据，对这些数据进行解释和运算并对机床产生作用；伺服系统根据控制系统的指令驱动机床，使刀具和零件执行数控代码规定的运动；检测系统则是用来检测机床执行件（工作台、转台、滑板等）的位移和速度变化量，并将检测结果反馈到输入端，与输入指令进行比较，根据其差别调整机床运动；机床传动系统是由进给伺服驱动元件至机床执行件之间的机械进给传动装置；辅助系统种类繁多，如固定循环（能进行各种多次重复加工）、自动换刀（可交换指定刀具、传动间隙补偿机械传动系统产生的间隙误差）等。

在数控加工中，数控铣削加工最为复杂，需解决的问题也最多。除数控铣削加工之外的数控线切割、数控电火花成型、数控车削、数控磨削等数控编程各有特点，伺服系统的作用是把来自数控装置的脉冲信号转换成机床移动部件的运动。具体由以下部分构成。[1]

1. 主机

是数控机床的主要结构部件，包括机床身、立柱、主轴和进给机构等机

[1] 王西彬，焦黎，周天丰 . 精密制造工学基础 [M]. 北京：北京理工大学出版社，2018：181-190.

械部件，用于完成各种切削加工的机械部件。

2. 数控装置

是数控机床的核心，包括硬件及相应的软件。硬件包括印刷电路板、CRT显示器、键盒、纸带阅读机等；软件用于输入数字化的零件程序，并完成输入信息的存储、数据的变换、插补运算及实现各种控制功能。数控机床的操作和监控全部在这个数控单元中完成，它是数控机床的大脑。与普通机床相比，数控机床有如下特点：①加工精度高，具有稳定的加工质量。②可进行多坐标的联动，能加工形状复杂的零件。③加工零件改变时，一般只需要更改数控程序，可节省生产准备时间。④机床本身的精度高、刚性大，可选择有利的加工用量，生产率高，为普通机床的3—5倍。⑤机床自动化程度高，可以减轻劳动强度。⑥对操作人员的素质要求较高，对维修人员的技术要求更高。

3. 驱动装置

是数控机床执行机构的驱动部件，包括主轴驱动单元、进给单元、主轴电机及进给电机等。驱动装置在数控装置的控制下通过电气或电液伺服系统实现主轴和进给驱动，当几个进给联动时，可以完成定位、直线、平面曲线和空间曲线的加工。

4. 辅助装置

指数控机床的一些必要的配套部件，用以保证数控机床的运行，如冷却、排屑、润滑、照明、监测等。它包括液压和气动装置、排屑装置、交换工作台、数控转台和数控分度头，以及刀具及监控检测装置等。

5. 编程及其他附属设备

可用来在机外进行零件的程序编制、存储等。

数控机床按加工工艺用途分为三类。①金属切削类数控机床：包括数控车床、数控钻床、数控铣床、数控磨床、数控镗床及加工中心。这些机床都能够适用于单件、小批量和多品种和零件加工，具有加工尺寸一致性、高生产率和自动化程度，以及很高的设备柔性。金属成型类数控机床：这类机床包括数控折弯机、数控组合冲床、数控弯管机、数控回转头压力机等。②数控特种加工机床：这类机床包括数控线（电极）切割机床、数控电火花加工机床、数控火焰切割机、数控激光切割机床、专用组合机床等。③其他类型的数控设备：非加工设备采用数控技术，如自动装配机、多坐标测量机、自动绘图机和工业机器人等。

数控机床比传统机床有以下五点突出的优越性，而且这些优越性均来自数控系统所包含的计算机的作用。它可以加工出传统机床加工不出来的曲线、曲面等复杂的零件。①由于计算机有高超的运算能力，可以瞬时准确地计算出每个坐标轴瞬时应该运动的运动量，因此可以复合成复杂的曲线或曲面。②可以实现加工的自动化，而且是柔性自动化，从而效率可比传统机床提高 3—7 倍。由于计算机有记忆和存储能力，可以将输入的程序记住和存储下来，然后按程序规定的顺序自动去执行，从而实现自动化。数控机床只要更换一个程序，就可实现另一工件加工的自动化，从而使单件和小批生产得以自动化，故被称为实现了“柔性自动化”。③加工零件的精度高，尺寸分散度小，使装配变得容易，不再需要“修配”。④可实现多工序的集中，减少零件在机床间的频繁搬运。⑤拥有自动报警、自动监控、自动补偿等多种自律功能，因而可实现长时间无人看管加工。

高档数控机床是装备制造业的“工作母机”。一个国家的机床行业技术水平和产品质量，是衡量其装备制造业发展水平的重要标志，对于一国制造业，尤其是装备制造业在国际分工中的位置具有“锚定”作用，是衡量一个国家工业现代化程度的重要标志，在国防建设上更是具有战略意义的重要基础性产业。我国高档数控机床需要开发一批精密、高速、高效、柔性数控机床与基础制造装备及集成制造系统，以提升可靠性、精度保持性为重点，开发高档数控系统、精密多轴数控机床等主要功能部件及关键应用软件，加快实现产业化。数控机床和基础制造装备是制造业价值生成的基础和产业跃升的支点，是基础制造能力构成的核心，只有拥有坚实的基础制造能力，才有可能生产出先进的装备产品，从而实现高价值产品的生产。

1.1.2 数控机床产业链

由于数控机床生产涉及的行业门类众多，各企业间生产水平差别很大，数控机床产业上、中、下游的基本构成如图 1–1 所示。

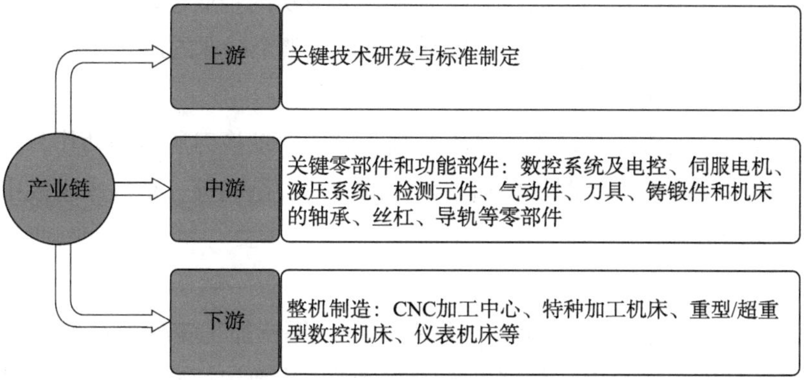

图 1–1 数控机床的产业构成

资料来源：《流程型智能制造白皮书》，中国电子技术标准化研究院、深圳华制智能制造技术有限公司、东北大学联合编写，2019 年 7 月发布。

1. 上游

数控机床的产业链上游主要为关键技术研发与标准制定。目前国内外的研发主要依托重点高校实验室和专业机床研究所开展。此外，处于行业龙头地位的企业一般也设有专门的技术研发机构。

2. 中游

数控机床产业链的中游主要为制造整机所需要的关键零部件和功能部件，包括数控系统及控制电柜、伺服电机、液压系统、检测元件、气动件、刀具、铸锻件和机床的轴承、丝杠、导轨等。

（1）数控系统。

数控系统是数控机床的神经中枢，是决定机床装备的性能、功能、可靠性和成本的关键因素。数控系统属于技术密集型产品，一般占整机价格的 40% 或更多。在国际市场上，中、高档数控系统主要由以日本发那科公司、德国西门子公司、日本三菱公司为代表的少数企业所垄断，其中发那科公司占 50% 左右。

（2）伺服电机。

伺服电机是指数控机床中控制机械元件运转的发动机，是一种辅助电动机间接变速装置。伺服电机是数控机床中的关键功能部件之一，它与数控系统紧密结合。国内外许多数控系统研制较为成功的企业也设有伺服电机生产分部。目前日本、德国、美国的伺服电机代表整个行业的最高水平。

（3）液压系统。

数控机床的液压系统主要作用是辅助完成自动换刀所需的动作，保持机床运动部件的平衡，控制机床运动部件的运动、制动等，是机床组成中不可缺少的功能部件。

（4）检测元件。

数控机床要实现其安全、可靠地运行，保持加工零件的高精度，需要有各种各样的检测元件。数控机床的测量元件主要包括光栅、光电脉冲编码器、感应同步器、旋转变压器、磁栅、旋转编码器等。

（5）气动件。

气动件是一种动力传动形式，利用气体压力来传递能量。它的作用与机床的液压系统类似，一般和液压系统配合使用。日本 SMC 公司是世界上最大的专业制造气动件的公司。

（6）轴承。

机床用轴承必须具备高速、高准确性、高系统刚度、低发热、低噪音和低振动水平等一系列卓越的性能，主要有合金材料轴承和陶瓷新材料轴承两种。日本和欧美等企业凭借先进的合金冶炼和陶瓷新材料制造技术，占据轴承产业的高端。

（7）刀具。

刀具材料种类较多，常用的有工具钢（包括碳素工具钢、合金工具钢和高速钢）、硬质合金、陶瓷、金刚石（天然和人造）和立方氮化硼等，数控机床对刀具材料的基本要求是高的硬度，高的耐磨性、耐热性，低膨胀系数，足够的强度和韧性，所以刀具制造材料的选择至关重要。与轴承产业类似，日本、德国、美国代表了世界机床刀具的最高水平，同时我国台湾地区在国际刀具市场中也有较高地位。

3. 下游

数控机床的下游为整机制造，数控机床的整机主要包括 CNC 加工中心、特种加工机床、重型/超重型数控机床、仪表机床等。随着工业化进程向纵深层次发展，装备制造业的产业升级趋势已势不可挡，纺织、来料加工、原材料开采等低端产业将逐渐没落，航空航天、船舶制造、汽车、电力设备等重化工业将逐步崛起，这些行业的崛起将对重型、高端数控机床产生旺盛的需求，进而拉动机床行业更深层次的产业升级。

高速化、高精度化、高可靠性、复合化、智能化、柔性化、集成化和开放性是当今数控机床行业的主要发展方向。当今的市场，国际合作的格局逐渐形成，产品竞争日趋激烈，高效率、高精度加工手段的需求在不断升级，用户的个性化要求日趋强烈，专业化、专用化、高科技的机床越来越得到用户的青睐。

（1）复合化。

数控机床的功能复合化的发展，其核心是在一机床上要完成车、铣、钻、攻丝、绞孔和扩孔等多种操作工序，从而提高机床的效率和加工精度，提高生产的柔性。

（2）高速化、高精度化、高可靠性。

高速化：提高进给速度与提高主轴转速。

高精度化：其精度从微米级到亚微米级，乃至纳米级。

高可靠性：一般数控系统的可靠性要高于数控设备的可靠性在一个数量级以上，但也不是可靠性越高越好，因为商品受性能价格比的约束。

（3）智能化。

智能化的内容包括在数控系统中的以下几个方面：①为追求加工效率和加工质量方面的智能化。②在提高驱动性能及使用连接方便等方面的智能化。③简化编程、简化操作方面的智能化。④智能化的自动编程、智能化的人机界面等，以及智能诊断、智能监控等方面的内容，方便系统的诊断及维修。

（4）柔性化、集成化。

当今世界上的数控机床向柔性自动化系统发展的趋势，一方面是从点（数控单机、加工中心和数控复合加工机床）、线（FMC、FMS、FTL、FML）向面（工段车间独立制造岛 FA）、体（CIMS、分布式网络集成制造系统）的方向发展；另一方面是向注重应用性和经济性方向发展。柔性自动化技术是制造业适应动态市场需求及产品迅速更新的主要手段，是各国制造业发展的主流趋势，是先进制造领域的基础技术。新一代数控系统的开发核心是开放性，开放性是指有软件平台和硬件平台的开放式系统，采用模块化、层次化的结构，并向外提供统一的应用程序接口。为解决传统的数控系统封闭性和数控应用软件的产业化生产存在的问题，目前许多国家对开放式数控系统进行研究，数控系统开放化已经成为数控系统的未来之路，开放式数控系统的体系结构规范、通信规范、配置规范，运行平台、数控系统功能库及数控系统功能软件开发工具等是当前研究的核心。网络化数控装备是近两年的一个新的焦点，数控装备的网络化将极大地满足生产线、制造系统、制造企业对信息集成的需求，也是实现新的制造模式如敏捷制造、虚拟企业、全球制造的基础单元。国内外一些著名数控机床和数控系统制造公司都在近两年推出了相关的新概念和样机。

数控技术的问世已有四十多年的历史，是由机械学、控制学、电子学、计算机科学四大基础学科发展起来的一门综合性新兴学科。随着科学技术发展的需要，对21世纪的数控技术提出了更高的要求。"共享经济"是互联网发展的重要趋势和方向，随着信息技术从移动通信进入制造领域，以及伴随着"共享经济"浪潮席卷我国各行各业，机床行业也需要探索一条共享发展之路。鉴于机床行业当前"大而不强"的问题，更是当前制造业亟须转型升级的一个典型，为此在装备制造业智能化发展的大背景下，沈阳机床突破束缚，抓住机遇探索出"共享机床"发展新模式，成为转型升级的一个全新破题点。"共享机床"应用"共享经济"发展模式，即对供给方来说，通过在特定时间内让渡物品的使用权或提供服务，来获得一定的金钱回报；对需求方而言，不直接拥有物品的所有权，而是通过租、借等共享的方式使用物品。

沈阳机床拥有原创数控系统i5核心技术。"共享机床"概念具体为政府出地出厂房，沈阳机床提供设备和服务，让创业者可以享受到共享经济资源合理化服务，并通过借助互联网跨时空、无边界、促共享的特性，推出新型的共享商业模式——"租赁模式"。沈阳机床不再是传统的机床买卖，加价销售和赚取利润，而是以"零首付"把机床租赁给客户，按小时或者按加工量收费，结算的依据就是机床运转所传输回来的数据。这些通过"租赁模式”买卖的 i5 智能机床便是“共享机床”。由 i5 核心技术、智能机床产品、智能工厂、云平台制造及金融租赁模式共同构成了沈阳机床的 i5 智能制造新工业体系。凭借这一创新发展体系，沈阳机床正在逐渐转型成为系统解决方案提供商和工业制造服务商，使机床产品不仅是个工具，更是个智能数据终端，i5 智能机床由此打造整个工业领域的服务和分享模式。

沈阳机床提出智能制造可分为智能机床、智能工厂和智造生态三类，其中智能机床包括智能编程、智能补偿和智能诊断技术，用于加工零件并产生数据。智能工厂具有 Wis 车间信息管理系统，包括实时状态、作业计划、设备管理、生产调度、成本核算及能源管理，信息、通信技术贯穿制造全过程。智造生态是一种 iSESOL 在线技术解决方案，采用分布式布局、分级式机构、分享式经济方式。具体来说，分享式经济为分布式布局实现就近对接，并且提高反应速度，降低综合成本。分级式机构包括协同服务、绑定产业链、反向租赁、编织产业网、打造生态。以“共享”之名，“共享机床”找准创新驱动的支点，盘活现有资源，实现价值最大化。机床企业放弃原有“硬件式”思维模式，把工业工具向市场开放。一个小小的改变，撬动巨大的可能，在向新型服务业的转型过程中，原来“重资产”的制造业，实现了“轻资产”运营。产业链上的参与各方，也找到了全新的利润生成点。“共享机床”成就了传统制造行业转型升级的新样本。

1.2 全球数控机床发展概况

1.2.1 产业规模及布局

当今世界，工业发达国家对机床工业高度重视，竞相发展机电一体化，高精、高效、高自动化的先进机床，以加速工业和国民经济的发展。长期以来，欧美和亚洲在国际市场上相互展开激烈竞争，已形成一条无形战线，特别是随着微电子、计算机技术的进步，数控机床在 20 世纪 80 年代后加速发展，随着各方用户提出更多需求，数控机床早已成为四大国际机床展上各国机床制造商竞相展示的先进技术。其中日本、德国、美国机床产业在世界机床产业中占据十分重要的地位。中国加入世界贸易组织（World Trade Organization，WTO）后，正式参与世界市场激烈竞争，今后如何加强机床工业实力，加速数控机床产业发展，实是紧迫而又艰巨的任务。

德国政府一贯重视机械工业，特别是机床工业的发展。德国的数控机床质量及性能良好，先进实用，并且出口遍及世界，尤其是大型、重型、精密数控机床，主要出口地为中国、美国和俄罗斯等。此外，德国还重视数控机床主机配套件的先进实用性，其机、电、液、气、光、刀具、测量、数控系统等各种功能部件在质量、性能上居世界前列。从2009年年末开始，受益于中国、韩国和印度的强劲拉动，德国机床行业快速恢复元气。

美国历届政府都十分重视机床工业，首先结合汽车、轴承生产需求，充分发展了大批量生产自动化所需的自动线，由于美国电子、计算机技术在世界上领先，因此其数控机床的主机设计、制造及数控系统基础扎实，且一贯重视科研和创新，故其高性能数控机床技术在世界一直领先。但是其缺点在于偏重基础科研而忽视应用技术，加上在20世纪80年代政府引导的放松，致使数控机床产量增长放缓，于1982年被后起之秀日本超过。从20世纪90年代起，美国政府纠正了过去偏向，数控机床从技术转向实用，产量又逐渐回升。在CNC车床类产品中，也可感觉到对大型机床需求兴趣的不断增加。卡盘尺寸10in（1in=25.4mm）以上的CNC数控车床的消费量有望超过小卡盘CNC数控车床。

机床工业一直以来都是主要国家和领先企业重要的战略布局点，未来制造业格局变化调整，尤其对于全球汽车、航空航天、军工、精密元器件等高战略性行业，机床行业是重要的战略支点，对于未来竞争力杠杆起到重要的影响作用。我国应加强对机床行业的重视程度，提前布局关键战略领域，为制造业全球竞争争取有利地位。

目前世界数控机床开始向高精度、高速化、复合化、智能化及环保化方向发展，其发展方向也就相应地代表着数控机床当前的产业布局。具体来说，其发展方向可归纳为以下两点：①不断提高精度、效率、自动化，发展多样性、成套性、综合性机床，以适应当下汽车、航空航天、船舶、军工、精密元器件等行业高精度、高精密加工需求，同时对数控机床质量、性能、品种、价格、交货期、服务六方面的要求日渐提高；②随着微电子、计算机技术的创新发展，数控机床将不断向高精度、高速化、复合化以及环保化、智能化、网络化、集成化方向发展，相应地激励着数控机床向主体、功能部件、数控系统的开发创新发展，不断促进各项核心技术的研发进程。数控机床所应用行业的发展促进了对数控机床技术的不断提高，相应的数控机床技术的发展在满足应用行业需求的同时也促进着行业发展，其产业布局间的关系如图 1–2 所示。

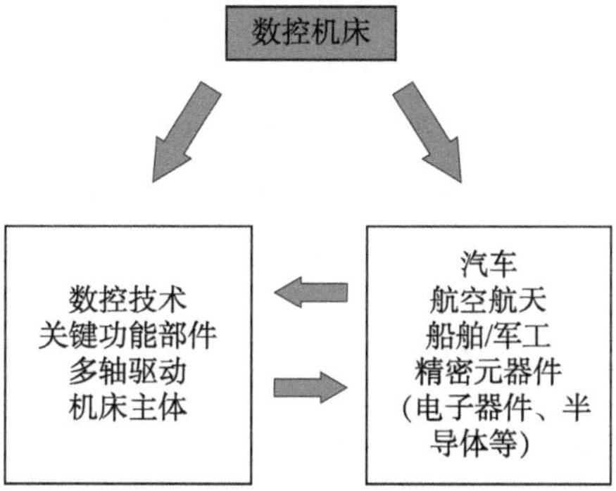

图 1–2　数控机床产业布局与行业之间的相互关系

1.2.2　全球领先企业

数控技术是现代制造业的基础和核心，日本十分重视数控机床技术的研究和开发，有重点且有针对性地开展企业扶持政策。德国数控机床整机质量及性能良好、先进实用，尤其是大型、重型、精密数控机床，同时注重数控机床主机配套件的跟进研发，其机、电、液、气、光、刀具、测量、数控系统等各种功能部件在质量和性能上均居世界前列。

1. 发那科（FANUC）

日本政府重点扶植发那科公司开发数控机床的数控系统，因此发那科公司逐步发展成为世界上最大的数控机床的数控系统供应商。该公司生产的数控系统在日本市场的占有率达到 80% 以上，即使在世界市场，该公司的数控系统的销售额在世界市场上占据约 50%。

2. 北村机械

日本北村机械公司以“创意无限”为理念，勇于开拓创新，不断研发出超高精密数控机床，被广泛应用于汽车、飞机、光学仪器、医疗器械等高新技术产业，该企业现已成为日本一流的数控机床生产厂家。

3. 大隈株式会社

日本大隈株式会社从 1918 年开始生产磨床，至今已有 100 多年的历史。目前生产各种数控外圆磨床、内圆磨床，年产量约 250 台，占产值的 5%。大隈的数控磨床市场占有率为 20.8%，为日本第一位。目前生产的数控外圆磨床有两个系列，GP 为直切入型，GA 为斜切入型。

4. 山崎马扎克（MAZAK）

日本山崎马扎克公司是一家全球知名的机床生产制造商，公司成立于 1919 年，主要生产 CNC 车床、复合车铣加工中心、立式加工中心、卧式加工中心、CNC 激光系统、FMS 柔性生产系统、CAD/CAM 系统、CNC 装置和生产支持软件等。山崎马扎克在中国拥有 3 家公司，按成立时间先后依次为山崎马扎克科技（上海）有限公司、小巨人机床有限公司和山崎马扎克机床（上海）有限公司。

5. 三菱（MITSUBISH）

日本三菱不是一个单独的公司，是由众多的独立公司组成的团体，三菱的核心成员有 28 家。三菱电机作为 28 家核心成员之一，是全球重要的机电产品综合供应商，其业务范围覆盖工业自动化（FA）产品和机电一体化产品。自动化产品包括可编程控制器、变频调速器、人机界面、运动控制及交流伺服系统、电动机及减速机等；机电一体化产品包括数控系统、放电加工机、激光切割加工机等。从三菱电机自动化所涉及的产品领域可知，三菱公司在金属加工装备领域新兴技术一直走在全球前沿。此外，三菱公司非常注重专利布局，该公司在金属加工装备领域有超量的专利储备，仅涉及火焰切割和激光切割加工领域的专利就高达 1 900 件左右。三菱公司在轧制、拉拔和挤压及车镗加工领域的专利申请量世界排名靠前。

6. 日立（HITACHI）

日立是来自日本的全球500强综合跨国集团，1979年在北京成立了第一家日资企业的事务所。开展的业务涉及电力、能源、产业、流通、水、城市建设、金融、公共、医疗健康等领域，通过与客户的协创提供优质解决方案。中国是日立最重要的市场之一，日立在中国的业务覆盖电力设备、产业机械及零部件、控制系统、信息通信、数字家电、显示部件等多个领域，通过鼓励技术创新，申请专利保护核心技术及其他相关技术，运用专利部署、专利授权许可等多项策略开拓技术市场，增强核心竞争力已经成为日立公司发展战略的重要组成部分。在金属加工装备领域，日立在各个领域均有涉猎，在轧制、火焰切割和激光切割加工、磨抛加工、拉拔和挤压、车削、镗削和锻造技术领域的专利申请量均排在全球前列。

7. 德马吉（MDG）

德国德马吉拥有广泛影响力，具有世界先进高档数控机床生产技术，生产车床、加工中心和激光加工机三大类机床。目前有80个先进品种供用户选择，已成为欧洲第一大机床集团，其加工中心技术代表着世界领先水平。

1.3　中国数控机床发展概况

1.3.1　产业规模及布局

数控机床是当代机械制造业的主流装备，国产数控机床的发展经历了三十年跌宕起伏，已经由成长期进入了成熟期，可提供市场多种数控机床，覆盖超重型机床、高精度机床、特种加工机床、锻压设备、前沿高技术机床等领域，产品种类可与日本、德国、意大利、美国等国家并驾齐驱。特别是在五轴联动数控机床、数控超重型机床、立式卧式加工中心、数控车床、数控齿轮加工机床领域部分技术已经达到世界先进水平。其中，五轴（坐标）联动数控机床是数控机床技术的制高点标志之一，它集计算机控制、高性能伺服驱动和精密加工技术于一体，应用于复杂曲面的高效、精密、自动化加工，是发电、船舶、航天航空、模具、高精密仪器等民用工业和军工部门迫切需要的关键加工设备。五轴联动数控机床的应用，其加工效率相当于两台三轴机床，甚至可以完全省去某些大型自动化生产线的投资，极大地节约了占地空间和工作在不同制造单元之间的周转运输时间及费用。国产五轴联动数控机床品种日趋增多，国际强手对中国限制核心技术输出的五轴联动加工中心、五轴数控铣床、五轴龙门铣床、五轴落地铣镗床等均在国内研制成功，改变了国际强手对数控机床产业的垄断局面。

由于中国技术水平和工业基础相对落后，数控机床的性能、水平和可靠性与工业发达国家相比，差距还很大，尤其是数控系统的控制可靠性还较差，数控技术产业尚未真正形成。因此加速进行数控系统的工程化、商品化攻关，尽快建成与完善数控机床和数控产业成为当前的主要任务。

中高端数控机床前景来自进口替代与市场需求增长。我国进口机床以加工中心、磨床、车削中心等高档机床产品为主，根据中国机床工具工业协会公布的数据，2022 年 1—12 月我国加工中心进口金额总计 23.7 亿美元，在我国金属加工机床进口中占比达 36%，是第一大品类。目前我国大部分高档数控机床依赖进口的局面仍未打破。我国数控机床产量保持快速增长趋势，数控机床在金属加工机床总量中的比重逐年上升。机床的数控化率逐年提高，但与发达国家相比仍有较大提升空间。据中国工信产业网数据，2021 年我国金属切削机床数控化率已达 44.0%，呈上升态势。然而根据水清木华研究中心（*Research in China*）的数据，2020 年日本、德国、美国的机床数控化率已达到 75% 以上。在我国产业结构升级与劳动力成本逐步上升的背景下，工业化后期阶段机械设备在投资中的比重上升、机器替代人工等因素，将会增加机床等机械设备的需求，我国工业化进程中机床需求量的增加和产品档次的提升是机床行业发展的长期趋势。

从 2009 年开始，我国加大对“高档数控机床与基础制造装备”科技重大专项的投入力度，围绕航空航天、船舶、汽车制造、发电设备制造等领域急需的装备，实施了高档数控机床与基础制造装备重大专项。根据国际金属加工网报道，2009 年，工信部牵头组织实施了国家科技重大专项“高档数控机床与基础制造装备”。2009—2012 年，工信部共部署专项课题 407 项，其中高档数控机床与基础装备主机 180 项，数控系统 31 项，功能部件与关键部件 82 项，目前已开始突出外国制造的重围，并取得阶段性成果。2015 年 5 月 19 日，国务院正式印发《中国制造 2025》,《中国制造 2025》将数控机床和基础制造装备行业列为中国制造业的战略必争领域之一，主要原因是其对于一国制造业尤其是装备制造业的国际分工中的位置具有“锚定”作用，数控机床和基础制造装备是制造业价值生成的基础和产业跃升的支点，新一轮科技革命所包含的智能制造、能源互联网以及新一代信息技术创新等要素为装备制造业技术突破提供牵引动力，也为装备制造业，特别高端装备制造业提供巨量市场。美国先后提出实施《先进制造伙伴关系计划》《先进制造业国家战略计划》等发展先进制造业及技术。德国提出了工业 4.0 的发展蓝图，致力于以 CPS 为核心、智慧工厂为载体，发展德国工业 4.0，并将其定位为新一轮工业革命的技术平台。日本公布了产业结构蓝图，确定 10 个尖端技术领域，并以此为依托强化国内制造业。机床工业一直以来都是主要国家和领先企业重要的战略布局点，展望“十四五”规划，我国数控机床的发展将努力解决主机大而不强、数控系统和功能部件发展滞后、高档数控机床关键技术差距大、产品质量稳定性不高、行业整体经济效益差等问题，将培育核心竞争力、自主创新、量化融合以及品牌建设等方面提升到战略高度并力争通过 10—15 年的时间，实现由机床工具生产大国向机床工具强国转变，实现国产中高档数控机床在国内市场占有主导地位等一系列中长期目标。

1.3.2　市场需求

1. 相关产业对数控机床的需求

数控机床被称为“工业母机”，是制造业高端突破的重点领域，特别是为航空航天、船舶制造、汽车工业、电子信息设备及冶金设备制造业等相关产业提供了重要支撑。不同产业对数控机床的需求并不相同，航空、航天工业领域的零部件要求高精度、高质量，同时还要承受复杂的应力环境和大气压力等因素的影响，因此航空、航天工业领域用数控机床必须具有高精度、高稳定性和高可靠性的特点，以保证所制造的零部件的质量和合格率。数控机床包括高速五轴加工中心、精密数控车床、多坐标镗铣中心、高精度电加工机床、高精度万能磨床和坐标磨床等。现代大型船舶的关键配套设备几何尺寸大，精度要求高，因此造船工业所要求的数控机床加工设备的规格大、功率大、扭矩大和精度高，如超重型龙门铣镗床，重型数控落地镗铣床以及大型数控车床和车铣中心、大型数控磨齿机、曲轴镗铣床、大型曲轴车铣中心和曲轴磨床等。冶金设备制造业重点解决连铸连轧成套设备的制造，需求大型龙门铣床、大型数控车床等设备。我国黑色金属冶炼及延压加工、有色金属冶炼及延压加工生产规模近年来稳定快速增长，随着我国成为制造业大国，冶炼行业仍有不断增长的趋势。

下游设备制造业对数控机床的需求见表 1–1。

表 1–1　下游设备制造业对数控机床的需求

行业	机床需求
航空工业	飞机机翼、机身、尾翼等和发动机零件的制造需要大批高速五轴加工中心、龙门移动式高速加工中心、精密数控车床、精密卧式加工中心、多坐标镗铣中心、精密齿轮和螺纹加工数控机床等
航天工业	需要大批精密、高速、中小型数控机床，如精密数控车床和车削中心、立卧转换五轴加工中心、高精度电加工机床、高精度万能磨床和坐标磨床等
造船工业	急需制造柴油机体的重型、超重型龙门铣镗床和重型数控落地镗铣床及大型数控车床和车铣中心、大型数控磨齿机、曲轴镗铣床、大型曲轴车铣中心和曲轴磨床等
汽车制造业	需要大批高效、高性能、专用数控机床和柔性生产线，如用于发动机加工的以高速卧式加工中心为主的柔性生产线、曲轴加工专用数控机床等。汽车零配件生产需要大批数控车床、立卧式加工中心、数控高效磨床和数控齿轮加工机床等
兵器制造业	兵器制造业需要大批数控车床、立卧加工中心、五轴加工中心、龙门镗铣床、镗铣加工中心、齿轮加工机床等
发电设备制造行业	需要重型数控龙门镗铣床、大型落地镗铣床、大型数控车床、叶根槽专用铣床和叶片数控加工机床等，输变电设备制造行业需要数控车床、加工中心、数控镗床等
冶金设备制造业	需要大型龙门铣床、大型数控车床等设备
工程机械制造业	需要大批中小型数控机床如数控车床、中型加工中心、数控铣床和齿轮加工机床等
模具制造业	需要高速数控铣床、三坐标测量机、精密电加工机床、高精度加工中心、精密磨床等
电子信息设备制造行业	需要大批小型精密数控机床，如高速铣削中心、高速加工中心、小型精密车床、小型精密冲床、精密和超精密加工专用数控机床及精密电加工机床等

2. 普及型数控机床成市场需求主流

近年来，我国进口数控机床中大部分为普及型数控机床，其技术水平与目前国产数控机床相差不大，但由于国内大部分机床生产企业数控机床尚未形成规模以及可供品种太少，造成了普及型数控机床的大量进口。因此，普及型数控机床将是机床市场上竞争的焦点。

我国普通机床的市场需求将趋于稳中有降。随着科学技术的不断进步，大量的普通机床将逐步让位于技术含量高、附加值高的数控机床。国家机床行业将督导各个企业“限普压产，发展数控”，坚决淘汰落后产品，大力推进产品结构调整。因此，今后国内机床市场对普通机床的需求将趋于稳中有降，但是普通机床的出口潜力巨大。

3. 我国经济型数控机床市场需求形势分析

早在2008年上半年，经济型数控机床产量就大幅回落，说明市场对经济型数控机床需求已经开始减少。此外，国内几个数控系统厂家的经济型数控系统也出现了销售下降的迹象，这也印证了这一点。

在此背景下，国内机床市场中经济型数控机床和中高档数控机床的走势就出现了明显分化，大、重型和高档数控机床仍保持稳定需求，订单仍然饱满，有供不应求之势；而普通和经济型数控机床库存问题突出，市场需求减少造成经济型数控机床库存增加。

尽管经济型数控机床市场已经有了萎缩的苗头，但有些企业的经济型数控机床在产品结构中仍占很大的比例，这种状况比较普遍，因为毕竟市场还有需求。不过金融危机给企业上了一课，不少企业已经对自身的产品结构进行思考，因为出现了高档机床的市场需求和生产任务饱和，于是经济型和档次低的产品就出现生产过剩，工厂里不同部门生产状况不同的现象，这对企业加速产品结构调整起到了促进作用。

1.3.3 区域分布

近年来我国数控机床产业发生了众多改变，在区域上形成了一定特色并不断向外延伸，我国数控机床产业正在阔步向前走，将具有鲜明特色的区域特点发展下去。

长江三角洲地区，成为特种加工技术的电加工机床、板材加工设备、工具和机床功能部件如滚珠丝杠、直线导轨副等的主要生产基地。以上海、无锡、杭州为主，形成我国磨床的生产开发基地。上海机床厂有限公司、杭州机床集团、无锡开源机床集团有限公司，这三家企业的磨床产值占全国磨床产值的 65%，磨床产量约占全国磨床产量的 42%，其中数控磨床产量占全国数控磨床产量的 74%。

齐重数控装备有限公司生产的大、重型数控车床，产量约占全国大、重型数控车床产量的 48%，产值约占全国大、重型数控车床产值的 50%。齐齐哈尔二机床集团有限责任公司生产的大、重型数控镗床，产量约占全国数控镗床产量的 35%，产值约占全国数控镗床产值的 30%。

东北及环渤海地区的数控机床产业在全国具有举足轻重的地位，一直是国家重点支持的项目。沈阳、大连两市已成为全国数控车床、加工中心的最主要开发生产基地。据国际金属加工网统计，沈阳机床集团有限责任公司、大连机床集团有限责任公司机床产值占全国机床产值的 26%，数控金属切机床产量占全国数控金切机床产量的 25.4%。其中，数控车床产量约占全国数控车床产量的 35%、加工中心产量约占全国加工中心产量的 21%。

珠三角特种加工技术的激光加工产业已处于全国的领先地位。据观研报告网统计，2022 年深圳的大族激光设备市场占有率居全国第一，占比超 14%，稳居行业龙头，其余企业市场份额占比均在 5% 以下。

1.3.4 国内领先企业

1. 沈阳机床集团

沈阳机床（集团）有限责任公司（简称沈阳机床集团）于 1995 年 12 月由沈阳原三大机床厂，即沈阳第一机床厂、沈阳第二机床厂（中捷友谊厂）和辽宁精密仪器厂资产重组而组建。生产基地主要分布在中国的沈阳、昆明及德国的阿瑟斯雷本。公司主导产品为金属切削机床，包括两大类：一类是数控机床，包括数控车床、数控铣镗床、立式加工中心、卧式加工中心、数控钻床、高速仿形铣床、激光切割机、质量定心机及各种数控专用机床和数控刀架等；另一类是普通机床，包括普通车床、摇臂钻床、卧式镗床、多轴自动车床、各种普通专机和附件。目前，公司的中高档数控机床已成批量进入汽车、国防军工、航空航天、轨道交通等重点行业的核心制造领域。创新体系主要由海外、沈阳、上海和昆明构成。海外主要利用阿舍斯莱本希斯公司平台，整合全球资源，从事产品研发与试制，精密功能部件研发与试制，以及制造技术培训和欧洲区域的综合服务；阿舍斯莱本希斯主要是国际化产品制造中心，沈阳机床有限责任公司本部有数控机床国家重点实验室、航空航天事业部、消费电子事业部、汽车成套事业部，具备机床检测 CNAS 认证资格以及再制造功能；上海主要从事智能化数控系统的核心技术研发与产业化以及智能化数控系统的技术咨询、服务和培训，主要有智能化数控系统、智能化生产车间和云平台支持；昆明有昆明机床和云南 CY 集团有限公司，昆明机床从事精密镗铣床开发与产业化，云南 CY 集团有限公司从事精密车床研发及产业化以及自动成套线解决方案。

2. 大连机床集团

大连机床集团有限责任公司（简称大连机床集团）是我国高效自动化成套技术与装备的产业化基地和全国机床工具行业排头兵，公司建于 1948 年，前身为大连机床厂，是混合经济所有制、资本经营与生产经营相结合的大型企业集团，现资产总额 55 亿元，创造了第一台车床、铲齿车床、多刀车床、组合机床等几十个全国第一台机床。 集团拥有 24 个全资、合资、控股及参股子公司，与美国、德国、日本、韩国、以色列、瑞士等国家和地区组建了合资公司 8 个，其中与日本 OKK 公司成立的大连华凯机床有限公司，生产高性能、高刚性、高可靠性、高精度的立、卧式加工中心，广泛用于军工、航空、航天等领域，在国内外市场上供不应求。此外，集团还与瑞士依贝格公司合资成立大连依贝格公司，生产电主轴和高速主轴；与美国海尼格公司合资成立大连海尼格公司，生产数控机床防护和导轨防护；与以色列伊斯卡公司成立大连倚天工具有限公司，生产数控机床刀具；与日本富士精工在广州成立专用刀具公司，为汽车工业提供大批量制造的换用刀具。大连机床集团于 2002 年全资并购了在专用机床和柔性制造系统技术方面处于世界领先地位的美国英格索尔生产制造系统公司，实现了中国机床行业并购发达国家企业的历史性突破。2003 年全资并购了在曲轴成套加工设备处于世界领先地位的美国英格索尔曲轴加工系统公司，2004 年又成功控股了在大型龙门五面加工中心技术处于世界领先的德国兹默曼公司的 70% 的股权。2019 年 4 月，经过重组，成立了隶属于中国通用技术集团的通用技术集团大连机床有限责任公司，在大连双 D 港、瓦房店建设了占地面积达 110 万平方米的集数控机床、柔性制造系统及自动化成套技术与装备的研发制造，以及功能部件产业化于一体的两个现代化产业基地。

3. 齐重数控装备

齐重数控装备股份有限公司（简称齐重数控装备）（原齐齐哈尔第一机床厂）是全国机床行业大型重点骨干企业。经过多年的持续发展，现已成为国际知名、国内一流的重大装备及国防装备保障产业化基地，是国家“火炬计划”重点高新技术企业、中国金属切削机床 10 强企业、中国机床销售收入 10 佳企业、我国重型机床行业唯一的“中国工业行业排头兵企业”。“齐一”牌是中国名牌产品、中国行业十大影响力品牌、最具市场竞争力品牌、中国金属切削机床十大著名品牌。公司主要经济效益综合指数已位居我国重型机床行业首位，重型机床产品的技术水平和生产制造能力已经步入世界第一方阵，国内机床市场占有率达到 50%，高端产品全面打入欧美、韩国、日本等 30 多个国家和地区。目前，齐重数控装备一大批产品已经达到了世界先进水平，并且全部拥有自主知识产权。立车加工范围从填补国内空白的 10 米、16 米、16.8 米，到现在填补国际空白的 25 米，最大承重 600 吨，卧车从填补国内空白的 4.3 米、5 米，到现在填补国际空白的 6.3 米，最大承重 300 吨。在重型立卧车产品占据绝对优势的情况下，齐重数控装备全面开拓多品种产业格局，数控重型镗铣床、数控重型曲轴车床、数控不落轮对车床、数控动梁龙门移动式镗铣床、高速铣床、数控立式磨床、数控立式钻铣床、数控立式铣齿机等新产品不断问世，而且各项精度指标都达到国际先进水平。数控立式磨床工作台 ϕ2500 直径外端径跳达到 0.003mm，砂轮主轴端径跳 0.002mm，改写了我国同类设备长期依赖进口的历史。高精立式加工中心的铣齿加工精度达 8 级成品齿轮加工。数控重型曲轴旋风切削加工中心可一次性完成低速机曲轴的成品加工。2.5 米数控立式车床工作台径跳、端跳达到 0.005mm。齐重数控装备为国防、航天、电力、核电装备、船舶等行业提供了替代进口、独家制造的产品。其中，5 米数控卧式车床荣获机床行业最高奖——春燕一等奖，Q1-105 数控曲拐专用车床荣获“中国机械工业科学技术奖”一等奖。

4. 北京第一机床厂

始称北平机器总厂。1950 年 8 月，国家重工业部决定，将北京机器总厂改名为北京机器厂。1953 年 7 月 1 日，北京机器厂划分为北京第一机床厂和北京第二机床厂。北京第一机床厂的产品方向为万能铣床，隶属第一机械工业部第二机器工业管理局。北京第一机床厂主要从事 2 吨以下中小铸铁件及有色金属铸件的生产，生产能力为年产树脂砂铸铁件 3 000 吨，潮模铸件 1 000 吨、有色合金铸件 50 吨。分厂拥有国外进口先进树脂砂设备 5 台，30 吨球铁高温退火窑 1 台，有色金属熔炼设备 2 台，7 吨 / 小时热风冲天炉 2 台，2 吨 / 小时冷风冲天炉 1 台。经过多年的发展，北京第一机床厂除了生产万能铣床、数控车床、加工中心及钻探机械铸铁件外，还生产出口日本、德国的数控车床、加工中心、工具铣床等铸件。设有型砂试验室及化学成分分析室，具有严格的质量检测手段及完善的质量保证体系，可独立完成从模型制作、铸造到清理抛丸、尺寸划线、退火及油里等全套工序。主要产品包括重型机床、中型机床，重型机床包括数控龙门镗铣床、数控落地镗、数控立车、导轨磨床；中型机床包括数控铣床、数控磨床、数控车床、加工中心、车铣复合机床、激光雕刻、自动生产线、普通铣床、成套设备、功能部件等。产品广泛应用于汽车、航天、船舶、发电、轨道交通、模具、机械等行业。近年来已与北方精密机床厂、北京仪表机床厂、北京探矿机械厂等国内厂家建立了铸件生产的合作关系。

5. 上海机床厂

上海机床厂有限公司（简称上海机床厂）是中国最大的精密磨床制造企业。在国内磨床业处于主导地位，产品的品种最齐全，产品应用的领域范围最广泛，国内磨床产品的市场占有率居第一位。现为中国机床工具协会理事长单位和中国磨床分会理事长单位。公司主营业务是各类磨床的生产制造，主要产品品种有外圆磨床、平面磨床、轧辊磨床、曲轴磨床等十大类普通、精密、大型、专用、数控等磨床，其中外圆系列磨床、数控端面外圆磨床、数控车轴磨床、数控曲轴磨床等产品处于国内领先地位。公司在强磨床产品保持国内龙头地位的同时逐步扩充磨床类以外的产品，增加了成型机床的制造和销售，通过产品门类的扩张提升企业的经营规模。公司技术力量雄厚，建有产品研发中心——上海磨床研究所。该所是磨床行业的技术权威研究机构，全国金属切削机床标准化技术委员会磨床分会设立在该所，在技术进步、行业发展、标准制定等方面起到带头、引导作用。该所主编的《精密制造与自动化》杂志是磨床行业唯一的专业性刊物。同时拥有一批包括工程院院士、教授级高级工程师在内的专业技术人员，为产品研发提供技术支持。2005 年 1 月与上海大学、上海理工大学、西门子（中国）有限公司数控部组建成立“产、学、研工作室”，研制开发各类精密、数控磨床。从 2009 年起，公司紧紧抓住国家重大专项立项机遇，已先后获得国家“高档数控机床和基础制造装备”科技重大专项课题九项，通过国家验收四项，是国内单体企业中获得重大专项项目最多的机床工具企业，2022 年 1 月 28 日，获得国家企业技术中心资格。

6. 华东数控

威海华东数控股份有限公司（简称华东数控）成立于 2002 年 3 月，是以研制、生产制造数控机床、数控机床关键功能部件为主营业务的高新技术企业，于 2008 年 6 月在深圳证券交易所挂牌上市。经过多年的发展，华东数控已经获得行业的认可。先后获得了“国家火炬计划重点高新技术企业”“山东省高新技术企业”“中国数控铣床制造十强企业”“中国数控机床自主创新第一品牌”“专利示范企业”“中国机械工业最具创新力企业”“‘十一五’山东省机械工业技术改造典范企业”等荣誉称号。公司产品有数控龙门镗铣床系列产品，数控龙门磨床系列产品，数控落地镗铣床系列产品，数控立车，数控立、卧加工中心，数控内外圆磨床、平面磨床、万能摇臂铣床，以及大型、特大型、重型、特重型数控机床系列产品。机床附件产品有数控系统，静压、动静压主轴和动静压磨头，大型、重载数控回转工作台，各种机床用附件铣头等。

7. 华工科技

华工科技产业股份有限公司（简称华工科技）是国家重点高新技术企业，国家“863”高技术成果产业化基地，成立于1999年7月28日，2000年在深圳证券交易所上市，是华中地区第一家由高校产业重组上市的高科技公司，公司下属华工图像、正源光子、华工激光、高理电子、武汉法利莱等骨干企业。主要从事激光器、激光加工设备及成套设备、激光全息综合防伪标识及包装材料、敏感电子元器件、光通信器件与模块等技术与产品的研究、开发、生产与销售。华工科技拥有多家国家级科研机构，并在美国、澳大利亚和以色列等国家设有研发中心，产品出口到世界20个国家和地区。华工科技产业园地处“武汉·中国光谷”腹地，占地面积500余亩，建筑面积达5万平方米。目前已建成国内规模最大的激光加工设备生产基地，国内最大的激光全息防伪产品生产基地，敏感陶瓷电子元器件生产基地，一流的光有源器件光收发模块生产基地和国家产业化示范基地。作为国家重点高新技术企业，华工科技拥有激光技术国家重点实验室、激光加工国家工程研究中心、国家防伪工程技术研究中心、教育部敏感陶瓷工程研究中心等国家级科研机构，并且在美国、澳大利亚和以色列等国家设有研发中心，依靠完善的技术创新体系，不断利用自身核心技术开发具有国际竞争力的产品，以持续的技术创新实现公司的可持续发展。

8. 大族激光

1996年大族激光创立于中国深圳，是亚洲最大、世界排名前三的工业激光加工设备生产厂商。作为中国激光装备行业的领军企业，公司已成为深圳市高新技术企业，深圳市重点软件企业，广东省装备制造业重点企业，国家级创新型试点企业，国家科技成果推广示范基地重点推广示范企业，国家规划布局内重点软件企业，主要科研项目被认定为国家级火炬计划项目。大族激光通过不断自主研发把“实验室装置”变成可以连续24小时稳定工作的激光技术装备，是世界上仅有的几家拥有“紫外激光专利”的公司之一。在强大的资本和技术平台支持下，公司实现了从小功率到大型高功率激光技术装备研发、生产的跨越发展，为国内外客户提供一整套激光加工解决方案及相关配套设施。激光技术装备助推我国制造业从粗放型、高能耗、低附加值模式向循环经济、高附加值、高精度转化，为提升整个国家的制造业发展水平和创新能力作出贡献。

9. 光韵达光电科技

深圳光韵达光电科技股份有限公司（简称光韵达光电科技）于 2011 年 6 月 8 日在深圳证券交易所创业板挂牌上市。公司以激光技术为主要依托，为全球制造业和加工业提供相关产品和应用服务，是同类产品及服务类别最全面、最专业的精密激光技术应用企业。公司的主要产品和服务包括增材制造（激光 3D 打印）、激光三维电路（3D-LDS）、柔性线路板激光成型、精密激光钻孔、精密激光模板、金属与非金属精密部件个性化设计与制造及电子制造产业的关联产品等。为了开拓更为广阔的激光技术应用领域，2006 年在深圳总部成立了激光应用技术研发中心，专注精密激光应用领域的技术研究与开发。过硬的研发实力和丰富的研发成果使光韵达成为深圳市率先通过国家级高新技术企业认定的企业之一。

10. 北京电加工研究所

北京电加工研究所是集科研、开发、生产于一体的高新技术企业，是北京市重点研究所之一。自 1978 年成立以来，始终致力于电火花加工、超声波加工、激光加工、电化学加工等技术领域的创新研究与开发，具有坚实的理论和实践基础，已形成了具有一定规模的“一特二精”（即特殊材料特种加工技术，精密数控电加工机床和精密工模具制造技术）特色的高科技产业。目前拥有北京精密特种加工技术研究中心、北京市科学技术研究特种加工技术重点实验室（下设 3 个实验室）和 7 家股份制公司。主要服务于特种加工行业，多年来，为国家重点项目和企业研制了多种关键设备和制造技术配套方案，科研成果得到广泛应用。在高档精密数控电火花成形加工、电火花线切割加工、激光加工、超声加工技术领域取得了丰硕的科研成果，获得国家发明二等奖 1 项、国际发明奖 3 项，荣获国家、省部级科技成果奖、科技进步奖 44 项，拥有国内外专利 65 项，高新技术产品 30 多项。在国内外学术会议及刊物上发表论文 200 余篇，出版特种加工专著 6 部。同时，所内拥有一批国内一流的精密加工与检测检验仪器设备，具备良好的科研开发与生产制造条件，包括承担国家科技重大专项课题 2 项，“863”国家计划项目 1 项，承担国家自然科学基金 2 项，其中，依托“大面积聚晶金刚石（PCD）高效、绿色、精密特种加工技术”国家自然科学基金项目，荣获了 2006 年北京市科学技术进步二等奖 1 项，获得中国机械工业科学技术二等奖 1 项。承担北京市自然科学基金项目 5 项，北京市科技新星计划和优秀人才计划项目 6 项。主持制定了“电火花成形机床用自动灭火器国家标准”，参与制定了“电火花加工机床电磁兼容性试验规范”“电火花轮胎模加工机床”“电解去毛刺机床”“便携式超声抛光机”等多项国家标准。

第二章
全球数控机床创新发展概况

2.1 技术发展现状

在高档数控机床技术领域，美国、德国、日本三国是当今世界上在高档数控机床科研、设计、制造和使用上技术最先进、经验最多的国家，因其社会条件不同，发展各有特点。

1952年，美国研制出世界第一台数控机床，1958年创制出加工中心，20世纪70年代初研制成柔性制造系统，1987年首创开放式数控系统。由于美国率先结合汽车、轴承生产需求，充分发展了大批量生产自动化所需的自动线，且电子、计算机技术在世界上领先，因此其数控机床的主机设计、制造及数控系统基础扎实，一贯重视科研和创新，故其高性能数控机床技术在世界也一直领先，如美国生产宇航设备等使用的高性能高档数控机床。

德国政府一贯重视机床工业的重要战略地位，在多方面大力扶植下，特别注重科学试验，理论与实际相结合，基础科研与应用技术科研并重。企业与大学科研部门紧密合作，对数控机床的共性和特性问题进行深入的研究，在质量上精益求精。德国的数控机床质量及性能良好、技术先进、加工精度优异，出口遍及世界，尤其是大型、重型、精密高档数控机床。德国特别重视高档数控机床主机及配套件的先进性和实用性，其机、电、液、气、光、刀具、测量、数控系统、各种功能部件在质量、性能上居世界前列，如西门子的数控系统。

日本政府对机床工业的发展非常重视，通过规划、法规引导发展，在重视人才及机床元部件配套方面学习德国，在质量管理及数控机床技术方面学习美国。其中，日本发那科公司是世界上最大的专业生产高档数控装置和机器人、智能化设备的著名厂商，公司战略正确，仿创结合，针对性地发展市场所需各种低中高档数控系统，在技术上领先，在产量上居世界第一，对加速日本和世界高档数控机床的发展起了重大促进作用。

欧洲其他国家，除德国外，瑞士、英国、意大利、瑞典等国家在高档数控技术领域也具有较强的实力。其中，在超高精密机床，瑞士的技术具有相当强的实力，但价格也相对较高；率先把几台高档数控机床连接成具有柔性的加工系统，这就是柔性制造系统；意大利、瑞典等国家高档数控技术也具有一定的水平。

自中国的高端数控机床专项实施以来，中国的机床制造企业突破了高档数控机床研制的多项关键技术，研制出各类型数控机床，其中部分高档数控机床已在国防军工企业取得初步应用。此外，国产高档数控系统和功能部件也取得了阶段性成果，目前我国已能够生产七轴五联动加工机床、九轴五联动车铣复合中心机床等一系列对国防工业具有重要意义的关键性机床产品。但是，国内高档数控机床企业的技术实力同全球领先企业还存在一定差距，尤其是与高档数控机床配套的高档数控技术基本是国外的产品，国外在数控技术方面一直对我国进行封锁限制，极大制约了我国高档数控机床的发展。

图 2–1 反映了全球金属加工装备领域专利公开量排名靠前的国家、地区及区域性组织专利公开量情况。专利公开量的数量以“件”为单位进行统计，排名前十的依次为日本、中国、美国、德国、欧专局、韩国、俄罗斯、法国、国际局、英国，其中日本以总申请量 33% 左右的份额遥遥领先于其他国家与地区，其总量占到了专利公开量的 1/3，可见日本在金属加工装备领域占有绝对的技术优势。这与日本的多个国际化大企业的技术研发和专利布局有很大的关系，如新兴技术一直走在全球前沿的三菱公司、全球 500 强综合跨国集团日立公司，以及超高端无缝钢管、特殊工程机械用钢、高级汽车零备件等产品方面一直处于领先水平的新日铁住友金属。中国专利公开量排名第二，占金属加工装备领域专利公开量的 13%，尽管与日本存在较大差异，但较其他工业大国如美国、德国略多，表明我国在传统工业的金属加工装备领域的研发与投入上并不处于弱势地位。

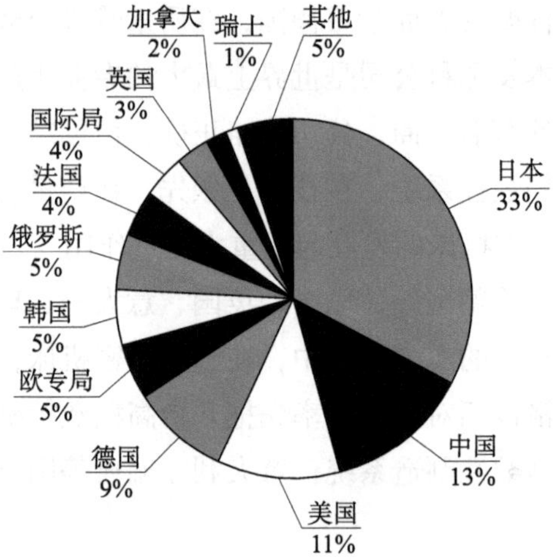

图 2–1 全球金属加工装备领域专利公开量分布

2.2 创新热点分析

图 2–2 显示高档数控机床的技术构成情况。从图中可以看到，磨削、冲压、加工中心、车镗削、用电极代替刀具加工技术是重点革新技术。磨削、冲压和车镗削属于高档数控机床的功能性加工技术革新，加工中心代表着高档数控机床技术集成化、一体化、高效化、智能化技术革新，用电极代替刀具代表着高档数控机床特种加工技术的革新，上述各项技术的研发创新发展，对扩大高档数控机床的作业功能、应用范围和提高工作效率都有着极大的影响。

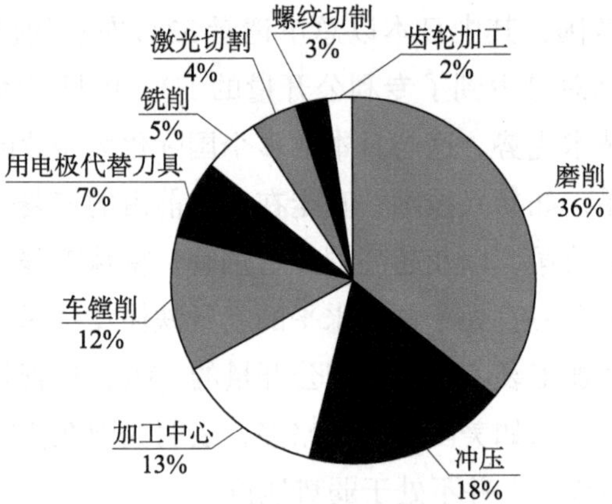

图 2–2 高档数控机床技术构成

2.3　创新地域分布及创新主体

2.3.1　专利申请主要来源地

全球高档数控机床技术专利申请的来源地分布如图 2–3 所示。可以看出，日本、中国、美国、德国、欧专局、韩国是目前全球高档数控机床技术专利申请的六大主要来源国（地区）。日本的专利申请量位居世界首位，约占总申请量的 29%，中国位居第二位，约占总申请量的 28%；业内公认日本、美国和德国是全球高档数控机床技术发展相对较早的国家，具有雄厚的研发实力与基础资源，在专利申请量方面长期保持领先地位，分别约占总申请量的 29%、12% 及 9%。欧洲作为工业发展的老牌劲旅，高档数控机床技术仍占据世界机床的一席之地；韩国作为后起之秀，受益于电子制造行业的发展，在近十年快速发展，专利申请量同欧洲一样，并列全球第五位，各占总申请量的 4%。

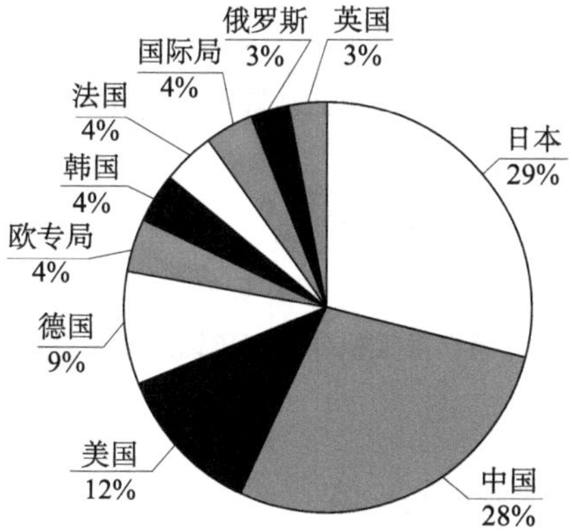

图 2–3　高档数控机床专利申请来源地分布

图 2–4 进一步显示出上述高档数控机床专利申请的六大主要来源地的专利申请情况（自 1950 年最早的高档数控机床技术专利申请提出起，将每十年划分为一个阶段）。从图中可以看出，日本、德国和美国作为最早进入数控机床领域的国家，具有扎实的研发基础和雄厚的研发实力，一直以来都保持良好的技术发展趋势，专利申请量稳步增长；德国虽然关于高档数控

机床技术的专利申请在时间上稍晚于美国，但德国在战后劳动力日趋紧张的形势下，依靠政府大力扶持高档数控机床产业来提高机械制造效率和相关产品质量，得以在20世纪80年代超越美国；中国和韩国，作为高档数控机床技术的后起之秀，近十年来为适应国内制造业转型升级的需要，高档数控机床技术迅猛发展，尤其是从专利申请量来看，进入2010年以来，中国已超越日本、美国和德国成为新的全球高档数控机床专利申请的第一大国。

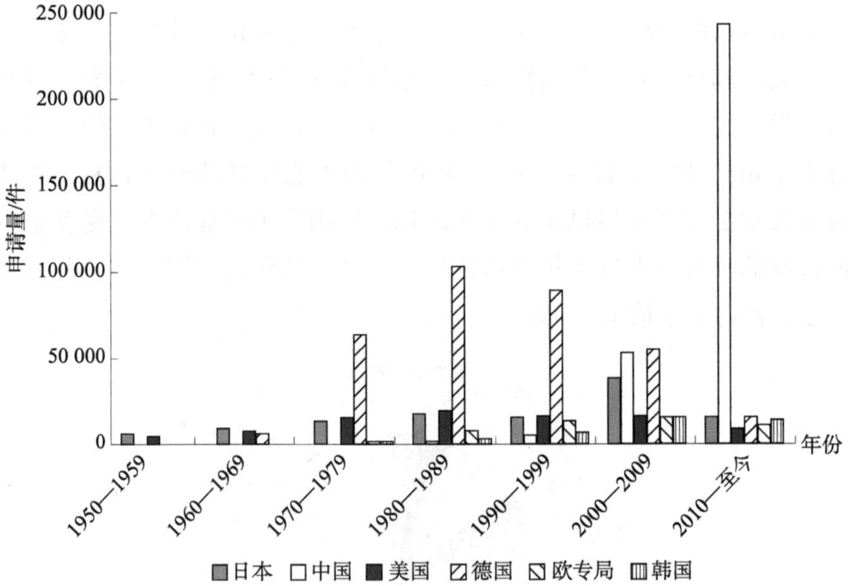

图 2–4 高档数控机床专利申请主要来源地情况

2.3.2 全球重要创新主体

高档数控机床技术方面，业内公认日本、德国相关技术的研究和应用起步较早，在各技术分支的研发创新上处于国际领先地位。创新主体方面，如图2–5所示，在全球排名前五的重要申请人中，日本占据4席，其次是德国。可以看出，全球高档数控机床创新领先国家是日本和德国，全球高档数控机床创新重点企业为三菱、发那科、大隈、山崎马扎克、德玛吉。

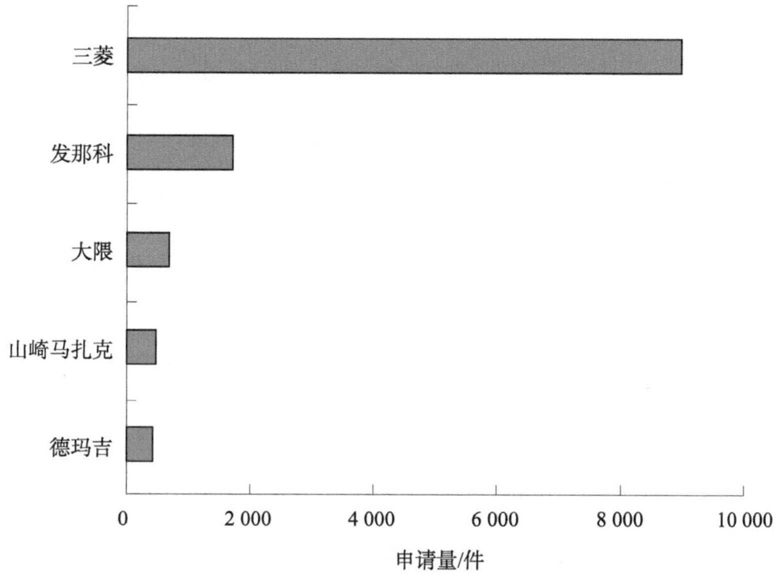

图 2-5　高档数控机床技术全球重要创新主体

图 2-6 是全球高档数控机床重点创新主体的创新热点分布，从图 2-6 中看出三菱、发那科、大隈、西门子、山崎马扎克、德玛吉六大创新主体的专利申请集中在用电极代替刀具、激光切割、加工中心、工件 / 刀具控制技术、加工测控技术、车镗削、铣削。从全球创新领先企业来看，代表企业均来自日本和德国，如日本的发那科、山崎马扎克、三菱，德国的西门子和德玛吉。其中，三菱、发那科在用电极代替刀具技术及工件 / 刀具控制技术方面是全球的领先创新主体。发那科、山崎马扎克、德玛吉在加工中心技术方面是全球领先创新主体，它们所生产的五轴联动高档数控机床在加工精度保持性及加工速度可靠性方面均处于世界领先水平。三菱在特种加工技术方面是全球领先创新主体，其在微细加工、超精密加工方面处世界领先水平。西门子在数控技术方面是全球领先创新主体，其在标准化、智能化方面处于世界领先水平。从创新技术热点来看，加工中心、特种加工技术（主要集中在激光切割和用电极代替刀具技术方面，下同）及数控技术（包括工件 / 刀具控制技术、加工测控技术）是高档数控机床的创新热点。

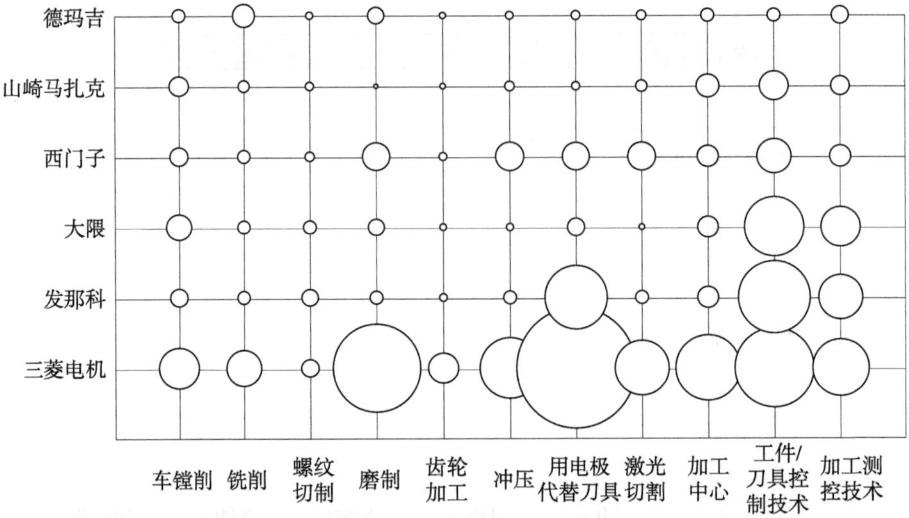

图 2-6 全球高档数控机床重点申请人专利申请分布

注：气泡大小表示专利申请量多少。

1. 三菱电机：引领高档数控机床用电极代替刀具技术

日本三菱电机株式会社创立于 1921 年，是三菱 MITSUBISHI 财团之一，全球 500 强企业。三菱电机产品范围广泛，长期以来建立起的全球网络将旗下各公司、研究机构及制作所连为一体，为各事业部门提供的技术信息及资料，在各部门创造一流产品的过程中发挥了重要的作用。在工业及重电设备、卫星、防御系统、电梯及自动扶梯、汽车用电子用品、空调、通风设备等领域处于领先地位，在特种加工技术领域，如用电极代替刀具技术处于世界领先地位。

2. 发那科：以高档数控机床控制技术为核心

日本发那科公司是世界上最大的专业生产数控装置和机器人、智能化设备的著名厂商，该公司技术领先、实力雄厚，是世界上最大的专业数控系统生产厂家，占据了全球 70% 的市场份额。1976 年发那科公司研制成功数控系统 5，随后又与西门子公司联合研制了具有先进水平的数控系统 7，从这时起，发那科公司逐步发展成为世界上最大的专业数控系统生产厂家。

3. 大隈：世界领先机床制造企业

日本大隈株式会社是日本及世界上最大的数控机床制造厂之一，至今已有 100 多年历史，生产各种数控车床、车削中心、立式、卧式、龙门式加工中心、数控磨床等，年产量超过 7 000 余台，其中 50% 左右供出口，其产品以刚性好、切削效率高、精度高、寿命长、操作方便而著称于世，深得世界各地用户好评。日本大隈公司不仅是世界上有名的数控机床制造厂，而且早在 20 世纪 60 年代已开始研制大隈自己的数控系统——OSP 数控装置，目前年产数控装置 7000 余台，主轴和伺服电机约 3 万台，在世界上排名在第 5 位。

4. 西门子：先进的自动化控制技术

德国西门子股份公司是全球电子电气工程领域的领先企业，创立于 1847 年，主要业务集中在工业、能源、医疗、基础设施与城市四大业务领域。西门子自 1872 年进入中国，150 多年来以创新的技术，卓越的解决方案为各行业提供电气控制技术，其先进的自动化控制技术处于世界领先水平。

5. 山崎马扎克：以高档数控机床加工中心技术为核心

日本山崎马扎克是全球知名的机床生产制造商，成立于 1919 年，主要生产 CNC 车床、复合车铣加工中心、立式加工中心、卧式加工中心、CNC 激光系统、FMS 柔性生产系统、CAD/CAM 系统、CNC 装置和生产支持软件等。山崎马扎克公司已经在世界上 60 多个地方设立了 30 个技术中心，连同遍布世界各地的马扎克技术服务中心在内，山崎马扎克在世界各地已经建立了超过 80 个客户支援基地。1998 年，山崎马扎克公司在中国全资设立了山崎马扎克科技（上海）有限公司，负责全线马扎克产品在中国的销售和服务工作，所生产制造的高档数控机床加工中心引领世界创新。2000 年设立宁夏小巨人机床有限公司，2013 年设立山崎马扎克机床（辽宁）有限公司。

第三章
国内数控机床创新发展概况

3.1 技术发展现状

我国数控机床起步较晚，1958 年才研制出第一台数控铣床。2003 年，武汉华中数控股份有限公司与桂林机床股份有限公司合作生产出了配备华中数控系统的五坐标联动龙门铣床。几十年来的发展历程大致可分为四个阶段。[1]

第一阶段是 1958—1979 年，即封闭式发展阶段。在此阶段，由于国外的技术封锁和我国基础条件的限制，数控技术的发展较为缓慢。美国、日本和欧洲先进工业国家在 20 世纪 70 年代末和 80 年代初就已实现了机床产品的数控化升级换代。

第二阶段是在国家“六五”“七五”期间及“八五”的前期，引进技术、消化吸收，初步建立起国产化体系阶段。在此阶段，由于改革开放和国家的重视，以及研究开发环境和国际环境的改善，我国数控技术在研究、开发和产品的国产化方面都取得了长足的进步，先后从日本、美国、德国、意大利、英国、法国、瑞士、匈牙利、奥地利、韩国、中国台湾引进数控机床先进技术并合作、合资生产，解决可靠性、稳定性问题，数控机床开始正式生产和使用，并逐步向前发展。

第三阶段是在国家“八五”的后期和“九五”期间，实施产业化的研究，进入市场竞争阶段。在此阶段，我国国产数控装备的产业化取得了实质性进步。在“九五”末期，国产数控机床的国内市场占有率达 50%，配国产

---

[1] 中国机械工程学会 . 中国机械史：行业卷 [M]. 北京：中国科学技术出版社，2015：171-179

数控系统（普及型）也达到了10%。目前我国一部分普及型数控机床的生产已经形成一定规模，产品技术性能指标较为成熟，价格合理，在国际市场上具有一定的竞争力。我国数控机床行业所掌握的五轴联动数控技术较成熟，已有成熟产品走向市场。同时，我国也已进入世界高速数控机床生产国和高精度精密数控机床生产国的行列。

第四个阶段是在国家"十五"之后，中国机床进入了高速发展和转型升级阶段，数控技术及产品得到了快速普及和升级。随着2002年中国正式加入世界贸易组织，我国数控机床进入高速发展时期，但与国外一些先进数控机床技术相比，我国数控机床技术在可靠性、稳定性、速度和精度等方面均存在较大差距。为进一步缩小差距，在国家"863计划"中实施了"高精尖数控机床"重点专项，支持航空、汽车等部分重点领域急需的高精尖数控装备研制。国家出台《装备制造业调整和振兴规划》，启动实施"高档数控机床与基础制造装备"科技重大专项，聚焦航空航天、汽车以及船舶、发电领域对高档数控机床与基础制造装备的需求，进行重点支持。

3.2　创新热点分析

图3-1是数控机床中国专利申请类型占比分布图。从图3-1中可以看出，数控机床发明专利占比为41%，实用新型占比则为59%。这表明在数控机床技术的专利申请类型上，实用新型要多于发明，这也体现了专利申请中涉及数控机床装置的专利占多数；但也反映了在核心技术的专利申请方面，我国数控机床发明专利创造的不足。

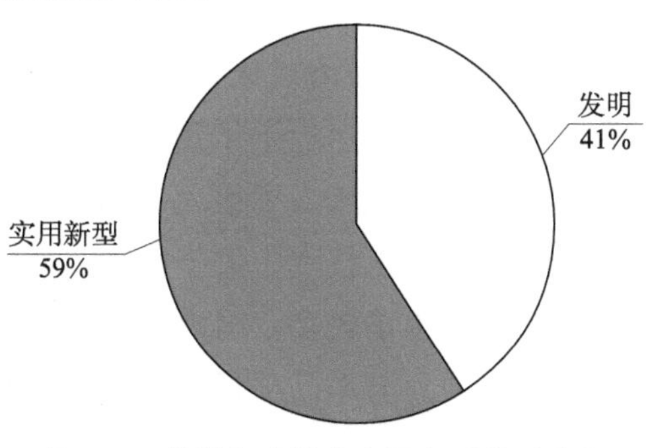

图3-1　数控机床技术中国专利类型分布

图 3-2 显示出我国高档数控机床从机床主体、加工技术、数控技术三个技术维度的国内申请量所占的比例情况。从国内技术创新来看，高档数控机床专利的主要研发重点在于机床主体和加工技术，而对于机床主体的专利申请来说，绝大部分集中在通用机床零部件的研发改进上，且基于机床零部件的庞大数量，也必然导致专利申请总量巨大。

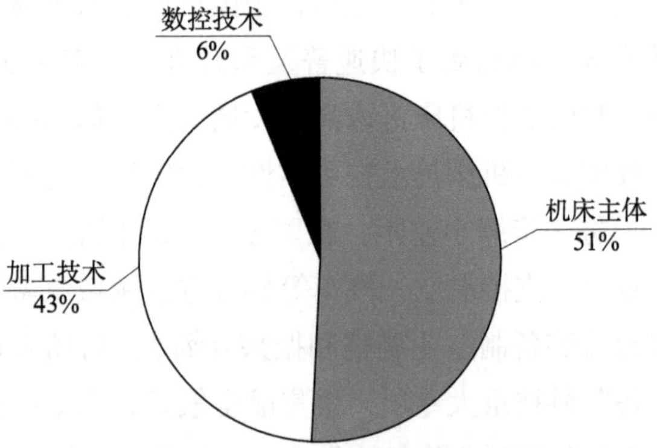

图 3-2 我国高档数控机床技术构成

图 3-3 在图 3-2 的基础上进一步展示出机床主体、加工技术、数控技术三个技术维度的细化技术分支的构成，其中加工技术包括磨削、冲压、加工中心、车镗削、铣削、激光切割、用电极代替刀具、螺纹切制、齿轮加工，数控技术包括工件 / 刀具控制技术、加工测控技术、程序控制技术。从图 3-3 中可以看出，在研发资源配置方面，加工技术中的磨削、冲压、车镗削等传统加工数控机床技术还是目前国内技术革新的重点，而加工中心等高档数控机床技术仅次于其后，这主要是因为国内机床行业发展起步较晚，还处于机床发展的初级阶段，而国外机床行业早已脱离初级阶段，进入层次更高的超高精度、超高效率、超高质量领域发展，各种高新数控加工机床，其科技水平超过当前国内机床行业的发展。归结于中国快速发展的相关制造业的迫切需求，虽然近十年我国的机床行业发展迅速，销量也十分惊人，但是低端的数控机床占了很大一部分，高端设备主要依赖国外支撑，这也就造就了国内加工技术中关于磨削、冲压、车镗削等传统加工数控机床技术方面的专利申请较多。国内机床行业一直肩负着研制高端数控机床，支撑国内重点项目与军品项目的建设。近几年，在政府扶持

及国内自主创新能力的大力提升下，加工中心、特种加工技术中的激光切割和用电极代替刀具等高端数控机床技术也在不断提高，专利申请量逐年增加。

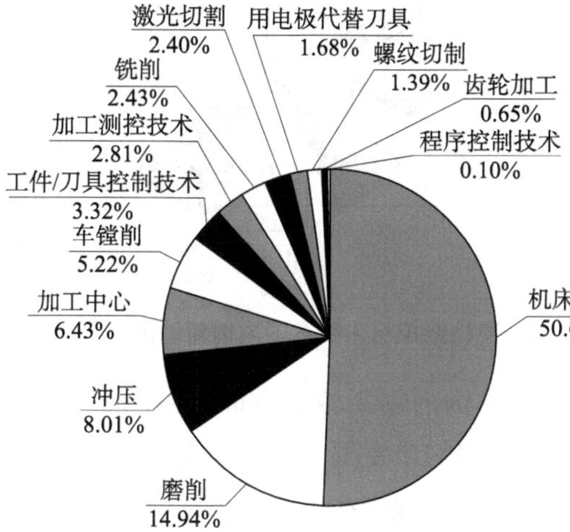

图 3–3 我国高档数控机床技术分支构成

3.3 创新地域分布及创新主体

3.3.1 国内各省市专利申请分布

在高档数控机床技术方面，由图 3–4 可以看出，国内高档数控机床专利申请区域较为分散，其中以江苏、浙江、上海为代表的长三角，以广东为代表的珠三角及以山东、天津、辽宁为代表的环渤海地区申请较为集中，以江苏、浙江、上海为代表的长三角地区申请量占全国总申请量的 40%；以广东为代表的珠三角地区申请量占全国总申请量的 9%；以山东、天津、辽宁为代表的环渤海地区申请量占全国总申请量的 13%。由此可知，国内高档数控机床技术的专利申请量大部分来自上述三个区域，这与上述三个区域的经济实力存在着密不可分的关系。

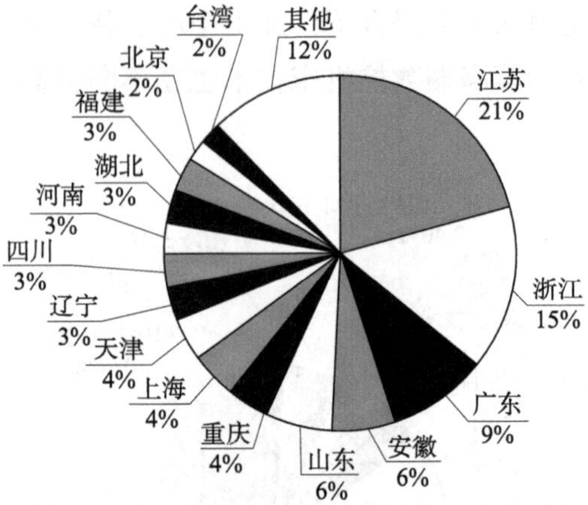

图 3-4 高档数控机床技术国内创新地区占比分布

在高档数控机床技术国内创新城市方面，由图 3-5 中可看出，国内高档数控机床专利申请的代表城市主要为上海、天津、深圳、宁波、北京、重庆、沈阳、南京等，上述代表城市在机床零部件及加工技术两分支上均有大量的申请，其中上海、北京、深圳这些经济前沿地区，在加工技术方面较机床零部件有明显多的专利申请。而苏州作为一个制造业比较发达的城市，虽然专利技术布局发展起步较晚，但其发展势头猛劲，在机床零部件、加工技术及控制技术方面的申请总量远远大于其他城市，这主要依赖于政府对智能制造强国战略的大力推进及大小企业对知识产权的重视，经过多年积累形成了一批骨干企业，并形成了各自技术的领先优势，虽然在专利申请量上比其他城市占有优势，但其创新质量与业内龙头企业相比仍存在不小差距，还需在质量上加强提升。

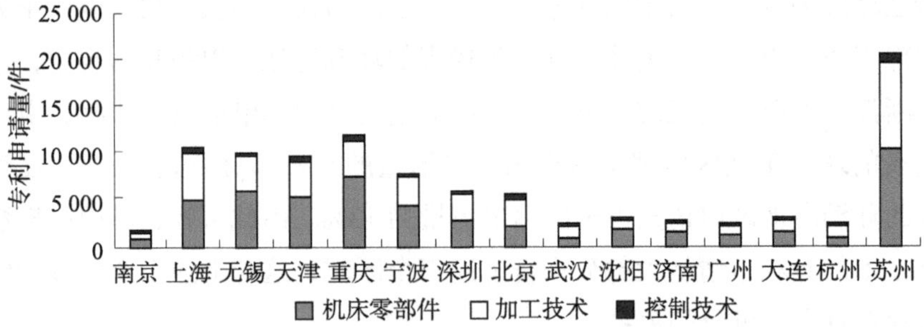

图 3-5 高档数控机床技术国内创新城市分布

另外，图 3–6 示出了国内各城市企业与高校的创新申请分布，创新的主体还基本依赖于企业自身的研发创新，对于上海、北京、杭州这些高校比较集中的城市，高校创新占了不小的比例。而苏州，其高校相对较少，因此高校申请仅占很小一部分，其主要创新来自企业，这也与苏州作为全国制造业大市相符合。

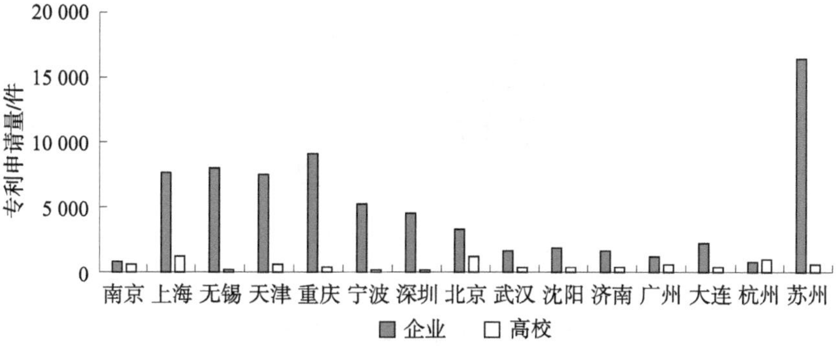

图 3–6　数控机床技术国内企业高校创新分布

3.3.2　国内主要申请人分析

1. 加工中心——沈阳机床

从图 3–7 可以看出，沈阳机床所涉及的加工中心各技术分支在整体中的占比情况。其中，机床零部件的专利申请量占最大比例，为 48%。其次是车镗削技术及测控技术，专利申请量占比分别为 25% 和 19%；而其他铣削、磨削技术领域的专利申请量所占比重则较低。由此可见，沈阳机床在车镗削技术、测控技术和机床零部件技术这三个领域具有一定的技术积累和研发实力，同时也体现了这三个技术领域是沈阳机床当前研发的热点方向。

2. 激光切割——大族激光

从图 3–8 可以看出，大族激光所涉及的激光切割各技术分支在整体中的占比情况。其中，激光切割技术的专利申请量占最大比例，为 38%。其次是设备器件、加工零部件及测控技术，专利申请量占比分别为 34%、15% 和 13%；而其他打孔或标等其他技术领域的专利申请量所占比重相对较少。由此可见，大族激光在激光切割技术、焊接技术、光学元件及测控技术这三个领域具有一定的技术积累和研发实力，同时也体现了这三个技术领域是大族激光当前研发的热点方向。

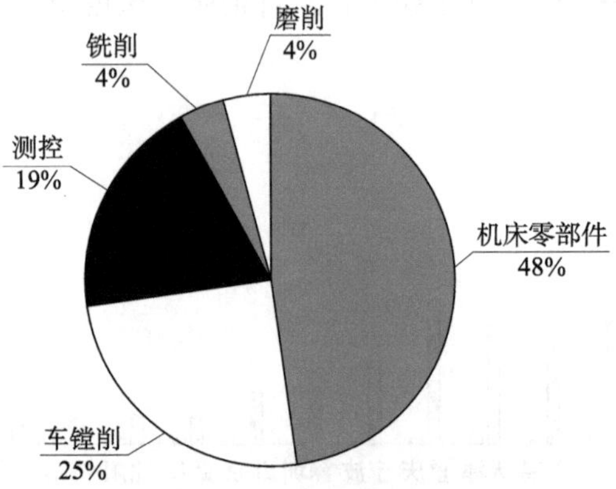

图 3–7 沈阳机床申请专利技术构成

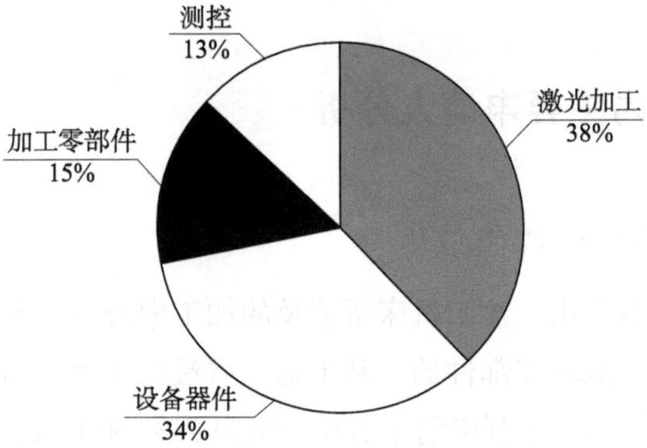

图 3–8 大族激光申请专利技术构成

3. 电极代替刀具——南京航空航天大学

从图 3–9 可以看出，南京航空航天大学所涉及的电极代替刀具各技术分支在整体中的占比情况。其中，电解加工技术的专利申请量占有最大比例，为 36%。其次是特种加工、线切割及组合加工技术，专利申请量占比分别为 23%、21% 和 15%；而电火花加工技术领域的专利申请量所占比重则比较低。由此可见，南京航空航天大学在电解加工技术、特种加工、线切割及组合加工这四个领域具有一定的技术积累和研发实力，同时也体现了这四个技术领域是南京航空航天大学当前研发的热点方向。

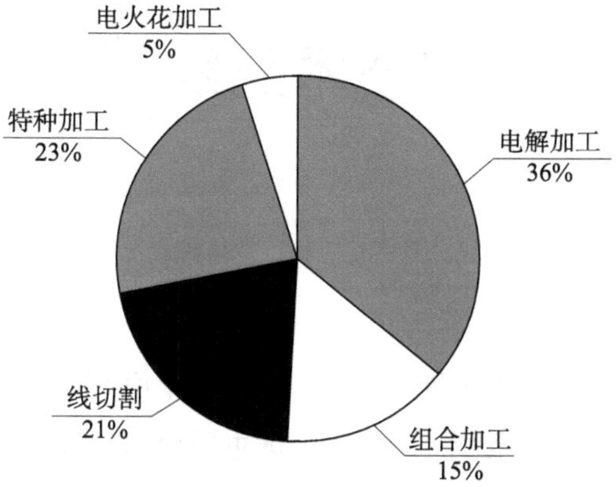

图 3-9　南京航空航天大学申请专利技术构成

从产业规模来看，中国的机床市场需求仍然保持高位状态，市场发展潜力和产业规模巨大。我国技术创新来看，国内高档数控机床技术的研究和应用起步较晚，但近年来受益于政策激励与市场需求的双重刺激，我国高档数控机床的自主创新成果显著，其中专利申请量以年均 24.7% 的增长率稳步提高，高档数控机床的创新热点同全球基本一致，均集中于加工中心、特种加工技术和数控技术三个方面。创新地域方面，国内高档数控机床的创新主体整体分布较为分散，长三角、珠三角及环渤海地区相对较为集中，其专利申请总量占全国专利申请总量的 62.8%，创新代表城市为南京、深圳、沈阳。

具体来说，在加工中心技术方面处于国内领先的城市是沈阳，代表创新主体是沈阳机床，其所制造的五轴联动高档数控机床居行业领先地位。在特种加工技术方面处于国内领先的城市是深圳、南京，分别在特种激光切割、用电极代替刀具方面具备创新优势，代表创新主体分别是大族激光、南京航空航天大学。其中，大族激光以光源制造技术为核心竞争力，引领国内行业发展；南京航空航天大学在用电极代替刀具的基础理论研究与创新实力雄厚，具有核心创新团队。在数控技术方面处于国内领先的城市是沈阳，代表创新主体是沈阳机床，其自主研发的 i5 数控技术初步打破西门子、发那科的长期垄断，引领国内数控技术发展。

第四章
主要技术主题的技术路线图

根据数控机床类型以及发展趋势，选取加工中心、磨削、冲压及激光切割四个领域作为重点分析对象，结合全球主要申请人和专利权人，查找重点专利，绘制技术路线图，对四个技术主题进行重点分析。

4.1 加工中心技术发展路线

随着数控机床的发展，加工中心（machining center）随之产生并高速发展。加工中心是用于加工复杂形状工件的一种高效率自动化机床，它将传统的机械设备与现代数控系统有效地结合起来，实现了工件一次装夹后即可进行铣削、钻削、镗削、铰削和攻丝等多种工序的集中组合加工。加工中心的自动化集成高、效率好，尤其对于形状比较复杂、精度要求较高及更换相对频繁的工件，加工中心具有很好的加工效率及经济效益。加工中心不仅是衡量一个国家科技发展水平的重要标志，也是科技竞争的重点。

加工中心是从数控铣床发展而来的，与数控铣床的最大区别在于加工中心具有自动交换加工刀具的能力，加工中心通过刀库选装不同用途的刀具，可在刀具装夹中通过自动换刀装置改变主轴上的加工刀具，实现铣、钻、镗、车等多工序加工，其“柔性”大，更换产品调整方便，能实现中小批、多品种柔性生产自动化，克服了高效自动化机床、自动生产线的“刚性”缺点，使用范围较广，数量增加较快。加工中心与一般数控机床的显著区别是具有一套自动换刀装置，具有对零件进行多工序加工的能力。随着航天航空、汽车工业成为国内机床市场需求的主体，数控机床的发展呈现出高速化、高精度化、复合化、模块化、智能化趋势。

高速、高精度加工技术及装备是目前世界上数控技术及其装备发展的主要研究热点之一，目前主要应用于航空航天工业和汽车工业，尤其是在加工复杂曲面的领域。为此，日本高端技术研究会将其列为五大现代制造技术之一，国际生产工程学会（CIRP）将其确定为21世纪的中心研究方向之一。随着经济的飞速发展和工业自动化水平的不断提高，制造业朝着高、精、尖方向发展，特别是汽车、船舶、电子技术、航空航天的迅猛发展，对加工中心的速度和生产效率要求也越来越高，主轴转速在12 000r/min以上、移速度大于40m/min的高效、高精、高速化加工中心已经是数控机床行业流行的趋势。此外，打破工艺界限，机床的复合加工也是当今数控机床发展的一大趋势。自20世纪90年代德国WFL公司发明车铣复合加工中心以来，日本山崎马扎克、韩国大宇（斗山）以及德国德马吉（DMG）不断有新款数控机床推出。我国的北京第一机床厂、青海一机数控机床有限责任公司、秦川机床工具集团股份公司等也相继推出车铣、铣车、铣磨等复合加工中心机床。同时，随着人工智能技术的发展，为了满足制造业生产柔性化，制造自动化的发展需求，复合加工中心的智能化程度在不断提高，具体体现在加工过程自适应控制技术，根据切削条件的变化，自动调节工作参数，使加工过程中能保持最佳工作状态，从而得到很高的加工精度和较小的表面粗糙度，同时也能提高刀具的使用寿命和设备的生产效率；智能故障自诊断与自修复技术，具有自诊断、自修复功能，在整个工作状态中，系统随时对CNC系统本身以及与其相连的各种设备进行自诊断、检查，一旦出现故障时，立即采用停机等措施，并进行故障报警，提示发生故障的部位、原因等，还可以自动使故障模块脱机，接通备用模块，以确保无人化工作环境的要求。

根据以上分析，下面的车铣削加工与加工中心的技术路线图，从三个角度对该领域的技术发展过程以及今后的发展趋势进行分析与阐述。具体参见图4–1给出的车铣削加工与加工中心专利技术路线图。

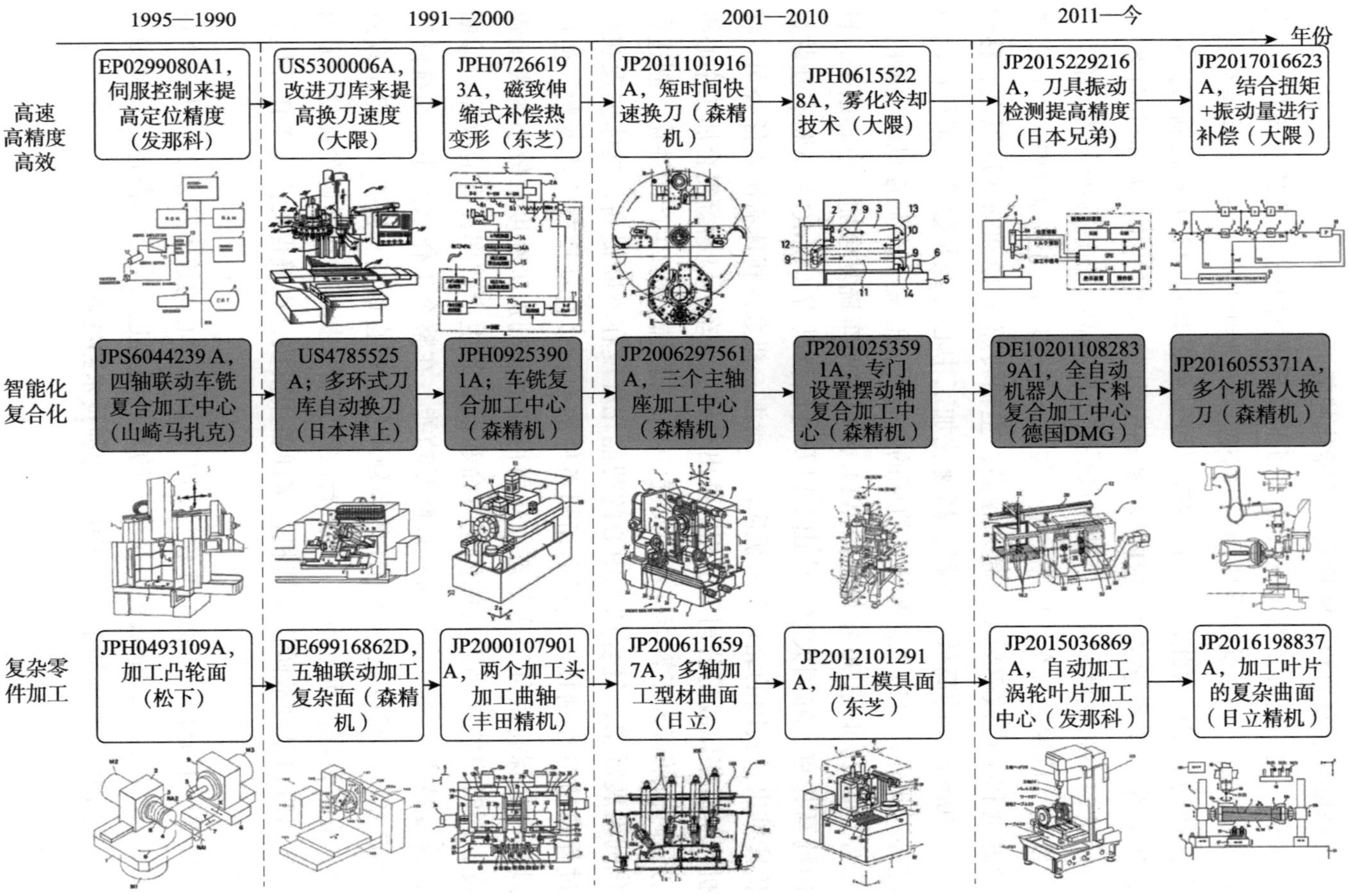

图 4-1　车铣削加工与加工中心专利技术路线

本书从以下三个角度对加工中心的技术发展过程以及今后的发展趋势进行分析与阐述。

4.1.1 高速、高精度、高效

对于高速、高精度、高效这三个分支的研究来说，高速加工中心的关于提高加工精度方向的研究最多。从加工中心的出现至今，各大加工中心专利申请人主要从提高定位精度、热补偿、刀具补偿、主轴变形、振动补偿等方面进行改进与设计，如较为典型的专利申请 EP0299080A1，专利是在 20 世纪 80 年代由发那科株式会社申请的“伺服系统速度控制装置”，该专利申请采用伺服控制对工件的位置定位进行控制，在一定程度上提高了加工精度。之后，在 20 世纪 90 年代，东芝株式会社申请了“机床热位移校正装置”的专利 JPH07266193A，通过磁致伸缩方式来补偿主轴的热变形，提高加工精度，对于主轴的热变形补偿是加工中心实现高精度加工的一个重要研究方向。此外，为了尽可能地消除主轴的热变形，大隈株式会社申请了“采用雾化冷却技术来对主轴进行冷却”的“机床”专利 JPH06155228A，这种雾化技术冷却效果远远好于之前采用普通水冷的方式，在一定程度上降低了主轴的热变形，提高了加工精度。日本兄弟株式会社还申请了“振动检测装置及机床”的专利 JP2015229216A，采用检测刀具振动进而反馈给加工控制器来提高加工精度；而大隈株式会社的专利申请 JP2017016623A，则通过扭矩与振动量相结合的方式来提高加工精度，进一步提高了加工中心的加工精度，实现了高精度加工。对于高效加工的发展研究来说，主要从缩短加工周期角度逐步提高加工效率，如大隈株式会社为了提高加工效率，申请了“自动换刀装置”的专利 US5300006A，加工中心设置有高速换刀系统，通过改进刀库结构来实现提高换刀速率，进而提高加工效率。森精机株式会社从刀库结构上进行改进，公开了一种快速换刀的加工中心，其在一定程度上实现了加工中心的高效加工。对于高速、高效加工中心的发展，一些加工机床研发企业还通过提高主轴转速，以及左右移动速度达到高速、高效地发展，如日本的一些加工中心的主轴转速已经达到 20 000r/min，左右移动速度也达到了 60—90m/s。

4.1.2 复合化、智能化

复合化指在一台加工中心上实现或尽可能完成从毛坯至成品的多种要素加工；而智能化指实现全自动的加工、智能调节以及智能诊断等。对于复合化而言，比较早的典型的专利申请 JPS6044239A，是日本山崎马扎克株式会社所公开的一种四轴联动的车铣复合加工中心，其实现了对工件进行车、铣的复合加工，这也是早期对加工中心的记载。之后日本津上株式会社的专利申请 US4785525A，公开了一种多环式刀库自动换刀，其采用两个上下排列的双链式刀库进行存储刀具，不仅提高了刀具的数量，也增强了其复合加工的能力，实现了自动化一体式加工。森精机株式会社也申请了“车铣复合加工中心”专利 JPH09253901A。而为了进一步提高加工效率，森精机株式会社进一步改进技术，其专利申请 JP2006297561A 公开了“采用三个主轴对工件进行同时加工的复合加工中心”，采用三个主轴对工件进行同时加工，而且共用一个刀库，实现了车铣的复合加工，从而大大提高了加工效率。森精机株式会社为了提高加工中心的加工能力，其专利申请 JP2010253591A 公开了“专门设置摆动轴的复合加工中心”。而随着工业自动化水平的不断发展，典型的专利申请 DE102011082839A1，是德国德马吉（DMG）公司与机器人应用结合在加工中心中，为其提供了一种利用机器人来实现工件上下料的复合加工中心，从而大大提高了复合机床的加工能力与效率。日本的森精机株式会社还公开了“一种采用多个机器人来实现自动换刀”的专利申请 JP2016055371A，通过多个机器人来实现换刀，大大提高了复合机床的换刀能力。

4.1.3 复杂零件的加工

随着航空航天、汽车、模具的不断发展，对于复杂零件的加工也是加工中心研究的一个重要方向。例如，早在 20 世纪 80 年代，日本松下的专利申请 JPH0493109A，公开了一台加工凸轮面的加工中心，其采用 X、Y 轴及一个旋转轴来实现对凸轮面的加工，但鉴于该加工中心的轴数有限，其所加工的凸轮面相对比较规则。之后，日本的森精机株式会社的专利申请 DE69916862D，公开了一台五轴联动加工中心，其在 X、Y、Z 轴的基础上，还设置了旋转的 A 轴和 C 轴，基本可以实现各种复杂曲面的加工，从而提高了加工复杂零件的加工效率；日立株式会社的专利申请 JP2000107901A，公开了采用两个加工头专门加工汽车曲轴的加工中心，该加工中心大大提高了曲轴零件的自动加工效率；与此同时，东芝株式会社的专利申请 JP2006116597A，公开了在短时间内以高精度切割形成在轮廓的表面上的接合凸部，其利用铣刀装置和抛光设备对挤出的轮廓的接合凸部进行切割和抛光来使挤出的轮廓的表面平滑，同时在挤出型材的表面上未能形成使外观变差的槽，所以对轮廓制造侧面结构挤压并且对该侧面结构的表面进行未上漆的细线处理时，其可以改善侧面结构的表面及外观。之后，随着加工中心对复杂零件加工能力的不断提高，日本发那科公司的专利申请 JP2016036869A 和日立精机株式会社的专利申请 JP2016198837A 均公开了实现针对涡轮叶片复杂曲面的加工中心。

4.2 磨削加工技术发展路线

磨削加工是机械制造业中重要的加工技术。近年来，随着现代机械加工要求的不断提高，磨削技术也处在不断发展之中。机械产品的精度、可靠性及寿命的要求也在不断提高，高硬度、高强度、高耐磨性、高功能性的新型材料应用增多，给磨削加工提出了许多新问题，如材料的磨削加工性及表面完整性、超精密磨削、高效磨削和磨削自动化等。所以，当前磨削技术发展的趋势是发展超硬磨料磨具，研究精密及超精密磨削、高速高效磨削机理，并开发其新的磨削工艺技术，同时研制高精度、高刚性的自动化磨床。磨削加工的发展趋势正朝着采用超硬磨料和磨具，高速、高效、高精度磨削工艺及柔性复合磨抛、绿色生态磨削方向发展，并实现对其特殊复杂形状工件的磨削。

对于特殊与复杂形状磨削，目前在机械、国防、航空航天、微加工、芯片制造等众多领域均得到广泛应用，工件的形状需求越来越复杂，对于复杂形状的磨削显得格外重要，如汽车曲轴磨削、镜片的曲面磨削、轧辊的外表面磨削、各种大型齿轮齿面的磨削以及轴承滚道的磨削等，均需要采用专门的磨削机床。为适应各种特殊及复杂形状磨削的要求，各种五轴磨床、六轴磨床已经十分普遍。在将来，随着人们对工件形状的不断需求，实现各种形状加工的磨削机床依然是一大研究热点。

对于精密与超精密磨削，其采用超硬磨料磨具进行精密及超精密磨削是磨削技术发展的主要方向。由于精密、超精密磨削加工材料去除率较低，因此能获得高精度和高表面质量的加工表面。精密磨削一般使用金刚石和立方氮化硼等高硬度磨料砂轮，主要用金刚石修整刀具以极小而又均匀的微进给装置，对砂轮进行精细修整，以获得众多的等高微刃，同时加工表面的磨痕较细。在加工过程中，由于微切削、滑移、摩擦等综合作用，加工工件达到了小的表面粗糙度值和高的精度要求。超精密磨削则采用较小的修整导程和较小的背吃刀量修整砂轮，靠超细微磨粒等高微刃的磨削作用进行磨削加工。精密与超精密磨削的机理与普通磨削有着细微不同之处，主要在于超微量切削、微刃的等高切削作用、单颗粒磨削加工过程和连续磨削加工过程。

对于复合化磨削，由于复合磨削机床针对了用户的需求，顺应当今世界机床工业“高速、复合、智能、环保”的发展潮流，适合多品种小批量、变品种变批量的生产方式。复合磨床可以通过一次装夹就完成零件的内圆、外圆、端面、锥面等的复合磨削加工，具有高效率、高精度、操作方便等特点。机床的组合性强，可以安装 ATC 砂轮库、APC 交换工作台、AMS 自动测量系统及机械手等功能部件，易实现自动化生产。复合化磨削机床主要适用于磨削加工各种盘类、短轴类、套筒类等形状的零件，特别适用于汽车配件、齿轮加工、轴承以及其他行业多品种零件加工，复合化磨削机床可广泛地应用于对圆柱、圆锥、球轴承内、外套圈、滚道及端面各表面的多批量、多品种、多规格的精加工磨削；也适用于齿轮类、套筒类等零件的高精度磨削加工。从技术发展趋势看，小型复合磨削会有潜在的市场需求，一旦现有加工设备不能达到标准的要求，就会急需用新设备来替代老设备。如果能实现替代，市场潜力就不可估量。如果新设备能大幅度提高磨削效率，即使价格比较高，也会有很大的竞争力。对于复合磨削机床来说，复合的手段将呈现多样化，机床采用模块化设计原理，可把不同种类的磨头以及采用其他金属加工手段的装置结合在一起，形成各种复合机床。采用先进的部件，向磨削中心和加工中心的方向发展。机床将采用砂轮交换装置、刀具交换装置、机械手、自动测量装置，形成集成程度更高的复合机床。

根据以上分析，下面的磨削加工的技术路线图从上述的磨削加工的主要发展方向与趋势的三个角度对该领域的技术发展过程以及今后的发展趋势进行分析与阐述，具体参见图 4-2 给出的磨削加工专利技术路线图。

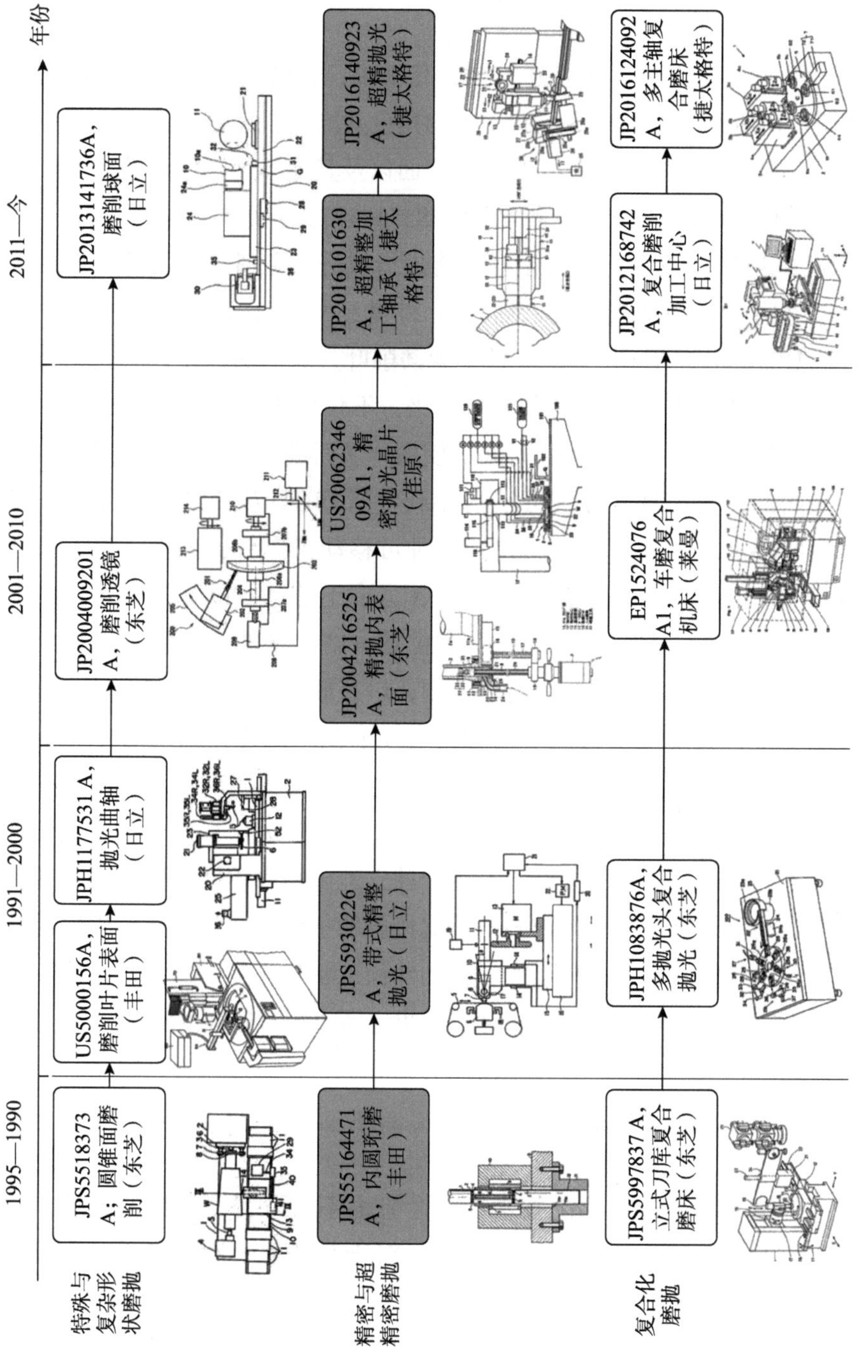

图 4-2　磨削加工专利技术路线

4.2.1 特殊与复杂形状磨削

对于特殊与复杂形状磨削方向的研究来说，各磨削加工的专利申请人主要从研发适应磨削各种不同形状工件的角度对磨削机床进行改进，如专门设计适用于圆锥面、鼓形工件、曲面、球面以及其他不规则形状的表面的磨削机床。其中，较为典型的专利申请 JPS5518373A，由东芝株式会社在 20 世纪 80 年代申请，该专利对磨床的结构进行改进，专门将其设计为专用于圆锥面工件磨削的磨削机床。之后，在 20 世纪 90 年代，丰田株式会社的专利申请 US5000156A，公开了一种实现磨削叶片表面的磨床，其内周刀片可以有效且立即地修整，与现有技术相比，不仅减少切片机停止运行的时间，并且内周刀片可以有效且长时间地使用，从而进一步提高了磨床加工特殊形状表面的能力。日立株式会社的专利申请 JPH1177531A，公开了一种可以实现曲轴加工的磨削机床，包括一种可移动工作台、测量装置、研磨液供给装置，该可移动工作台在水平的 X 方向上移动，以支撑砂轮，其中旋转轴线垂直于 Z 方向，X 方向和一对主轴头在水平的 Y 方向垂直自由移动，测量装置被布置在移动范围内的一侧，研磨液供给装置设在主轴头的测量装置侧上方，其实现了对汽车曲轴的自动磨削。此外，东芝的专利申请 JP2004009201A 公开了一种专用于透镜磨削的机床，其实现了透镜复杂曲面的磨削。之后，日立株式会社专利申请 JP2013141736A，其公开了适应于磨削球面的磨削机床，研磨装置设置有用于独立地旋转和驱动工作材料和磨石的机构，以及用于使工作材料和磨石彼此接触的机构，在使用杯形砂轮的情况下，其圆筒形部分的直径与工作材料的曲面形状相匹配，进而通过旋转工作材料和砂轮来加工整个表面，同时实现快速高效地对球面的磨削。

4.2.2 精密与超精密磨削

目前，精密和超精密磨削技术在各个方面不仅取得了优异的成绩，还已成为先进制造技术中重要的组成部分。对于其磨削的发展来说，比较有代表性的专利有 20 世纪 80 年代由丰田精机专利申请 JPS55164471A，公开了一种内圆珩磨式磨削加工装置，其利用珩磨的方式实现了精密磨削加工，这在当时已经实现了较高水准的加工精度。此后，日立株式会社专利申请 JPS5930226A 公开了一种带式精整加工磨削装置，其以预定的压力将工件压靠在砂带上，工件相对于砂带表面的精密定位，使工件以预定的曲率半径进行磨削，并及时检测施加到工件上的压力，在一定程度上提高了精整磨削的精度，并提高了加工效率。此外，东芝株式会社的专利申请 JP2004216525A，公开了一种专门应用于精抛工件内表面的加工装置，实现了精密的加工。伴随着半导体技术不断发展，对半导体晶片的磨削加工的研究越来越多，如荏原株式会社的专利申请 US2006234609A1，公开了专门实现精密抛光晶片的磨削装置，实现了对晶片的高效、高精度抛光。近几年，日本的捷太格特株式会社着重研究一些超精加工的磨削机床，如超精整加工轴承的轴承磨削加工装置专利申请 JP2016101630A，以及超精抛光圆锥面的超精密抛光装置专利申请 JP2016140923A。此外，还有一些其他的精密与高精密磨削装置，如磁流体研磨、动力悬浮研磨、磁力研磨、软粒子研磨、精密电解磨削及精密超声研磨、机械化学研磨及化学机械抛光等复合加工工艺磨削，均可以实现精密及超精密加工，这些都是未来高精磨削的重要研究方向。

4.2.3 复合化磨削

数控复合磨床可以通过一次装夹就完成零件的内圆、外圆、端面、锥面等复合磨削加工，具有高效率、高精度、操作方便等特点。目前人们一直对复合化磨削的加工研究比较多，比较典型的专利申请有东芝株式会社的专利申请 JPS5997837A，公开了一种立式刀库复合磨床，通过在磨床上设置储存磨削头的刀库，可以根据磨削精度及磨削形状自动换取相应的磨头，实现了对工件的立式复合磨削。之后，东芝株式会社利用多个抛光头同时对工件进行复合加工，通过设置多个抛光头，实现了复合工序的加工；比较典型的还有欧专局专利申请 EP1524076A1，公开了一种车磨复合机床，实现了工件的车削、磨削的一体化加工。此外，日立精机采用一种采用链式刀库的复合磨削加工中心，磨削一体化变得更加智能，复合化更强。日本的捷太格特株式会社采用多主轴复合磨床，通过多个主轴的高速旋转，实现了对工件的高速、高精度复合加工。

超高速磨削技术也是重要的研究方向之一。超高速磨削时，若单位时间内通过磨削区的磨粒数增多，则磨削效率会增高。同时，在进给量不变的条件下，超高速磨削的磨屑厚度变得更薄，在磨削效率不变时，法向磨削力随磨削速度的增大而大幅度减小，继而减小磨削过程中的变形，提高工件的加工精度，可以得到高质量、小粗糙度值的工件表面。超高速磨削时，砂轮耐用度大幅提高，有利于实现磨削加工自动化，可磨削难加工材料。超高速磨削加工极大地缩短了加工时间，提高了劳动生产率，同时减少了能源的消耗和噪声的污染。因此，超高速磨削拥有巨大的经济效益和社会效益。

随着人们对可持续发展的研究，绿色磨削也越来越受到人们的重视，必将成为未来的重要研究方向。绿色磨削是一种综合考虑资源优化利用和环境影响最小的磨削加工系统。实现绿色磨削是国家绿色制造目标与可持续发展战略的要求，也是 21 世纪国际制造业发展的趋势。作为先进的磨削技术，绿色磨削要在发展新型磨削技术的基础上，融合绿色生产技术、信息技术和现代管理技术的成果，并将其综合应用于磨削工艺设计、实施、管理等全过程，以实现清洁、低耗、高效、优质加工，提高磨削工艺的先进性和绿色性。目前，具有较高绿色性能的少磨削液磨削、干式半干式磨削、快速点磨削、冷风磨削、液氮冷却磨削等先进磨削技术相继得到世界各国的重视并开展了深入研究。

4.3 冲压技术发展路线

冲压是压力加工的基本方法之一。一般情况下主要加工板料零件，所以也称为板料冲压。冲压是利用模具在压力机上将金属板材变形或分离，从而获得毛坯或零件的加工方法。冲压的特点包括：冲压生产操作简单，生产效率高，零件成本少，工艺工程易于实现机械化和自动化；冲压件的尺寸精确、表面光洁、质量稳定、互换性好；冲压加工一般不需加热毛坯，也不像切削加工那样切削大量的金属，因此它的材料利用率高，同时使得冲压件具有质量轻、强度高和刚性好的优点，适合于进行车身零件的加工；冲压所用原材料为轧制板料或带料，在冲压过程中，材料表面一般不受破坏，因此加工后零件的表面质量较好，为后续表面处理工序（如涂装）提供了方便；冲模是冲压生产的主要工艺装备，其结构复杂，精度要求高，制造费用相对较高，故冲压适合在大批量生产条件下使用。基于以上特点，冲压广泛应用于航空、兵工、汽车、电子、电器、电子仪表以及日常生活用品等制造业中。

按冲压加工温度可分为热冲压和冷冲压两种，前者适合变形抗力高，塑性较差的板料加工。后者适用一般板料冲压的坯料厚度小于 4mm，通常在常温下冲压，故称为冷冲压。常用的板材为低碳钢、不锈钢、铝铜及其合金等，它们塑性高，变形抗力低，适合于冷冲压加工。冲压的设备主要有剪床和冲床两大类，剪床是用来把板坯剪成一定宽度的坯料，为冲压生产准备原料的主要设备；而冲床是进行冲压加工的主要设备，按其床身结构不同，有开式和闭式两类冲床，按其传动方式不同，分为机械式冲床与液压压力机两大类。一般冲床示意图如图 4-3 所示。

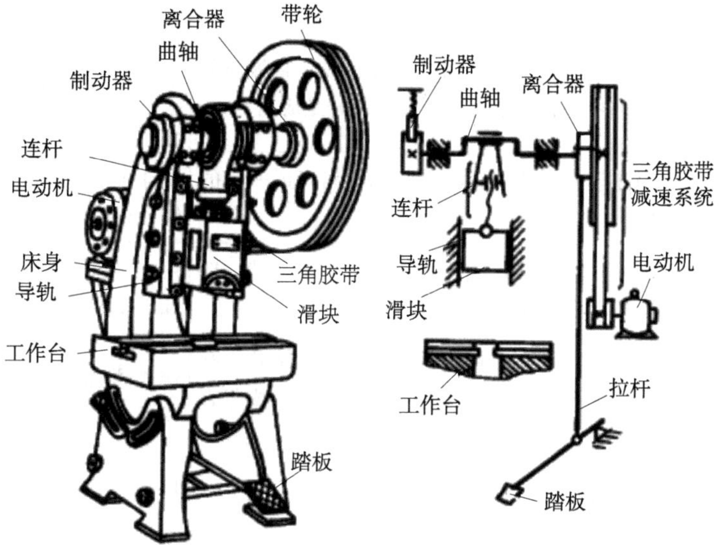

图 4-3　冲床示意图

资料来源：百度 . 冲床示意图 [EB/OL].[2024-09-24]. https://image.baidu.com/search/index?tn=baiduimage&ct=201326592&lm=-1&cl=2&ie=utf8&word=%E5%86%B2%E5%BA%8A%E7%A4%BA%E6%84%8F%E5%9B%BE&fr=ala&ala=1&alatpl=normal&pos=0&dyTabStr=MCwzLDEsMiwxMyw3LDYsNSwxMiw5

冲床的工作原理是电动机通过减速机构带动大带轮转动，当踩下踏板时，离合器闭合并带动曲轴旋转，再经连杆带动滑块沿导轨做上、下往复运动，完成冲压工序。冲床的主要技术参数以公称压力来表示，公称压力（kN）是以冲床滑块在最下位置所能承受的最大工作压力。我国常用的开式冲床的规格为 63 ～ 2 000kN，闭式冲床的规格为 1 000 ～ 5 000kN。冲压的基本工序主要分为分离工序和成形工序两类，分离工序是使坯料一部分与另一部分分离的工序，变形工序是使坯料发生塑性变形的工序，具体见表 4–1。

表 4–1　冲压的基本工序及操作

工序名称		定义	应用举例
分离工序	剪裁	用剪床或冲模沿不封闭的曲线（或直线）切断。	用于下料或加工形状简单的平板零件。
	落料	用冲模沿封闭轮廓曲线（或直线）将板料分离，冲下部分是成品，余下部分是废料。	用于需进一步加工工件的下料，或直接冲制出工件，如平板型工具板头。
	冲孔	用冲模沿封闭轮廓曲线（或直线）将板料分离，冲下部分是废料，余下部分是成品。	用于需进一步加工工件的前工序，或冲制带孔零件，如冲制平垫圈孔。
变形工序	弯曲	用冲模或折弯机，将平直的板料弯成一定的形状。	用于制作弯边、折角和冲制各种板料箱柜的边缘。
	拉伸	用冲模将平板状的坯料加工成中空形状，壁厚基本不变或局部变薄。	用于冲制各种金属日用品和汽车油箱等。
	翻边	用冲模在带孔平板工件上用扩孔方法获得凸缘或把平板料的边缘按曲线或圆弧弯成竖直的边缘。	用于增加冲制件的强度或美观。
	卷边	用冲模或旋压法，将工件竖直的边缘翻卷。	用于增加冲制件的强度或美观，如做铰链。

冲压技术的快速发展，始于汽车的工业化生产。20 世纪初，美国福特汽车的工业化生产大大推动了冲压的研究和发展。研究的工作基本上在板料成形技术和成形性两方面同时展开，关键问题是破裂、起皱与回弹，涉及可成形性预估、成形方法的创新，以及成形过程的分析与控制。

4.3.1 接触式冲压

接触式冲压方式的技术发展路线如图 4–4 所示。

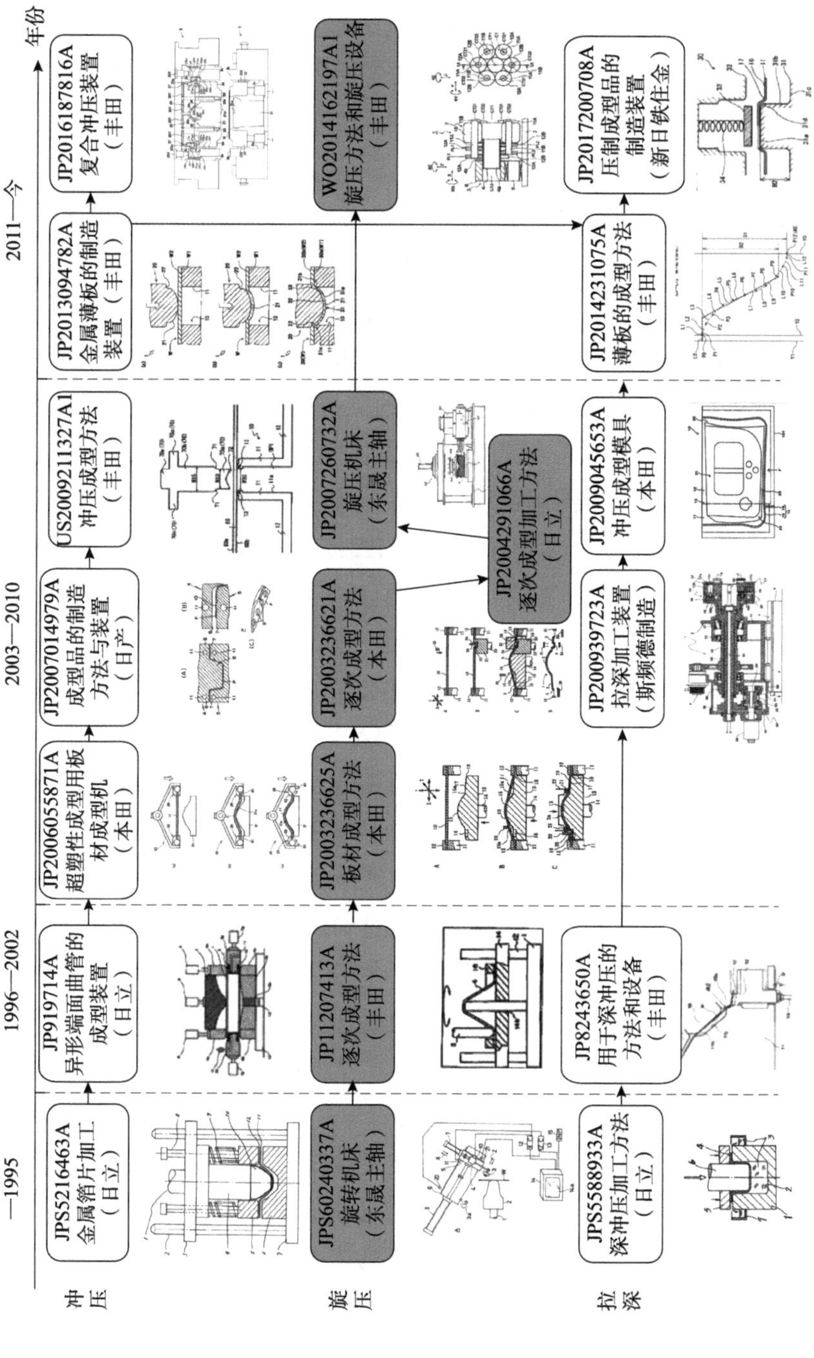

图 4–4 接触式冲压方式技术路线

20 世纪 60—70 年代是冲压技术发展的重要时期，各种新的成形技术相继出现。如早期的冲压方式为无切削成型——公开号为 JPS5216463A 的专利申请，其公开了用于金属箔片加工装置，而且采用常规的冲压技术。同时期还出现旋压方式的无切削成型以及拉深方式的无切削成型技术，由于在 20 世纪 80 年代有限元的方法及 CAD 技术的先期发展，在 20 世纪 90 年代使得以数值模拟仿真为中心和计算机应用技术，在冲压技术领域得以迅速发展并走向实用化。

进入 21 世纪后，汽车、飞机等工业的飞速发展，以及能源因素是冲压技术发展的主要推动力，如专利申请 JP2007260732A 涉及一种旋压机床的结构设计，其能够通过在加热或热加工期间，在高温下加热的工件的热量来抑制尾座的温度上升；专利申请 JP200939723A 涉及拉深加工机床的结构设计，能够简易更换配备了逆行机构的支撑构件的导向销。同时由于裂纹和齿轮溢出，造成产生在牙齿部分中的齿轮更换操作，能够使因逆行机构整体的破损引起的更换频率降低；同时，针对特殊性能的板材加工成型的研究也较多，如专利申请 JP2006055871A 涉及对超塑性成形用板材成形方法的研究，该方法可以防止板在关闭模具时的拉入和位置偏移，并且还可以实现设备的进一步的小型化 / 紧凑化，同时可以降低成本。专利申请 JP2003236625A、JP2003236621A 和 JP2004291066A 是一系列针对板材逐次成形加工方法的研究，其中 JP2003236625A 是通过提供保护夹具防止板突起的变形，提高成型精度，避免损坏板的其他成型部件，为了防止在多个部件上分别进行连续成形时，随后的连续成形使任何加工部件变形。专利申请 JP2003236621A 公开了确保根据优先级准确地模拟板块复杂区域，通过预制小凹槽，来改善复杂区域的精密成型；通过确定总成型和局部成型中的优先顺序，以高精度形成复杂形状的一部分。专利申请 JP2004291066A 为防止夹具表面使金属材料成形时使用冲压金属模具，设计了一种能够防止在增量成形中在工作部件上发生倾向的突起的工具，从而满足特殊性能的板材加工的需求。

近十年来，对发展先进制造技术的重要性获得了前所未有的共识，冲压技术无论在深度和广度上都取得了空前的进展，其特征是与高新技术结合，在方法和体系上开始发生很大变化。计算机技术、信息技术、现代测控技术等冲压领域的渗透与交叉融合，推动了先进冲压技术的形成和发展。冲压技术将具有更大的灵活性或特性，以适应未来小批量多品种混流生产模式及市场多样化、个性化需求的发展趋势，同时加强企业对市场变化的快速响应能力。

4.3.2　非接触式冲压

非接触式冲压方式的加工技术发展路线如图 4–5 所示。

在冲压技术领域中，除了使用刚性设备或工具进行冲压加工成型外，还有使用非刚性设备或工具进行无切削成型，即应用流体压力或磁力进行片材、管材等材料变形加工，其相关技术发展路线如图 4–5 所示。其中以液体直接、间接作为半模或传感介质的各种液压成型技术，属于半模成型或软模成型，同时具有很多优点，如早期专利申请 JP5865523A 公开了一种液压成型装置仅使用冲头，通过在模具上的填充，使有工作油的圆筒构件上设置中空活塞构件，并将与成形品对应的具有凹形的冲头构件对置到所述活塞构件中；专利申请 JPS61229427A 公开了一种电磁成形装置，通过同轴地布置圆柱形导体和柱状导体的待加工主体，通过在两者之间传递大电流，使待加工的主体变形来简化装置并提高成形精度。进入 21 世纪后，专利申请 JP2003126922A 提供了一种中空状构件的液压成形方法，通过在悬挂单元的凸缘的端面形成凹部，能够容易地制造出具有优异外观和高尺寸精度的悬挂单元，消除悬挂单元凸缘的尖端的突出，通过采用在凸缘的边缘上没有凸起的汽车用悬挂构件的液压成型方法，使成型品具有相对平滑轮廓的良好的外观质量。而专利申请 JP2007090353A 提供了一种液压成形装置与方法，通过简化结构，降低结构和机动车部件的制造成本，并使得机动车部件的强度提高，以低生产成本提供具有良好强度的静液成型制品。近十年来，在高压源及高压密封问题解决后，液压成型技术得以迅速发展，在汽车工业中获得重要应用。此外，国内申请人正在逐渐向冲压的核心技术靠拢，通过自主研发和借鉴国外优秀技术，逐步缩小与国外冲压技术领域的差距。

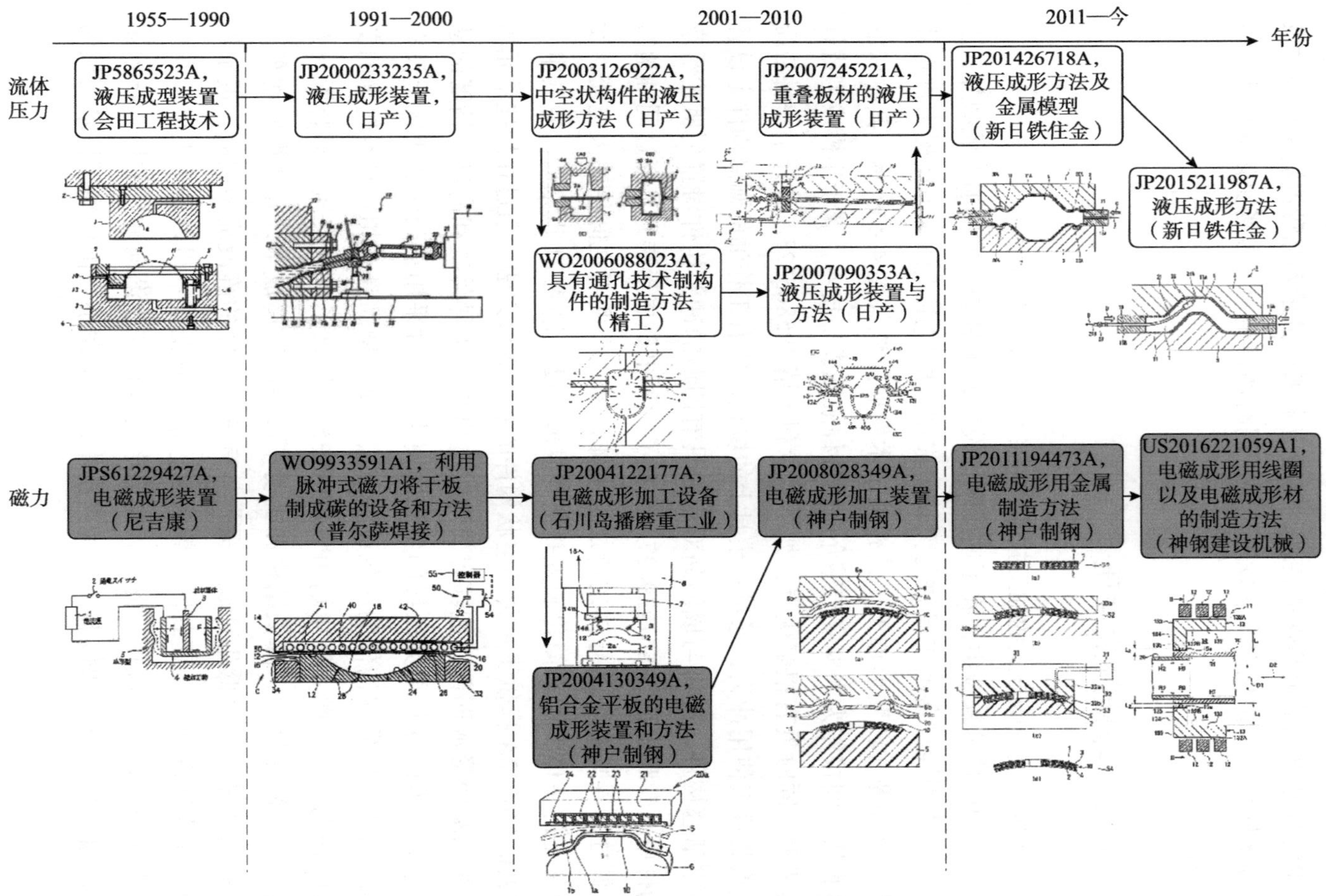

图 4–5　冲压领域的加工技术路线

4.4　激光切割技术发展路线

火焰切割成本低，效率高，但是精度不够，这一加工方式越来越被精度高的激光切割所替代。激光数控切割机是一种多功能、高速、高效、低劳动强度和高度自动化的薄板材料的自动切割设备，广泛地应用在汽车制造、航空航天、机械制造、石油化工等领域。同时也是激光切割加工技术中最具有市场前景和工业应用背景的技术之一，约占市场 70% 以上份额。因此本节仅重点分析激光切割的技术发展状况。

从激光切割各类材料的不同物理形式来看，激光切割大致可分为汽化切割、熔化切割、氧助熔化切割和控制断裂切割四类。目前，我国激光切割行业普遍采用的切割方式是熔化切割，这也是本书所述的激光切割机所采用的切割方式。

如图 4–6 所示为激光切割的原理。激光切割时，高能量密度的激光束辐照工件表面，产生足够高的热量使材料熔化，加之与光束同轴的高压气体直接除去熔融金属，从而达到切割的目的。激光切割金属板材时，辅助气体是通过喷嘴喷射到被切材料处，从而形成一个气流束。喷嘴的设计及气流的控制对于激光切割效率和质量具有十分重要的影响。另外，激光切割机床的结构对该技术应用的领域和加工工件的尺寸、精度有很大的影响。

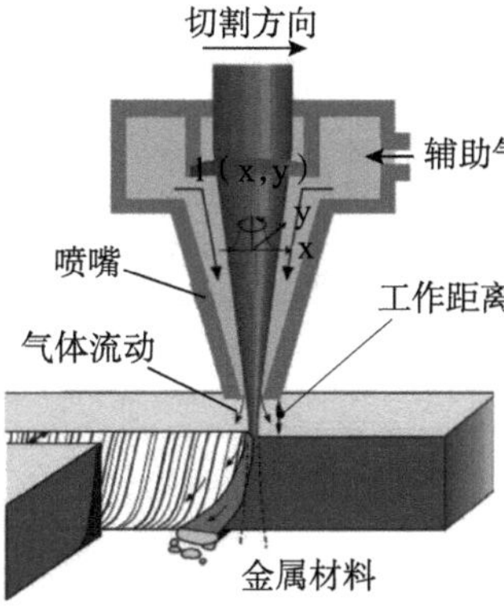

图 4–6　激光切割原理示意图

4.4.1 激光切割机床结构类型

激光切割机床的技术路线图如图 4-7 所示。激光切割机床常见结构为固定光路式、飞行光路式、龙门式以及三维度激光切割机床。

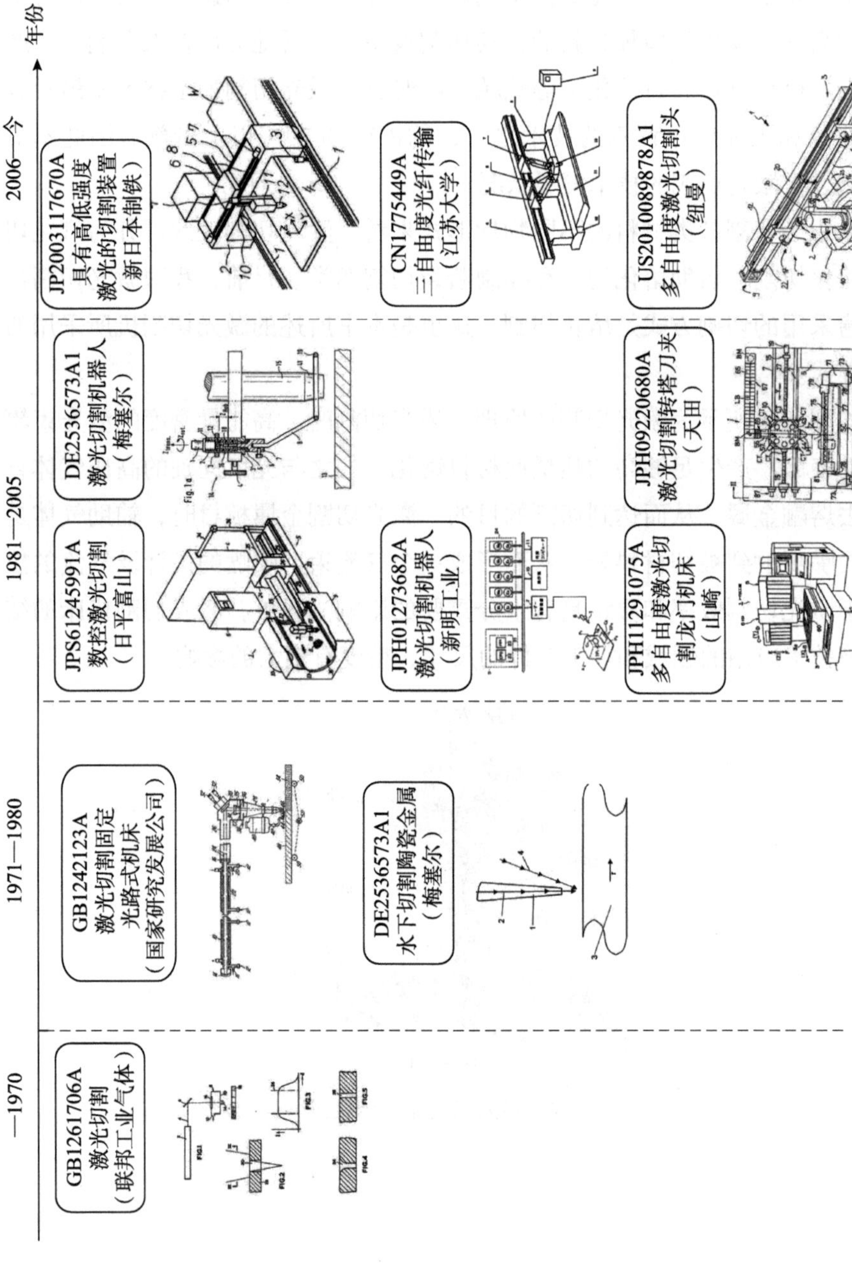

图 4-7 激光切割机床的技术路线

1. 固定光路式激光切割机床

图 4–8 所示的机床采用固定光路结构，光程长度恒定，确保模切板缝隙切割均匀一致。切割工作台为十字运行方式，可实现对非金属与薄金属板材的精确加工。激光切割机床于 20 世纪 70 年代前后现世，最先出现的激光切割机床用于切割纸张、木头等，比较有代表性的是 1969 年公开号为 GB1261706 的专利申请，即为固定光路式激光切割机床。固定光路式的激光切割机床通常采用悬臂式的结构，如图 4–8 所示。随后于 1971 年出现的专利申请 GB1242123A 的专利，其通过悬臂结构将激光导入喷头中，该装置用于切割易燃的纸张、木头、塑料等，同时安装了瓶子和喷头用于实现切割位置的冷却。1986 年公开号为 JPS61245991A 的专利申请，其将悬臂结构深入到用真空吸附的管状零件内部完成激光切割；同样于 1986 年公开号为 DE2536573A1 的专利申请，公开了一种激光切割机器人，该装备具有六个自由度，切割精度和适用范围更广。

固定光路式激光切割机床，结构相对较为简单，但工件台重量较重，驱动困难，因此该类机床适合加工小面积的板材。

2. 飞行光路式高速激光切割机床

飞行光路式切割机床的结构如图 4–9 所示，整台机床可以分为床身和工件台两大部分。切割时，机床横梁飞行运动，工件台位置固定。激光头位于飞行横梁结构上，切割时可以在 Y 轴方向左右移动，并且同时可以随着飞行横梁在 X 轴方向前后移动。由于飞行横梁质量较小，所以可以短时间内加速到所需要的速度，动态响应快，适合高速切割机床。

图 4–8 固定光路式激光切割机床

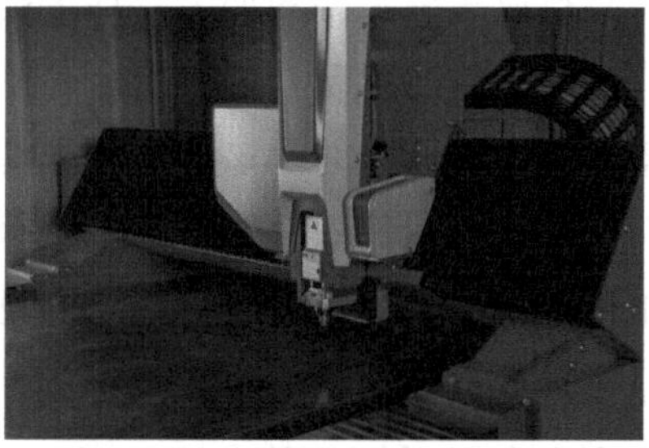

图 4–9 飞行光路式激光切割机床

3. 龙门式激光切割机床

目前高速切割机床多采用龙门式立柱型对称结构。这种机床的承载能力和刚性好，同时增强机床的耐冲击性和抗震性，提高了零件加工的精度，并且还采用双机同步联动结构和直线电机并联运动方式，保证了切割时能够获得较高的切割速度。1979 年由梅塞尔集团申请的公开号为 DE2536573A1 的专利申请，公开了一种水下切割陶瓷金属的激光切割机床，其主体结构为龙门式机床。水下切割能够很好地预防激光切割带来的污染，该机床具有龙门机床的高精度、耐冲击性和抗震性，且水下切割避免污染，因而能够加工的材质范围很广，如橡胶、石英、玻璃、陶瓷、金属等。随后的 1989 年，新明工业公开了一种激光切割机器人，该专利的公开号为 JPH01273682A。其机床的主体结构依然为龙门式结构，适用于多种不同厚度的板材切割，通过记忆各种类型板材的切割条件来控制割炬。可见，在 1989 年已有系统的激光切割控制装备出现。随后在 1997 年天田株式会社申请的专利 JPH09220680A 公开了一种复合加工装置，该装置中的龙门架上安装有转塔刀夹，其中的激光切割头设置在一个转塔刀架的工具头上，从此开启将激光切割装备应用在复合加工装备上的历史。1999 年由山崎株式会社申请的公开号为 JPH11291075A 的专利，是标准的龙门式激光切割机床，其结构完整，虽然只有 *XYZ* 三个自由度，但喷头的结构复杂且精度高，从而能够实现高精度工件的加工。

4. 三维激光切割机床

三维激光切割机床近年来发展迅速，主要应用于汽车、航空航天、机械加工等行业三维工件的加工。加工范围广泛，可实现高精度立体切割，提高了生产效率。三维激光切割机床是从固定光路式激光切割机床和龙门式激光切割机床发展而来的。该三维激光切割机床相较于龙门式激光切割机床，其龙门架两侧的对称立柱能够沿着导轨移动，从而增加了自由度，能够实现三维工件的加工。新日铁株式会社于 2003 年公开的专利申请 JP2003117670A，就是一种典型的三维激光切割机床，同时具有高强度激光和低强度激光，从而分别在金属板材上形成切割槽。另外，江苏大学申请的专利 CN1775449A

于 2006 年公开，发明点在于具有三平移自由度并联运动机构，在动平台上安装激光光束聚焦器，辅之以光纤的柔性传输，从而使得加工精度、加工效率和加工柔性都得到大幅度提高。法国纽曼公司于 2010 年公开的专利申请 US2010089878A1，通过滑板和连杆机构使得激光切割头具有多自由度。

通过以上分析可知，在激光切割机床中，传统的固定光路式、飞行光路式和龙门式激光切割加工机床的发展已经日趋完善，这三个方向的机床仅在控制方式上会有所突破。现今三维激光切割机的发展前景宽广，其所具有的多自由度的特性，使得其具有良好的发展前景。另外，激光切割机构与机器人的组合结构也是未来的发展趋势。

4.4.2　激光切割喷嘴结构

激光切割金属板材时，辅助气体是通过喷嘴喷射到被切材料处，从而形成一个气流束。喷嘴的设计及气流的控制对于激光切割效率和质量具有十分重要的影响。特别是在使用惰性气体的激光熔化切割中，超高的表面张力以及熔融金属的高黏性，要求切割表面上必须具有很高的拖拽力（Drag force）。拖拽力的动力来源是喷嘴入口的滞止压力，并与轴对称喷嘴射流的动力学特性紧密相关。因此对气流的基本要求是进入切口的气流量要大，速度要快，以便有足够的动量将熔融材料喷射吹出；同时对于氧助切割而言，要有足够的氧气使切口材料充分进行放热反应。因此除光束的质量及其控制会直接影响切割质量外，喷嘴的结构、气流场特性，以及一些相关的影响因素（如辅助气体类型、喷嘴压力、工件在气流中的位置等）也是影响切割质量的重要因素。喷嘴及气流流场对激光切割的效果会产生非常重要的影响，对辅助气体流场及喷嘴结构的研究，会随着激光切割技术不断发展变得越来越重要。

早期使用的传统型喷嘴有平行型、收敛型、锥形结构，如图 4-10 所示，随着激光切割加工水平的发展，人们对传统型喷嘴进行了许多改进，有附壁型和非圆型及不共腔喷嘴等。

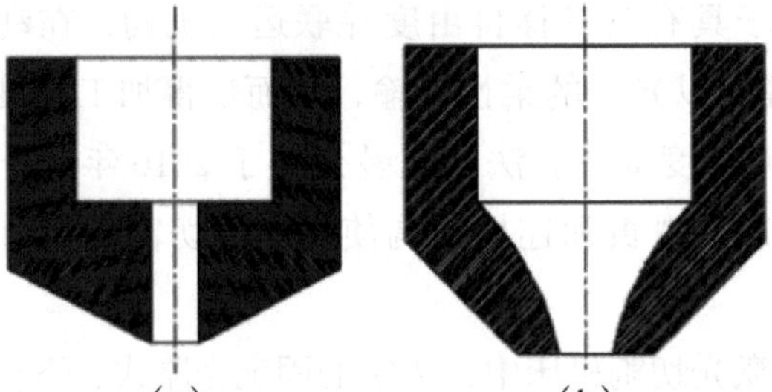

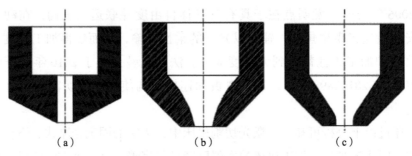

图 4-10　常用会聚型喷嘴类型

（a）平行型（b）收敛型（c）锥形

但是通常在使用中该结构会经过改型，如图 4-11 所示的激光切割喷嘴结构技术路线图可知。锥形喷嘴作为传统的喷嘴结构，是最常用的喷嘴。例如，东芝公司申请的公开号为 JPS51147446 的专利，是锥形喷嘴的典型结构，喷嘴的尖端呈锥形结构，方便激光的会聚，也方便助推气体能够会聚在喷嘴部位；同样是东芝公司于 1983 年公开的专利申请 JPS58157587A，是一种平行型喷嘴结构；1985 年东芝公司公开的专利申请 JPS6054293A，是一种会聚型喷嘴，该会聚型喷嘴的前端是圆弧型的结构，更加符合流体的流动特性，能够很好地实现助推气体的会聚。喷嘴及气流流场对激光切割的效果产生非常重要的影响，因此后来出现的喷嘴，都在一定程度上符合气流的动力学特性。现在通常以数值模拟的方式来测定喷嘴喷出的气流的动力学特性，从而设定喷嘴内壁形状曲线。但在当前的加工水平下，要制造出结构完全符合气流动力学特性的超音速喷嘴成本非常高，因此实际生产超音速喷嘴并没有产品化。但同时这也是今后喷嘴的发展方向。

最初东芝公司的专利申请 JPS51147446，设置一个助推气体的进气口，但是这样进气不均匀，因此小松集团随后于 1989 年公开的专利申请 JPH01181991A，在喷嘴上环形设置了多个出气口，实现了助推气体的均匀出气；1990 年三菱株式会社公开的 JPH09216081A，其环形设置的多个出气口更加靠近喷嘴口，更加符合流体的特性；新日铁株式会社于 2000 年公开的专利申请 JPH09216081A，在环形喷气孔的基础上设置了多个环形漩涡进风结构，这是一个新的改进。此外还有喷嘴倾斜设置的喷嘴结构，该结构中助推气体的喷气装置与喷嘴分开设置，喷气口吹响喷嘴的喷口；但此类结构

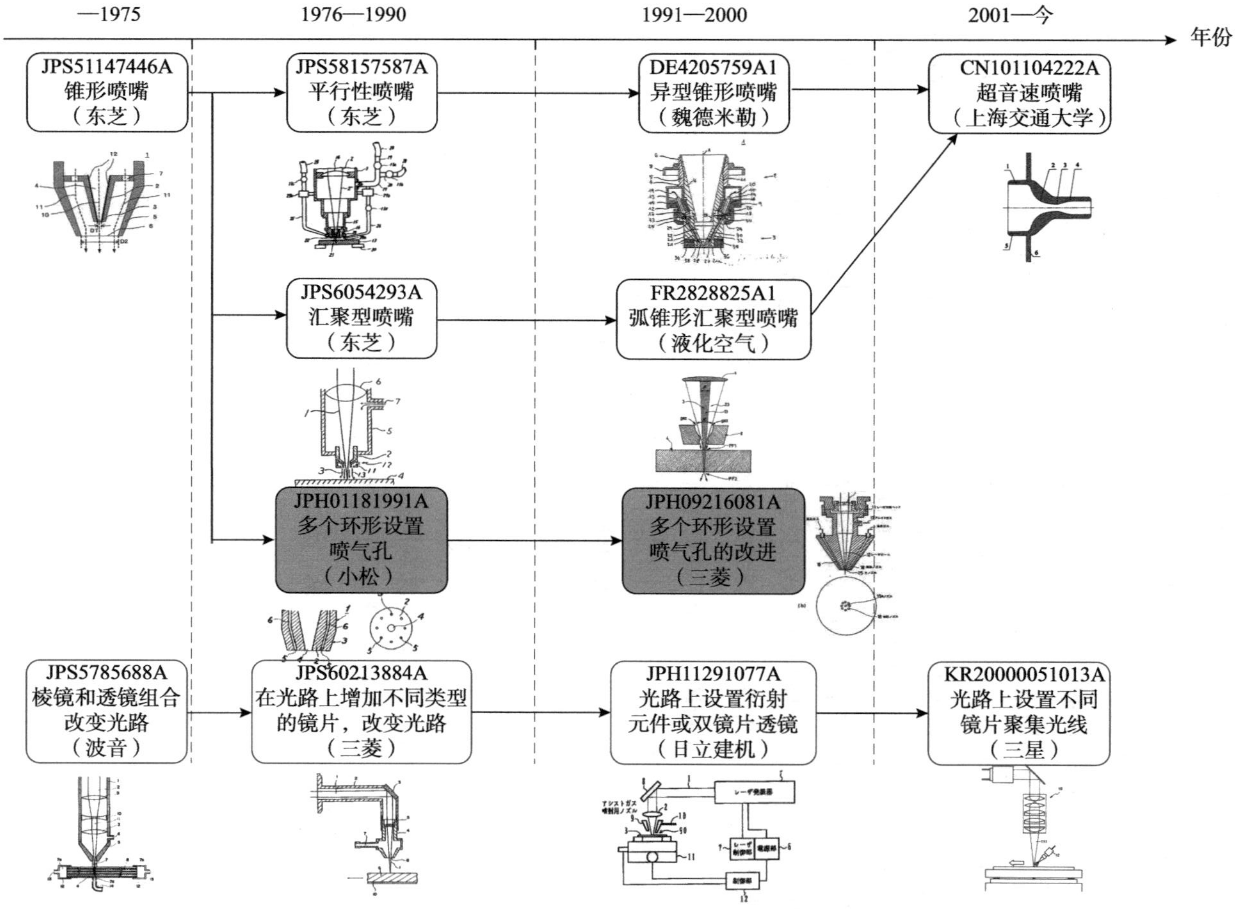

图 4–11　激光切割喷嘴结构技术路线

的专利申请量不大，且结构上没有太大的改进。

除了喷嘴的形状和气孔结构的改进外，在激光切割喷嘴结构中，镜片的设置及光路的改进也是一个重点的改进方向。凸透镜能够实现光线的聚焦，这是最基础的光学知识，因而最初的激光喷嘴中设置一个凸透镜，实现激光光线的聚焦，如波音公司的专利申请 JPS5785688A，在光路上通过反光镜将激光发生器内形成的激光光线反射到凸透镜上，最终聚焦光线在工件上，并在助推气体的作用下，完成工件的切割。该光路上镜片的种类和设置方式能够显著地影响激光光线的聚焦和稳定性，从而影响加工精度，对激光切割的精度、效率和稳定性具有极大的影响，因此镜片的种类和设置方式一直在不断地改进过程中，该技术路线图中仅仅囊括了四种不同的设置方式，这仅是冰山一角，不能完全地概括光路改进的整个进程。在技术路线图中，三菱株式会社申请的公开号为 JPS60213884A 的专利，在光路上从上至下设置了凸透镜、凹透镜和凸透镜，从而实现切割过程中激光聚焦的稳定性；日立建机公司在公开号为 JPH11291077A 的专利中请求保护了一种激光喷头，其在光路上设置光衍射元件或双镜片透镜，实现激光在短距离内聚焦；三星公司在专利申请 KR20000051013A 中也请求保护了一种光路结构，其在光路上设置了四个镜片。喷嘴中镜片的设置与喷嘴的结构有很大的关系，在镜片设置时，需要考虑光和透镜的特性，也要综合考虑喷嘴的结构特性。

综上所述，喷嘴的结构是影响激光切割机床的精度和稳定性的重要因素。喷嘴从结构上讲，通常设置助推气体的出气口为环形设置，从而对喷嘴的喷口位置均匀吹气。同时喷嘴内部的结构逐渐向流线型发展，使其更加符合气流动力学特性。由此可见，光路的设置也是发展的一大重点。

第五章 数控机床总体结论及发展建议

5.1 总体结论

高档数控机床作为智能制造的核心产业，各国均出台了相应鼓励政策，促进其快速发展。我国对高档数控机床产业发展提出了更为明确的方向。

高档数控机床是制造业价值生成的基础和产业跃升的支点，是基础制造能力构成的核心，只拥有坚实的基础制造能力，才有可能生产出先进的装备产品。以日本、美国、韩国、中国等为代表的国家投入了大量的人力、财力、物力，开展高档数控机床的研究，各国政府对高档数控机床产业给予高度重视，纷纷出台各项智能制造政策，推动高档数控机床产业快速向前发展，并取得较大的进展。

纵观各国相关产业政策可以发现，近年来我国和各级地方政府围绕高档数控机床技术出台了更为具体的行动计划和若干意见，如《中国制造 2025》中提出组织研发具有深度感知、智慧决策、自动执行功能的高档数控机床；《智能制造工程实施指南（2016—2020）》中提出主攻高速高效精密五轴加工中心、激光及电子束送粉 / 送丝熔化沉积金属增材制造装备等，这些前瞻性针对性的具体产业政策对高档数控机床的产业及技术发展方向的指引更为明确。

在全球机床市场生产和消费出现下降趋势的大背景下，我国高档数控机床的竞争优势逐渐凸显，传统高档数控机床强国日本、德国虽然仍主导着高档机床市场，但我国对高档数控机床的需求保持强劲态势。

2012年后，由于受全球制造业萎靡影响，全球机床市场总产值出现下降趋势，但高档数控机床作为制造业的基础产业仍是各国抢占焦点。中国、日本、德国是全球高档数控机床主要生产和消费国，其中日本、德国的机床出口是全球高档数控机床主要出口国，中国是全球高档数控机床主要进口国。

高档数控机床是市场国际化程度很高的产业，高档数控机床产业在德国发展迅速，在日本已成为具有规模的成熟数控机床产业；同时日本、德国高档数控机床的产业链相对其他国家更为完整。随着我国经济突飞猛进的发展，经济发展动力正在变化，从而导致我国高档数控机床消费市场出现了新变化，我国数控机床需求的总量下降，而高档数控机床市场需求却强劲增长，这与我国制造业产业产品结构升级有着密切关系。制造业产品结构升级要求产品技术含量不断增加，产品附加值不断提高，相应产品加工制造要求也更高，使高精度、高速化、复合化、智能化及环保化的高档数控机床需求增加。

日本、德国是高档数控机床创新领先国家，我国高档数控机床创新追赶势头明显，近十年专利申请增长率高于全球。

日本、中国、美国、德国、欧专局、韩国是目前全球高档数控机床技术专利申请的六大主要来源国（地区）。日本的专利申请量位居世界首位，约占总申请量的29%；中国位居第二位，约占总申请量的28%；日本、美国和德国是全球高档数控机床技术发展相对较早的国家，具有雄厚的研发实力与基础资源，在专利申请量方面长期保持领先地位，分别约占总申请量的29%、12%及9%，显示出较强的创新领先优势。

我国高档数控机床技术的研究和应用起步较晚，但近年来受益于政策激励与市场需求的刺激，我国高档数控机床的专利申请量势头明显。从创新区域上看，其中长三角、珠三角及环渤海地区专利申请相对较为集中，其总量占全国专利申请总量的62.8%，创新领先的代表城市为南京、深圳、沈阳。从创新技术上来看，各地区城市间呈现出不同特点。在加工中心技术方面，处于国内领先的城市是沈阳，领先企业是沈阳机床，其加工中心技术处于国内领先地位，并且在高档数控技术方面初步打破国外垄断，所制造的五轴联动高档数控机床居行业领先地位。在特种加工技术方面，处于国内领先的城市是深圳、南京，其分别在特种激光切割、用电极代替刀具方面具备创新优势，领先企业分别是大族激光、南京航空航天大学，其中大族激光以光源制造技术为核心竞争力，引领国内行业发展，南京航空航天大学在用电极代替刀具的基础理论研究与创新实力雄厚。

全球高档数控机床的创新趋势一致，日本、德国多家企业的技术实力领跑全球，我国正处于追赶和突破阶段。

从高档数控机床创新热点来看，各国对于高档机床的创新热点均集中于加工中心、特种加工技术以及高档数控技术。加工中心是工件一次装夹就可完成工件高精度、高效率、复杂加工的高度机电一体化产品，五轴联动加工中心对航空、航天、军事、科研、精密器械等行业有重要的影响；特种加工技术是近些年涌现的新型加工技术，利用电能、热能、光能、化学能等能量达到去除或增加材料的加工方法，解决了各种传统制造加工上的特殊问题，广泛应用于各个领域；高档数控技术是通过数字、文字和符号组成的数字指令来实现一台或多台机床动作控制的系统，高档数控技术对高档数控机床的性能、功能、可靠性有着决定性的影响。

对于热点技术方面，全球领先企业主要来自日本和德国。在加工中心技术方面，全球领先企业是发那科、山崎马扎克、德马吉，其所生产的五轴联动高档数控机床在加工精度保持性及加工速度可靠性方面均处于世界领先水平；在特种加工技术方面，全球领先企业是三菱，其在微细加工、超精密加工方面处于世界领先水平；而在数控技术方面，全球领先企业是西门子，其在标准化、智能化方面处于世界领先水平。我国高档数控机床的创新热点同全球基本一致，也均集中于加工中心、特种加工技术和数控技术三个方面。国内高档数控机床企业的技术实力同全球领先企业存在一定差距，但近年来通过不断地努力创新，差距正在逐步缩小，并且在部分领域已经实现突破。

数控系统是高档数控机床的核心关键部件，高档数控技术长期以来一直被西门子、发那科等全球高档数控机床巨头垄断，我国高档数控机床配套的数控系统 90% 以上都是国外的产品，而国外在高档数控的核心技术方面一直对我国进行封锁限制，极大制约了我国高档数控机床发展。沈阳机床作为我国机床产业的龙头企业，经过多年努力，自主研发的 i5 智能数控技术初步打破西门子、发那科的长期垄断，突破国外对我国的技术封锁限制。i5 是世界首台具有网络智能功能的数控系统，2016 年 i5 数控智能系统的高档数控机床销售已超过 18 000 台，带来了 10 亿～ 15 亿元收入。沈阳机床还为智能机床管理和发展打造了 i5 的云制造平台，实现了高档数控机床产业的“互联网 +”，以新颖的商业模式、管理模式和盈利模式，促进产品加工制造技术升级和制造业智能升级，引领国内高档数控技术的发展。

5.2 发展建议

（1）加强知识产权保护，为高档数控机床产业发展保驾护航。

知识产权保护对创新发展的保障性不言而喻，针对当前高档数控机床知识产权保护意识参差不齐的现状，以及部分企业重视市场而忽视知识产权保护的情况，需进一步增强企业知识产权创造意识，提高管理能力和保护水平，通过宣传普及相关知识产权政策措施，引导国内高档数控机床创新主体实施知识产权战略，将知识产权保护贯穿于企业创新的各个环节，全面提升其保护能力及水平。而对于部分企业专利申请量多而不强的情况，需进一步引导其提高创新能力及保护水平，提高专利质量，充分发挥知识产权对高档数控机床产业发展的促进与保护作用。

（2）提升高档数控机床功能性部件制造水平，提升加工中心制造精度。

多轴联动加工中心技术代表高档数控机床的复合化、高精度化发展方向，其中高档数控机床关键功能性部件是制约加工中心发展的关键因素。我国生产机床零部件的企业较多，进一步提升关键零部件和功能性部件的制造水平需要技术积累和理论支持，可借鉴学习日本、德国的先进技术，注重科学实验以及理论与实际相结合的重要性，与科研院所紧密合作。例如，与北京机床研究所、中国科学院长春光学精密机械与物理研究所开展光栅、编码器的研发合作，与洛阳轴承所开展轴承的研发合作，与哈尔滨工业大学开展高度电主轴的研发合作等。对高档数控机床关键零部件的共性和特性问题进行深入的研究，在质量上精益求精，使得制造的关键零部件和核心功能部件质量及性能良好、先进实用，并努力成为行业之标准，从而提升多轴联动加工中心的整机制造水平，提升市场竞争力。

（3）针对数控技术开展引进与合作，快速提升综合实力。

高档数控机床数控技术目前仍处于被国外巨头企业如西门子、发那科所垄断状态。数控技术的研发创新是一个长期技术积累以及人力和资金持续投入的过程，以沈阳机床自主研发的i5数控系统为例，从2007年开始筹备自主研发到投入应用历时近10年，且需要联合上海同济大学、德国数控研发技术中心的整体力量，为此针对普遍还不具备高档数控机床数控技术研发实力的现状，从行业角度建立健全原始创新、集成创新、引进消化再创新的机制，健全技术创新市场导向以及产学研协同创新机制，强化高校及科研院所在技术创新中的地位，进一步为企业的创新发展提供理论支持，如与国内高端数控技术领先企业（如沈阳机床、华中数控）、高校（上海同济大学、华中科技大学）开展研发合作。对于可开展合作的高校或数控技术创新团队，优势在于：一方面，上海同济大学在高档数控机床数控技术的研究中已具备了丰富的产学研合作经验，为此可联合上海同济大学开展高档数控机床数控技术的自主创新；另一方面，沈阳机床所生产制造的高档数控机床初步打破了国外垄断局面，沈阳机床的技术创新团队成果卓著。

（4）集中优势发展特种加工技术，打造特种加工产业集群。

在汇聚特种加工技术创新人才和创新理论的基础上，结合我国特种加工技术企业创新优势，聚焦发展高档数控机床激光切割、电极代替刀具的优势技术，围绕特种加工技术领先企业建立行业内技术交流、优势互补及商业互通的合作平台，促进领域内企业与高校科研院所的创新合作，加快推动基础性、尖端性光学元件及控制等关键技术创新突破，从而有针对性地搭建企业技术创新所需求的交流平台，有效转化运用国内外特种加工技术创新成果，为进一步的创新发展提供理论支持和研发实力。

创新型产业集群是指产业链相关联企业、研发和服务机构在特定区域聚集，通过分工合作和协同创新，形成具有跨行业、跨区域带动作用和国际竞争力的产业组织形态。对于可开展合作企业或特种加工技术创新团队，具体来说：①在激光加工技术领域，大族激光为国内创新领先企业，其技术创新团队针对激光产业相关技术研发，成果十分丰硕；②在用电极代替刀具技术领域，南京航空航天大学具有丰富的理论技术研究和创新基础，两大技术团队分别从事电火花加工技术研究和电解加工、电铸加工技术研究，创新研究成果丰硕。

（5）积极进行高档数控机床升级改造，快速提升加工制造水平。

在加强高档数控机床产业链上游数控技术创新研发或技术引进的基础上，可通过数控机床改造升级的方式达到快速提升加工制造水平的效应，具体来说包括以下几个方面。①数控系统升级改造：可联合数控装置生产厂，如华中数控、大连光洋科技共同开发简单易学、便于操作的数控系统装置，将普通机床改造成数控机床，从而使企业可以投入较少资金，花费较短培训时间，无须改变劳动生产组织的情况下完成数控升级改造。②关键功能部件升级改造：可集中优势力量改造升级数控机床关键功能性部件，如光栅、旋转编码器、角度编码器、静压导轨、换刀库、装夹工作台等，从局部提高数控机床的启停，进而影响应速率并减少误差积累，提高制造水平。③配套服务升级改造：注重配套服务，使用户不仅能够购买机床本身，还能得到技术人员培训，机床质量保证，备件供应以及长期技术支持等在内的各种配套服务，通过提升和完善配套服务质量来提高数控机床的改造利用率，进一步推动数控机床改造的转型升级，促进行业发展。

第二部分　工业机器人

第六章
机器人产业发展概况

6.1 机器人产业概述

全球机器人基础与前沿技术正在迅猛发展，涉及工程材料、机械控制、传感器、自动化、计算机、生命科学等各个方面，大量学科在相互交融促进中快速发展，技术创新主要围绕人机协作、人工智能和仿生结构三个重点展开。

人机共融技术不断走向深入。由于无法感知周围情况的变化，传统的工业机器人通常被安装在与外界隔离的区域当中，以确保人的安全。随着标准化结构、集成一体化关节、灵活人机交互等技术的完善，工业机器人的易用性与稳定性不断提升，机器人与人协同工作愈发受到重视，作为重点研发和突破的领域，人机融合成为工业机器人研发过程中的核心理念。目前推出的部分人机互动机器人已能够像人类一样主动适应现实环境的不断变化，并快速改变应用，以更安全、更精准、更灵活的方式工作。

企业是技术创新发展的核心力量，技术的发展离不开企业这一重要创新主体，全球的重要企业又是进一步推动技术向前发展的核心。在未来发展驱动下，轻型、协作、智能型机器人将成为重点研发对象，人机协作是未来工业机器人发展的必然选择。在确保安全的前提下，消除人与机器的隔阂，将人的认知能力与机器的效率和存储能力有机结合起来，研发轻型、协作、智能机器人，已成为全球各大机器人企业的共同选择。例如，安川电机发布了新一代小型机器人 MOTOMAN-GP 系列；发那科推出的重量仅为 53kg 的小型协作机器人 CR-7iA，可在没有安全围栏的情况下与人一起工作；阿西亚·布朗·勃法瑞（以下简称 ABB）宣布与国际商业机器公司（以下简称 IBM）战略合作，共同开发基于人工智能的智能型工业机器人。工业机器人在发达国家已经取得了较快的发展，日本和德国凭借先发优势和技术积淀在工业机器人领域具备领先水平，ABB 集团、库卡、安川电机、发那科“四大家族”占据了工业机器人约 50% 的市场份额。近年来，全球工业机器人巨头高度重视中国市场，纷纷在中国建立产业基地，全方位抢占市场高点。例如，ABB 已在建立珠海和青岛机器人应用中心的基础上，正筹划建立重庆机器人应用中心；安川电机与武进国家高新区二期项目签约，为了再度提升产能，已经启动建设第三工厂，其全球工业机器人四大家族的产品比较见表 6–1。

表 6-1　全球工业机器人“四大家族”的产品比较

区域划分	品牌	机器人产品	应用领域	产品优势	产品系列
欧系	ABB	控制系统、本体、伺服电机、系统集成	汽车、3C、食品和饮料、医疗等	控制力好，整体性强	IRB 系列
	库卡（KUKA）	本体、系统集成、控制器	汽车工业、金属加工等	开源系统平台，标准化编程、轻量化、响应速度快	LBR、KR 系列
日系	安川电机（Yaskawa）	伺服电机、变频器、本体、系统集成	汽车、电子电气、食品等	高精度、双臂机器人，多轴机器人	Motoman、SEMISTAR 系列
	发那科（FANUC）	数控系统、伺服电机、本体	汽车工业、电子电气、金属加工等	轻量化、标准化标称、操作简单	R 系列、M 系列、LR 系列等

工业机器人是面向工业领域的多关节机械手或多自由度的机器装置，它能自动执行工作，是靠自身动力和控制能力来实现各种功能的一种机器。工业机器人的典型应用包括焊接、刷漆、组装、采集和放置（如包装、码垛和 SMT）、产品检测和测试等，所有工作的完成都具有高效性、持久性、高速度和准确性。工业机器人最显著的特点如下。

①可编程：可根据生产者需要进行编程，以适应新环境。

②拟人化：即智能化，具有判断和感知功能，其得益于传感器技术的提高。

③通用性：主要指工业机器人的用途更为广泛，能执行不同的操作任务。

④机电一体化：智能的工业机器人不仅具有获取外部环境信息的各种传感器，而且还具有记忆能力、语言理解能力、图像识别能力、推理判断能力等人工智能，这些都是微电子技术的应用，尤其是与计算机技术的应用密切相关。

目前要使工业机器人正常运行，需要以下几个方面的必要组件。

①驱动系统：驱动系统可以是液压传动、气动传动、电动传动，或者把它们结合起来应用的综合系统；也可以是直接驱动或者是通过同步带、链条、轮系、谐波齿轮等机械传动机构进行间接驱动。

②传动装置：传动装置是连接动力源和运动连杆的关键部分，根据关节形式，常用的传动装置形式有直线传动和旋转传动机构。其中，直线运动可通过齿轮齿条、丝杠螺母等传动元件将旋转运动转换成直线运动，也可由直线驱动转换成电机驱动，还可直接由气缸或液压缸的活塞产生。采用旋转传动机构的目的是将电机的驱动源输出的较高转速转换为较低转速，并获得较大的力矩。机器人中应用较多的旋转传动机构有齿轮链、同步皮带和谐波齿轮。

③传感系统：机器人的传感系统由内部传感器模块和外部传感器模块组成，用来获取内部和外部环境状态中有意义的信息，常规的传感器见表 6–2。

表 6–2 机器人常规传感器及其用途

传感器类型	用途
视觉传感器	获取现场的视频信息，实时跟踪机器人的最新动态
听觉传感器	用于检测现场的声音
超声传感器	主要用于探测距离，实现探测障碍物信息以及机器人的实时避障
气体传感器	检测现场有毒气体的含量及人体释放的气体含量
重力传感器	获取机器人自身姿态信息

④控制系统：工业机器人控制系统是在传统机械系统控制技术的基础上发展起来的，可以从不同的角度分类，按控制运动的方式不同，可分为关节控制、笛卡尔空间运动控制和自适应控制；按轨迹控制方式不同，可分为点位控制和连续轨迹控制；按速度控制方式不同，可分为速度控制、加速度控制、力控制等。

6.1.1 机器人产业链

工业机器人的产业链包括上游、中游及下游，涉及核心零部件生产、机器人本体制造、系统集成以及行业应用等环节。具体的产业构成如图 6–1 所示：上游包括一些关键的核心部件，中游主要是指本体以及集成技术，下游包括系统集成、二次开发以及周边设备的开发等。

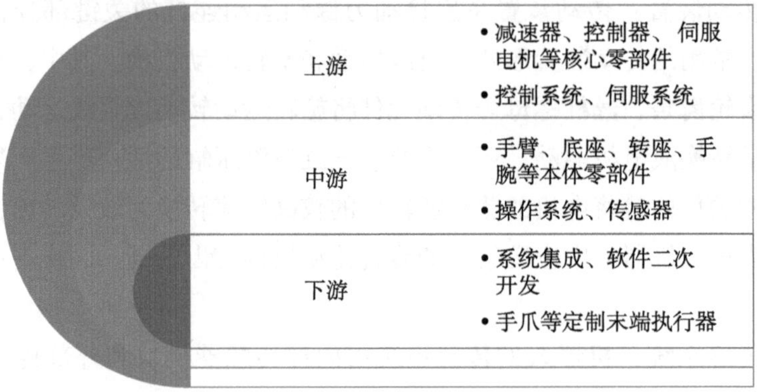
上游
•减速器、控制器、伺服电机等核心零部件
•控制系统、伺服系统
中游
•手臂、底座、转座、手腕等本体零部件
•操作系统、传感器
下游
•系统集成、软件二次开发
•手爪等定制末端执行器

图 6–1 工业机器人的产业构成

图 6–2 进一步示出工业机器人上游、中游和下游的一些知名企业及其相互关系。结合行业背景来看，目前我国上市公司多布局工业机器人行业产业链的下游系统集成环节，而受上游技术壁垒的限制，尤其是上游零部件，如伺服电机、驱动器、控制系统，核心技术均掌握在国外工业机器人“四大家族”手中，我国工业机器人市场较高部分的利润被国外市场垄断。一方面，国内公司上游零部件企业技术水平与国外差距较大，并且成本较高，因而不具备竞争优势；另一方面，国内在下游系统集成领域已经具备了相对较为成熟的技术和经验，因而具备了与国外工业机器人巨头匹敌的优势，并且在一

定程度上吸引了资本的流动。

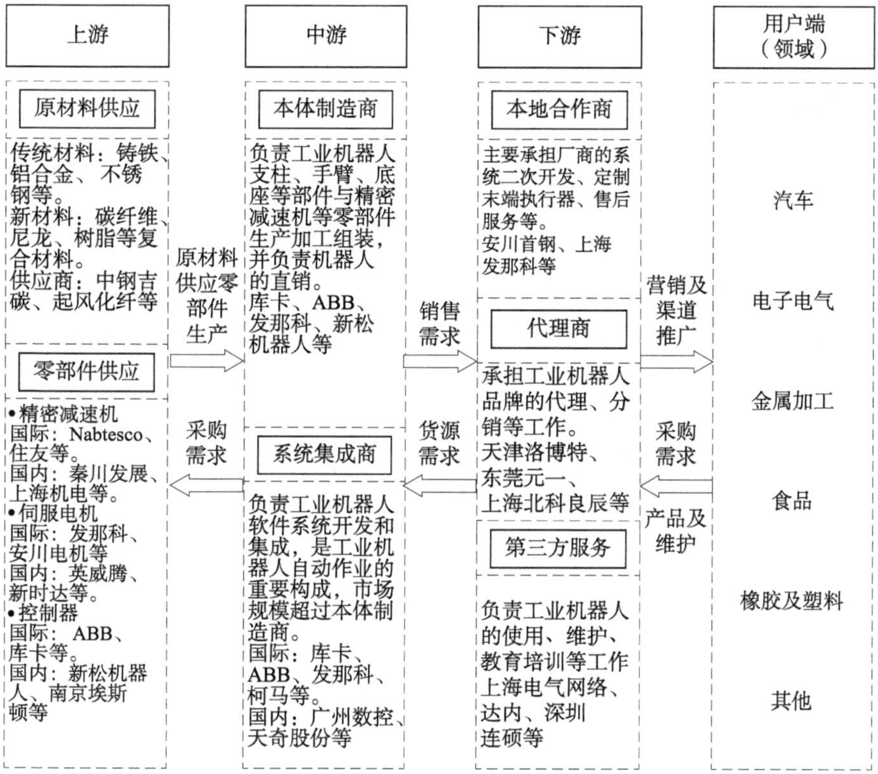

图 6–2 工业机器人上游、中游和下游的企业之间的相互关系

技术壁垒越高的产业链环节意味着存在更大的投资机会。从工业机器人成本构成上来看，上游零部件环节几乎占据了其总成本的 70% 左右，其中伺服系统占 24%，减速机占 36%，控制器占 12%。从整个行业的市场空间来看，上游零部件市场发展的前景要远高于中游本体制造和下游系统集成环节的总和。

因此，从产业链发展的角度来看，工业机器人短期的投资机会主要集中在比较成熟的系统集成上市公司，但从中长期来看，投资者要挖掘未来的投资价值企业，其创造技术必须处在行业领先地位。国内像汇川技术、埃斯顿、新时达等率先在零部件环节取得突破的企业，也具备极高的稀缺性，正逐渐向价值链的顶端攀升，逐渐实现进口替代，因此产业链上游环节是工业机器人极具投资价值的方向。中国制造业目前面临着向高端转变，随着工业自动化的迅速发展，基于人工成本不断增长的现实，工业机器人的自动化应用已成为制造业转型主题之一，中国也成为工业机器人的最大市场。

6.1.2 机器人产业发展路径

1920 年，“Robot”这个词被捷克剧作家创造出来，到现在机器人已经发展了近百年，从最初的单纯用于搬运的工业机器人，到第二代具有视觉传感器以及信息处理技术的工业机器人，再到目前正在研究的“智能机器人”，工业机器人的发展及应用日新月异，工业机器人发展史如图 6–3 所示。

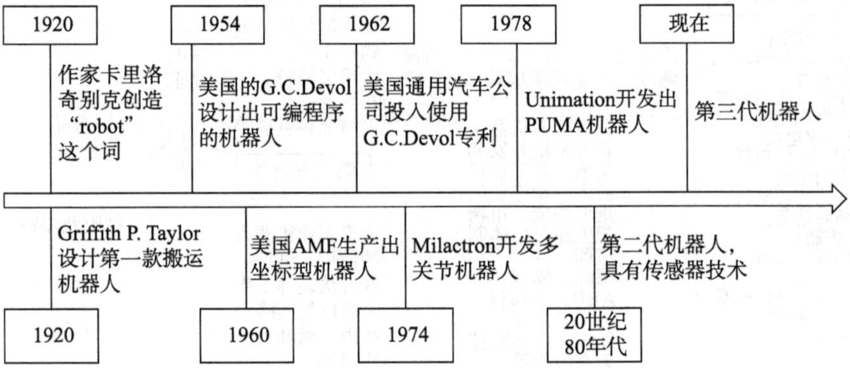

图 6–3 工业机器人发展史

目前，工业机器人发展的三大趋势包括软硬融合：机器人软件比硬件更为重要，因为人工智能技术体现在软件上，数字化车间的轨迹规划、车间布局、自动化上料都需要软硬件相结合。因此，机器人行业的人才既要懂机械技术，又要懂信息技术，尤其是机器人的控制技术。虚实融合：通过大量仿真、虚拟现实，能够把虚拟现实与车间的实际加工过程有机结合起来。人机融合：具体包括以下七个发展路径。

①从串联机器人到串并混联机器人：最早的机器人以串联居多，随着市场的发展，既要用到串联的又要用到并联的机器人。串并混联机器人同时具备并联结构的刚性强和串联结构的控制空间大的优点。

②从刚体机器人到刚柔体机器人：通过柔体机器人的末端或本体实现可达性和灵活性，利用柔性机器人可以在航空构件上解决钻孔和打孔的难题。

③从单机器人作业到多机器人协同工作：在制造空间的分布性、功能的分布性、任务的并行性，以及任务作业的融触性受到限制时，构建数字化车间或智能化车间的空间是有限的，并且涉及执行任务的先后时序问题，因此凭借单台机器人不能达到目的，需要多机器人协同工作。

④机器人技术与物联网技术相结合：通过工业机器人和物联网的结合，催生出智能柔性的自动化装配焊接。通过物联网，工业机器人具有感知的能力，也具有视觉、触觉，能够实时采集生产过程中的各种数据。

⑤虚拟现实结合：虚拟现实结合系统可以降低对机器人的依赖，降低生产成本，提高效率，进一步消除机器人的安全隐患。通过虚拟现实的模拟，机器人的每一个轨迹和位置，都能在使用者的预料和控制当中，防止出现意外。

⑥机器人技术与模式识别技术的结合：模式识别用于机器人的检测特别有效，机器人在加工零件时，能够检查出质量的瑕疵、不符合的技术条件等。

⑦机器人技术与人工智能的结合：机器人与人工智能相结合后，机器人将不再被固定在围栏内，而是人机协同与人机融合。这是机器人最本质的特征，但是真正要做到这一点，难度还很大。

从应用领域的角度来看，工业机器人技术日益成熟，其应用也越来越广泛，从最先应用的汽车制造业，到今天的食品加工、化工制药，甚至已经有越来越多的工业机器人开始涉足服务业。以日本、德国、美国为代表的工业机器人产业发展方向如图 6–4 所示。

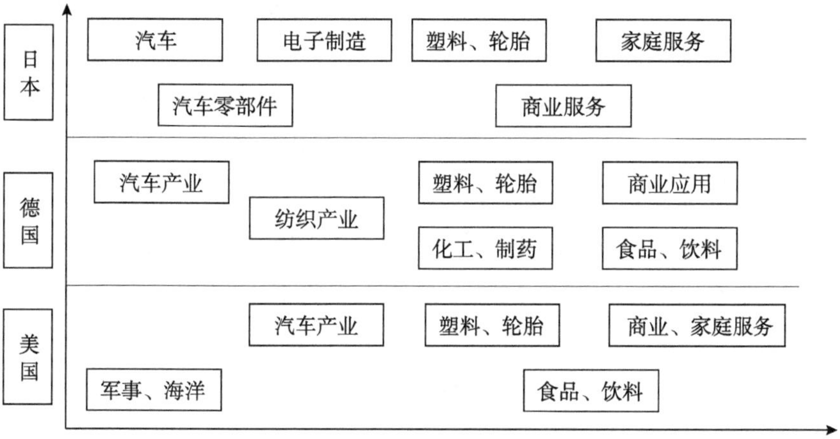

图 6–4 全球工业机器人产业发展方向

我国工业机器人技术发展起步相对较晚，目前还主要应用于制造业，尤其以汽车制造行业为主，在其他行业领域应用较少。与国际水平相比，我国工业机器人技术仍有较大差距，研究力量相对分散，以研究所和高校为主，初步掌握了工业机器人研发、制造、应用等关键技术。近年来，制造业自动化进程加快，工业机器人的研究与推广显得十分迫切。

6.2 全球机器人发展概况

6.2.1 产业规模及产业布局

在发达国家中，工业机器人自动化生产线成套设备已成为自动化装备的主流。国际上，汽车行业、电子电器行业、工程机械等行业已经大量使用工业机器人生产，不仅能提高产品质量，同时避免了大量的工伤事故。工业机器人是实现“无人工厂”的核心所在。近年来，随着工业自动化程度日趋加强，全球工业机器人无论是产业规模还是销量及销售额均持续增长。同时，随着工业机器人在各种应用场景的不断明确，工业机器人的各项性能不断地提升。

据国际机器人联盟（IFR）统计显示，2017 年全球工业机器人销售额突破 154 亿美元，其中亚洲销售额 99.2 亿美元，欧洲销售额 29.3 亿美元，北美地区销售额达到 19.8 亿美元。中国、韩国、日本、美国和德国等主要国家销售额总计占到了全球销量的 3/4，这些国家对工业自动化改造的需求激活了工业机器人市场，也使全球工业机器人使用密度大幅提升，目前在全球制造业领域，工业机器人使用密度已经超过了 70 台 / 万人，其中亚洲已成为最大的销售市场。[1] 根据国际机器人联盟（IFR）发布的《2023 世界机器人报告》统计，全球工业机器人 2022 年销量已突破 50 万台，其中中国是全球最大的机器人市场，2022 年中国市场工业机器人销量占全球一半以上，整个中国市场安装了约 29 万台工业机器人。目前，全

[1] 搜狐 . 图解中国工业机器人产业 [EB/OL].（2019-04-17）[2024-08-18].https://www.sohu.com/a/308425029_448643.

球制造业，尤其中国传统制造业加快转型升级，制造业链条中的相关企业逐步倾向于利用先进机器人技术优化生产流程，提高产品生产效率和产品质量。可以预期全球工业机器人产业规模和市场规模将会持续增长，继续保持良好的增长趋势。2013—2020 年全球工业机器人销售额及增长率如图 6-5 所示。

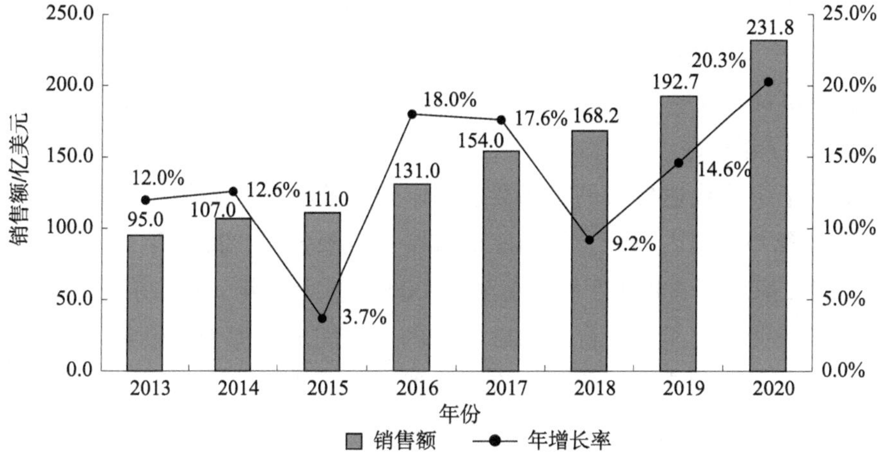

图 6-5　2013—2020 年全球工业机器人销售额及增长率

资料来源：国际机器人联盟（IFR），中国电子学会整理。

工业机器人下游应用广泛，应用较多的行业主要包括汽车、电子电气、橡胶及塑料工业等行业。根据国际机器人联盟（IFR）发布的《2023 世界机器人报告》统计显示，全球工业机器人的需求半数以上来自汽车行业和电子电气行业。汽车制造业是工业机器人应用最为广泛的行业之一，随着机器人技术的不断发展和完善，工业机器人对汽车制造业的发展起到了极大的促进作用。电子电气行业也是工业机器人的重要应用领域。例如，全球工业上安装量最大的工业机器人 SCARA 四轴机器人在智能手机制造自动化系统一系列工序中应用比较广泛，如触摸屏检查、擦洗、贴膜等。而我国在电子电气产品的制造领域优势明显，以智能手机为例，中国是全球手机制造中心，根据工信部统计数据，2023 年中国出口手机达到 80.2 亿台。我国空调、电视机等多种家电产品的产量也都较高。我国电子电器制造业和汽车制造业体量巨大，随着国内人工成本逐渐提高，产能进行自动化改造的空间十分广阔，所带来效应便是工业机器人在电子电气行业的应用量不断加大。国内厂商根据电子生产行业的需求专门设计的机器人，其小型化和简单化的特性实现了电子组装高精度、高效的生产，大大提高了生产效率。橡胶及塑料工业同样大量使用工业机器人。这个行业高度协作且高度专业化，几乎无处不在的应用场景使得工业机器人在塑料生产、加工和机械制造中发挥着至关重要的作用。使用注塑机和工具将原材料加工成创新、精致、耐用的成品或半成品进行精加工——自动化解决方案使生产过程更加高效、经济可靠。工业机器人在橡胶及塑料工业中不仅提高了生产效率，还保证了产品质量，满足了日益精细化的生产需求。

受益于中国快速增长的市场需求，国外工业机器人品牌纷纷提高在华的产能投资并在国内设厂。例如库卡机器人有限公司，2018 年，库卡在上海投产第二家工厂，将年产能提高至 25 000 台；2019 年又在广东新建工厂，将在华年产能提高至 5 万台；2022 年美的公司完成对库卡的收购，库卡约 50% 的生产在中国完成。除传统汽车机器人业务之外，库卡还大力发展非汽车机器人业务，包括运动机器人和服务机器人，预计 2025 年在中国地区的收入占比可达 30% 以上，相关业务的净利率约有 10%。又如安川电机，2012 年，安川电机在常州武进高新区设立海外第一家机器人制造基地，主要生产工业用机器人，年生产能力近 3 万台；2022 年，总投资约 1.5 亿美元的安川（常州）机电一体化系统有限公司在常州武进国家高新区投产落地。目前中国不仅是全球工业机器人最大的消费国，也是最重要的工业机器人制造基地。海外品牌在国内设厂降低了其自身的生产制造成本，与国内工业机器人厂商形成了直接的竞争，占据了一定的国内工业机器人市场份额。虽然国内品牌在这种竞争和对抗中暂时并不占优势，但长远来看有助于国内厂商提升工业机器人研发和制造能力，有助于在国内培养相关技术人才，这对国内工业机器人产业的发展是有利的。

我国工业机器人行业起步虽然相对较晚，但近年来发展迅速，工业机器人作为一种融汇机械制造、电子电气、材料科学、计算机编程等学科的尖端技术的产品，拥有较高的技术壁垒。提及工业机器人最核心的技术，不得不提到三大核心零部件，即控制系统、伺服电机和精密减速器，其中以控制系统最能体现工业机器人本体制造商的设计理念。我国工业机器人经历了近三十年的发展，已进入产业化初期阶段，取得多项令人鼓舞的成果，如何抓住我国对工业机器人需求量激增的机遇，实现工业机器人产业的规模化，还有许多问题值得思考。

6.2.2 产业发展存在的问题

1. 基础零部件制造能力薄弱

尽管我国在工业机器人的相关基础零部件方面已经有了很好的基础，但是无论从质量、产品系列方面，还是批量化供给方面，都与国外的产品有较大的差距，特别是在高性能交流伺服电机和高精密减速器方面的差距尤为明显。现在我国制造的工业机器人很大一部分还得从国外进口伺服电机和减速器，这就影响了机器人的价格竞争能力。

2. 国内机器人产业化发展有待秩序化

伴随我国对工业机器人需求的迅猛增长，多数企业看好工业机器人市场，导致大量企业蜂拥而上，但企业之间实力良莠不齐，将势必造成国内工业机器人市场的恶性竞争。我国有近百家从事工业机器人研究生产的高校院所和企业，但现行的体制造成各家研究过于独立封闭，机器人研究或者研发分散，未能形成合力，同一技术重复研究，导致浪费大量的研发经费和研发时间。国内多数企业热衷于大而全的误区，一些具有较好的机器人关键部件研发基础的企业纷纷转入机器人整机的生产，难以形成工业机器人研制、生产、制造、销售、集成、服务等有序、细化的产业链。

3. 中国的工业机器人还没有形成自己的品牌

目前，尽管已经有一批企业在从事工业机器人技术的开发，但是都没有形成较大的规模，缺乏市场品牌的认知度，导致在机器人的市场方面一直面临国外品牌的竞争压力。国外机器人作为成熟的产业，采用降低整机价格吸引国内的企业购买，而后续维护备件费用却很高的营销策略，逐步占领中国的市场。

4. 国家在鼓励工业机器人产品研发方面的政策较少

日本政府为了鼓励企业生产和使用机器人，制定了相关的扶植和激励政策，极大地促进了工业机器人产业的发展和工业机器人推广应用。目前日本已经成为工业机器人第一产业大国，也是工业机器人应用数量最多的国家，日本使用的工业机器人的数量大约占世界总量的1/2。这不仅需要国家在资金、税收、产品销售补贴等各个方面出台相应的鼓励政策，还要鼓励企业推广应用国产机器人。只有建立真正的产学研用联盟，才能形成强大的研究、开发、生产、应用队伍。现阶段应走出追求高指标的误区，着眼点放在高性价比方面，要结合国情，不断探索机器人应用的新领域和新模式。

工业机器人技术尽管发展得相对成熟，但是工业机器人技术也在被迫不断提高，用来满足不同产品需求的新的机器人构型。如具有力觉、视觉及各种传感器的机器人运动控制技术，满足机器人的负载能力越来越高的控制系统，新的机器人驱动及传动器件等技术都在飞速发展。

6.2.3 全球领先企业

工业机器人在发达国家已经取得了较快的发展，日本、美国和德国凭借先发优势和技术积淀在相关领域具备领先优势，业内公认的工业机器人巨头“四大家族”占据了约50%的市场份额，如图6–6所示。

库卡（KUKA）≈20%	发那科（FANUC）≈15%	安川（YASKAWA）≈15%	ABB≈10%

图6–6 工业机器人“四大家族”的市场份额占比

资料来源：安信证券研究中心，易观智库。

国内外著名工业机器人企业图谱见表6–3。下面结合该表，对全球知名工业机器人企业的基本情况进行介绍。

表 6–3 国内外著名工业机器人企业图谱表

公司类别	上游零部件控制系统企业	中游本体企业	下游系统集成企业
国内上市公司	新松机器人 新时达 慈星股份	新松机器人 博实股份 天奇股份 亚威股份 佳士科技 华中数控 华昌达 巨星科技 科远股份	新松机器人 博实股份 天奇股份 亚威股份 佳士科技 瑞凌股份 华中数控 华昌达 巨星科技 慈星股份 科远股份
国内非上市公司	广州数控 南京埃斯顿 深圳固高	安徽埃夫特 广州数控 南京埃斯顿 上海沃迪 东莞启帆 苏州铂电	安徽埃夫特 广州数控 南京埃斯顿 华恒焊接 巨一自动化 苏州铂电
国外公司	ABB 发那科 安川 库卡 松下 那智不二越 三菱 贝加莱	ABB 发那科 安川 库卡 欧地希 松下 川崎 那智不二越 现代 徕斯 柯马 爱德普	ABB 发那科 安川 库卡 柯马 杜尔 徕斯 克鲁斯 德玛泰克 埃森曼 爱德普 IGM

1. 发那科（FANUC）

发那科是日本一家专门研究数控系统的公司，成立于 1956 年，是世界上最大的专业数控系统生产厂家，占据了全球 70% 的市场份额。发那科在 1959 年首先推出了电液步进电机，在后来的若干年中逐步发展并完善了以硬件为主的开环数控系统。进入19世纪70年代，微电子技术、功率电子技术，尤其是计算技术得到了飞速发展，发那科公司毅然舍弃了使其发家的电液步进电机数控产品，引进直流伺服电机制造技术。1976年，发那科公司研制成功数控系统5，随后又与西门子公司联合研制了具有先进水平的数控系统7，从这时起，发那科公司逐步发展成为世界上最大的专业数控系统生产厂家。自1974年首台机器人问世以来，发那科公司致力于机器人技术上的领先与创新，是世界上唯一一家由机器人来做机器人的公司，是世界上唯一提供集成视觉系统的机器人企业，是世界上唯一一家既提供智能机器人又提供智能机器的公司。发那科公司机器人产品系列多达240种，负重从0.5公斤到1.35吨，广泛应用在装配、搬运、焊接、铸造、喷涂、码垛等不同生产环节，满足客户的不同需求。2008年6月，发那科公司成为世界第一个突破生产20万台机器人的厂家；2011年，发那科公司全球机器人装机量已超25万台，市场份额稳居全球第一。

2. 安川电机（Yaskawa）

安川电机最初是以伺服及变频器起家，具有业内领先的运动控制技术，自1915年成立以来，致力于以电机技术为核心的产业用电机产品的制造与开发。1958年，安川电机开发出的Minertia电机改写了电机的历史，开拓了运动控制领域向超高速、超精密发展的新局面。1977年，安川运用自主开发的运动控制技术研制出日本首台全电气式产业用机器人MOTOMAN，而后相继研发出焊接、装配、喷涂、搬运等各种各样的自动化工业机器人。至2011年3月，安川电机的工业机器人累计出售台数已突破23万台，活跃在从日本国内到世界各国的焊接、搬运、装配、喷涂以及放置在无尘室内的液晶显示器、等离子显示器和半导体制造的搬运搬送等各种各样的产业领域中。此外，安川电机还在斯洛文尼亚Ribnica开设了新的机器人中心，该中心在2013年之前为其欧洲中心。安川电机将德国的生产线转移至斯洛文尼亚，并与当地企业合作，满足欧洲对合成机器人的需求。

3. 库卡（KUKA）

库卡及其德国母公司是世界工业机器人和自动控制系统领域的顶尖制造商，于1898年在德国奥格斯堡成立。1973年库卡研发出第一台工业机器人，名为 FAMULUS，这是世界上第一台机电驱动的六轴机器人。今天库卡的四轴和六轴机器人有效载荷范围达 3 ～ 1 300 公斤，机械臂展达 350mm ～ 3 700mm，机型包括 SCARA、码垛机、门式及多关节机器人，皆采用通用 PC 控制器平台控制。库卡的产品最通用的应用范围包括工厂焊接、操作、码垛、包装、加工或其他自动化作业；同时还适用于医院，如脑外科及放射造影。1995 年，库卡公司分为库卡机器人公司和库卡焊接设备有限公司（现在的库卡制造系统）；2011 年 3 月，库卡中国公司更名为库卡机器人（上海）有限公司。库卡产品广泛应用于汽车、冶金、食品和塑料成型等行业。库卡在全球拥有 20 多个子公司，其中大部分是销售和服务中心。库卡在全球的运营点有美国、墨西哥、巴西、日本、韩国、印度和欧洲各国等。库卡的用户包括通用汽车、克莱斯勒、福特汽车、保时捷、宝马、奥迪、奔驰、大众、哈雷 - 戴维森、波音、西门子、宜家、沃尔玛、雀巢、百威啤酒以及可口可乐等众多商业巨头。

4. 阿西亚·布朗·勃法瑞（ABB 集团）

1988 年创立于欧洲的 ABB 集团在 1994 年进入中国，1995 年成立 ABB 中国有限公司。2005 年起，ABB 集团机器人的生产、研发、工程中心都开始转移到中国，可见国际机器人巨头对中国市场的重视。目前，中国已经成为 ABB 集团全球第一大市场。2011 年 ABB 集团销售额达 380 亿美元，其中在华销售额达 51 亿美元，同比增长 21%。近年来，国际上一些先进的机器人企业瞄准了中国庞大的市场需求，大举进入中国。目前，ABB 集团机器人产品和解决方案已广泛应用于汽车制造、食品饮料、计算机和消费电子等众多行业的焊接、装配、搬运、喷涂、精加工、包装和码垛等不同作业环节，帮助客户大大提高其生产率。

5. 那智不二越

那智不二越公司 1928 年在日本成立，并于 2003 年建立了那智不二越（上海）贸易有限公司，现在该公司属于那智不二越在中国的一个销售机构。那智不二越在中国现拥有两间轴承厂，一间精密刀具修磨工厂和一间焊接工厂，日后还将计划不断扩大产业基地。那智不二越是从原材料产品到机床的全方位综合制造型企业，有机械加工、工业机器人、功能零部件等丰富的产品，应用的领域也十分广泛，如航天工业，轨道交通、汽车制造、机械加工等。目前，那智不二越在中国机器人销售市场占公司全球销售额的15%。那智不二越着眼全球，从欧美市场扩展到中国市场，下一步将开发东南亚市场，如印度市场是该公司未来比较重视的一个市场区域。

6. 川崎机器人

川崎机器人（天津）有限公司是由川崎重工业株式会社全资投资，并于2006年8月正式在中国天津经济技术开发区注册成立，主要负责川崎重工生产的工业机器人在中国境内的销售、售后服务（机器人的保养、维护、维修等）、技术支持等相关工作。川崎机器人在物流生产线上提供了多种多样的机器人产品，在饮料、食品、肥料、太阳能、炼瓦等各种领域中都有非常可观的销量。川崎的码垛搬运等机器人种类繁多，针对客户工厂的不同状况和不同需求提供最适合的机器人、最专业的售后服务和最先进的技术支持。公司还拥有丰富的各部分配件成品在库，能够为顾客及时提供所需配件，并且公司内部有展示用喷涂机器人、焊接机器人，以及试验用喷房等能够为顾客提供各种相关服务。

7. 史陶比尔

史陶比尔集团制造生产精密机械电子产品、纺织机械、工业接头和工业机器人，公司员工人数达3 000多人，年营业额超过10亿瑞士法郎。公司于1892年创建在瑞士苏黎世湖畔的豪尔根（Horgen）市。自1982年开始，史陶比尔将其先进的机械制造技术应用到工业机器人领域，并凭借其卓越的技术服务使史陶比尔工业机器人迅速成为全球范围的领先者之一。到目前为止，史陶比尔开发出系列齐全的机器人，包括SCARA四轴机器人，六轴机器人，应用于注塑、喷涂、净室、机床等环境的特殊机器人、控制器和软件等。无论哪种类型的机器人，都由统一的平台控制，它包括同一类别的CS8控制器、一种机器人编程语言和一套Windows & reg。

8. 柯马

早在1978年，柯马便率先研发并制造了第一台机器人，取名为POLARHYDRAULIC机器人。在之后的几十年当中，柯马以其不断创新的技术，成为机器人自动化集成解决方案的佼佼者。柯马公司研发出的全系列机器人产品，负载范围最小可至 6 公斤，最大可达 800 公斤。柯马最新一代 SMART 系列机器人是针对点焊、弧焊、搬运、压机自动连线、铸造、涂胶、组装和切割的 SMART 自动化应用方案的技术核心。其“中空腕”机器人 NJ4 在点焊领域更是具有无与伦比的技术优势。SmartNJ4 系列机器人全面覆盖第四代产品的基本特征，因为采用了新的动力学结构设计，减轻了机器人重量和尺寸，在获得更好表现的同时，降低了周期时间和能量消耗，在降低运营成本的同时产品性能又有了很大的提高。柯马 SmartNJ4 系列机器人的很多特性都能够给客户耳目一新的感觉。首先，中空结构使得所有焊枪的电缆和信号线都能穿行在机器人内部，保障了机器人灵活性、穿透性和适应性。其次，标准和紧凑版本的自由选择，能够依据客户的项目需求最优化地配置现场布局。另外，节省能源、完美的系统化结构、集成化的外敷设备等都使 SmartNJ4 系列机器人成为一个特殊而具有革命性的项目。目前柯马打算在中国制造产品，使 SmartNJ4 系列机器人全面实现国产化。

6.3 中国机器人发展概况

6.3.1 产业规模及产业布局

当前，我国机器人市场进入高速增长期，工业机器人连续五年成为全球第一大应用市场，核心零部件国产化进程不断加快，创新型企业大量涌现，部分技术已经形成规模化产品，并在某些领域具有明显优势。

1. 工业机器人销量

高工产研机器人研究所数据显示，2023 年中国工业机器人市场销量 31.6 万台，同比增长 4.29%，预计 2024 年市场销量有望突破 32 万台。[1] 当前，新一轮科技革命和产业变革加速推进，新一代信息技术、生物技术、新

[1] 搜狐网. 工业机器人国产份额突破 50%，4 大趋势引领未来发展浪潮 [EB/OL].（2024-04-07）[2024-09-22].http://news.sohu.com/a/769698510_121149699

能源、新材料等与机器人技术深度融合，机器人产业迎来升级换代、跨越发展的窗口期。在政策和市场需求的推动下，我国工业机器人产量持续增长。

2. 工业机器人市场规模

高工产研机器人研究所认为，在智能制造转型升级的大环境背景下，由于政策刺激、社会人口结构老龄化、人力成本上升、机器人使用密度偏低等因素的影响，制造企业对工业机器人仍有巨大需求；同时国产机器人企业快速崛起，以埃夫特、新时达、埃斯顿、新松、广州数控等机器人企业为代表，国产化进程加快促使机器人使用成本大幅下降。在工业机器人销量快速增长的同时，市场规模增长却相对缓慢，但仍远远高于 GDP 增速。根据国家统计局数据，2022 年中国工业机器人总产量 44.31 万台，同比增速超过 21.07%。据工信部、发改委等十五部门联合印发的《"十四五" 机器人产业发展规划》，未来几年我国工业机器人行业仍将保持高速发展态势，至 2025 年，机器人产业营业收入年均增速超过 20%，相关情况如图 6–7 所示。

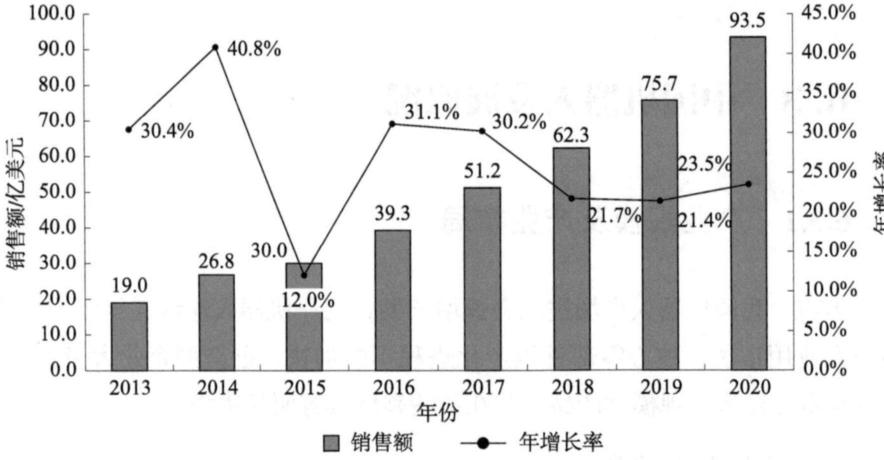

图 6–7　2013—2020 年中国工业机器人销售额及增长率

资料来源：高工产研机器人研究所（GGII），搜狐网 .2020 年中国工业机器人销量将达 17.9 万台 [EB/OL].（2024-05-31）[2024-09-22].http://http://mt.sohu.com/it/d20170531/144878414_276002.shtml.

3. 工业机器人保有量

高工产研机器人研究所统计数据显示，自 2016 年开始，中国工业机器人累计销量位列世界第一，发展速度史无前例。2019 年，中国依然是全球最大的机器人市场，工业机器人总量达到 14.05 万台，较 2018 年下降 8.6%。根据 MIR 睿工业的最新统计，2021 年我国工业机器人销量达 25.6 万台，同比增长达 49.5%，增长势头迅猛。未来五年随着伺服电机和谐波减速器上的国产替代深入，以及需求端的大幅放量，在工业机器人中低端市场将迎来一波强劲增长。一方面在中高端市场中随着技术突破，国产品牌亦将占据更多的市场份额，销售量预计年增长率将在 30% 左右并逐年提高；另一方面随着中低端市场技术成熟、竞争激烈，预计年平均售价将逐年略有降低，但市场规模仍将保持快速增长，相关情况如图 6-8 所示。

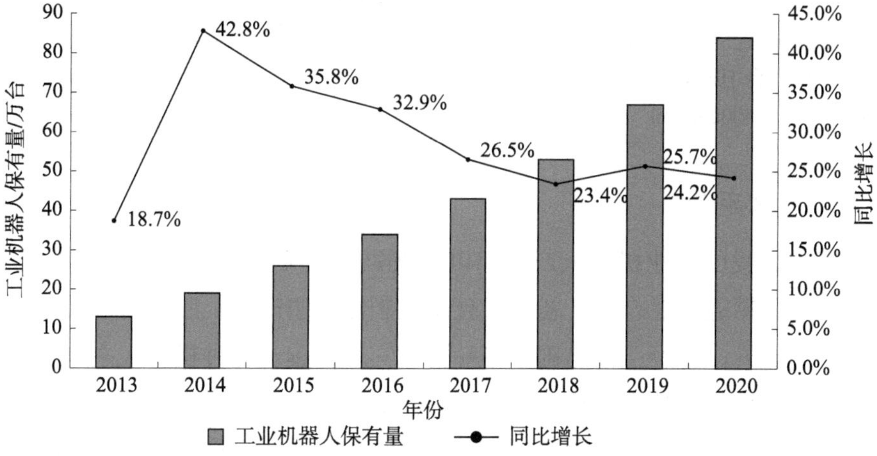

图 6-8　2013—2020 年中国工业机器人保有量

资料来源：高工产研机器人研究所（GGII），搜狐网 .2020 年中国工业机器人销量将达 17.9 万台 [EB/OL].（2024-05-31）[2024-09-22].http://http://mt.sohu.com/it/d20170531/144878414_276002.shtml.

4. 工业机器人密度

在工业机器人“四大家族”巅峰时期，“四大家族”产品占据中国工业机器人 80% 的市场份额，在汽车、电子市场处于垄断地位。如今，中国机器人密度再创新高，高工机器人产业研究所统计数据显示，2021 年中国工业机器人密度平均为 226 台 / 万人，相关情况如图 6-9 所示。

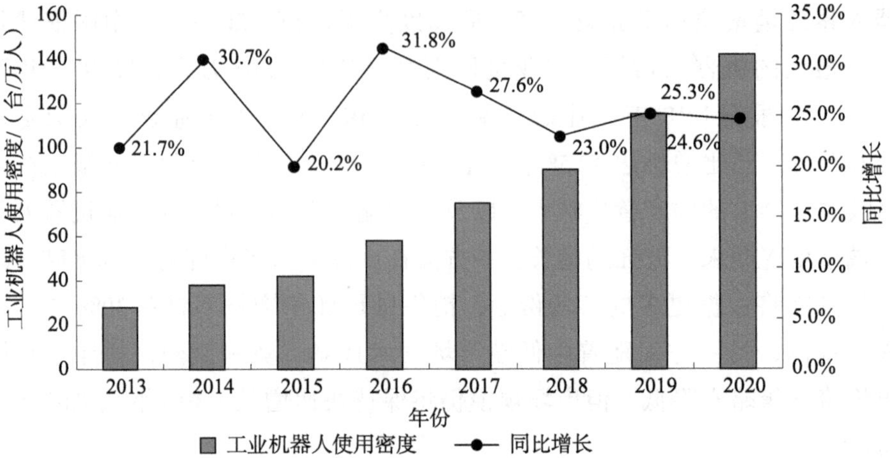

图 6-9　2013—2020 年中国工业机器人使用密度

资料来源：高工产研机器人研究所（GGII），搜狐网 .2020 年中国工业机器人销量将达 17.9 万台 [EB/OL].（2024-05-31）[2024-09-22].http://http://mt.sohu.com/it/d20170531/144878414_276002.shtml.

5. 产业布局

目前，我国工业机器人产业仍以突破机器人关键核心技术为首要目标，在政产学研用通力配合下，初步实现了控制器的国产化。服务机器人的智能水平快速提升，已经可以与国际第一梯队实现并跑。特种机器人主要依靠国家扶持，研究实力基本能够达到国际先进水平。

国产工业机器人正逐步获得市场认可。目前，我国已将突破机器人关键核心技术作为科技发展重要战略，国内厂商攻克了减速机、伺服控制、伺服电机等关键核心零部件领域的部分难题，核心零部件国产化的趋势逐渐显现。与此同时，国产工业机器人在市场总销量中的比重稳步提升。国产控制器等核心零部件在国产工业机器人中的使用也进一步增加，智能控制和应用系统的自主研发水平持续进步，制造工艺的自主设计能力不断提升。

国产工业机器人的应用领域也快速拓展至塑料、橡胶、食品等细分行业。继汽车和电子之后，五金卫浴、家具家电也成了国内工业机器人的主要应用领域。同时，随着近年来国家对环保和民生问题的高度重视，作为实现自动化、绿色化生产的重要工具，机器人在塑料、橡胶等高污染行业，以及与民生相关的食品、饮料和制药等行业的应用范围不断扩大，应用规模显著提升，对进一步降低环境污染，保障食品药品安全发挥了重大作用。

6.3.2 产业区域分布

根据我国行政和地理区域划分方式，结合机器人产业实地发展基础及特色，全国机器人产业可划分为京津冀地区、长三角地区、珠三角地区、东北地区、中部地区和西部地区共六大区域。

京津冀地区是机器人产业的重要发展基地，区域内北京、天津、河北在机器人产业发展方面已逐步形成错位发展、优势互补关系。京津冀三地在机器人产业链、智力资源、创新平台、应用开发和政策环境等方面各有优势，集聚发展态势显著。

长三角地区作为我国机器人产业发展的重要区域，工业机器人产业起步早、发展基础较为雄厚，在上海、昆山、常州、徐州、南京等地已形成集聚效应。长三角地区已形成较为完备的机器人产业链，在国内工业机器人产业发展中具有十分重要的地位。

珠三角地区作为我国机器人产业的重要地区，区域内深圳、广州、东莞、顺德等地在机器人产业发展方面已逐步形成多点发展、协同推进关系。珠三角地区机器人产业应用市场较为广阔，基础技术发展实力较强，已初步形成较为完备的产业链条。

东北地区是我国机器人产业的重要发展区域，哈尔滨、沈阳、抚顺等地在机器人产业发展方面已积累一定基础。东北地区依托知名企业和科研机构，面向重点行业开发成套机器人装备，针对国防、民用领域需求开发服务机器人系列产品，重点研发海洋作业机器人。

中部地区机器人产业发展相对滞后，但凭借战略布局和政策支持，目前已形成一定的集聚效应。通过大力引进机器人龙头企业，积极培育本土企业，中部地区正在逐步打造链条完整、技术先进、优势突出的机器人产业链，引导产需合理对接，加快工业机器人研发、产业化集成与应用创新步伐，在国内机器人产业发展中的影响力不断扩大。

西部地区作为我国机器人产业发展的后发之地，通过集聚机器人本体制造、系统集成及智能化改造行业资源，组织实施一批机器人产业集群，协同创新重大项目，重点发展机器人关键技术和扶持骨干企业，打造集研发、整机制造、系统集成、零部件配套和应用服务于一体的机器人及智能装备产业链雏形。

综合六大机器人产业集聚区的产业规模效益、结构水平、创新能力、集聚情况和发展环境，各地区的机器人产业水平见表6–4。从表6–4中可以看出，长三角地区在我国机器人产业发展中基础最雄厚，较其他区域领先优势显著；珠三角地区、京津冀地区产业逐步发展壮大；东北地区虽具有机器人产业先发优势，但近年来产业整体创新能力有限；中部地区和西部地区机器人产业发展基础较为薄弱，但仍表现出一定后发潜力。

表6–4 各地区工业机器人产业水平

区域	产业规模效益	产业结构水平	产业创新能力	产业集聚情况	产业发展环境
京津冀地区	京津冀地区机器人相关企业数量共387家，总产值450亿元，平均销售利润率达16%，产业规模处于全国中上水平	机器人产业平均核心零部件国产化率处于全国中游水平，部分重点企业已实现核心零部件的自主研发，但大部分零部件仍需进口	北京市拥有国内领先的研发创新资源，涌现出一批创新能力强的企业实体和核心产品；天津市的机器人研发以高等院校为主导；河北省正通过开放合作引进机器人产业创新资源	部分龙头企业自主研发核心零部件现象较为普遍，但在工业机器人和部分服务机器人领域核心零部件均为进口。京津冀地区近1/3的企业具有自主品牌，明显高于全国平均水平	人才环境在全国处于领先位置，聚集了包括清华大学、北京航空航天大学等在内的23家机器人领域重点科研院所
长三角地区	全球机器人巨头和国内龙头企业在长三角设有总部或基地，形成了研发、生产、应用等较为完整的产业链，集聚了一批本体和功能部件企业、系统集成商和相关科研院所	机器人产业形成从上游的减速器制造、零部件控制系统生产到中游的本体制造和下游系统集成服务等完整的产业链条	长三角地区主要以江苏和浙江为主，集中了重点院校和研究院所，长三角地区机器人产业平均研发投入占比在全国相对领先，高新技术企业总数也显著高于其他主要地区	长三角地区的工程机械、汽车、大飞机、轮船、电子制造等优势产业为工业机器人应用提供广阔的市场，为产业发展壮大提供市场推动力。同时，长三角地区机器人品牌企业数量居于全国首位	人才环境在全国处于领先位置，聚集了上海交通大学等近20家相关院校和研究机构。长三角地区金融环境在全国处于领先地位，平均金融增加值占比仅次于京津冀地区

续表

区域	产业规模效益	产业结构水平	产业创新能力	产业集聚情况	产业发展环境
珠三角地区	珠三角地区企业积极与具有技术优势的国际机器人龙头企业对接，完成多项企业的引进合作	机器人平均核心零部件国产化率处于全国领先水平，特别在机器人控制系统和伺服系统的相关技术处于全国领先位置	高新技术企业数量较多，涌现出一批掌握核心技术的优秀企业	机器人自主品牌企业占比不高，本地龙头企业在机器人控制系统和伺服系统方面具有较强技术实力，而中小型企业的核心零部件仍以进口为主	人才环境在全国处于中游位置，聚集了华南理工大学等近20家相关院校和研究机构。金融环境在全国处于领先地位，为机器人产业提供较为雄厚的资金支持
东北地区	重点发展焊接机器人、移动机器人、喷釉机器人和其他服务型机器人，同时加快关键基础零部件及通用部件生产，逐步形成整机制造、零部件生产区、精密加工及产业创新中心的机器人产业链格局	高端产品收入占比处于全国中游水平，平均核心零部件国产化率低于长三角和珠三角地区。在机器人技术储备方面具有较强竞争实力，并具有自主技术引领、产品体系完备、应用领域广泛的主要特点	东北地区机器人重点龙头企业规模大、创新能力强，在业内具有一定影响力，在多关节工业机器人、特种机器人、自动化装备等领域具备强大的研发实力，其产品与解决方案广泛应用于制造、医疗、核电等行业	本区域内龙头企业均位居全国机器人企业第一梯队。得益于东北地区较为雄厚的技术研发基础，东北地区平均核心零部件本地化率处于全国领先水平；但轴承、电路板、传感器等机器人配套零部件生产能力有限	东北地区集聚了包括中国科学院沈阳自动化研究所等14家机器人相关高校及研究机构，科研成果转化能力较强。金融增加值占比处于全国中游水平，产业投融资相对珠三角、长三角和京津冀地区较为滞后

续表

区域	产业规模效益	产业结构水平	产业创新能力	产业集聚情况	产业发展环境
中部地区	产业发展的主要特征是依托已有工业基础，通过系列扶持政策，以打造机器人产业园区为载体，引进培育机器人骨干企业	以对外引进为主，通过产业链各环节的科学设计，产业结构将日趋完善，未来发展仍具较大潜力	产业平均研发投入占比及整体研发投入在全国属于中游位置，高新技术企业数量与机器人产业发达地区相比仍有差距	虽然以华中数控为代表的骨干企业加强自主核心零部件研发生产能力，但其他大部分企业仍以加工组装为主，关键核心部件仍主要依赖进口，本土化生产能力有限	聚集了中国科学技术大学机器人研究中心等9家重点院校及科研机构。中部地区积极引进国内先进技术创新团队，与高校科研院所形成深度合作
西部地区	产业发展的主要特征是核心区域根据自身资源禀赋单点突破，以机器人产业园区为主要载体，发挥产业规模化效应	主要依靠资源外部引进和自主培育相结合，基于已有工业基础，由点到链拓展机器人产业，集中优势力量进行产品开发	西部区域机器人重点企业在伺服电机、控制器、传感器等核心零部件领域仍有一定的技术突破能力，对外提供较为成熟的设备产品及解决方案	龙头企业引领带动效应仍未形成，产业核心竞争力不足，机器人产业较为分散，大部分企业仍以加工组装为主	聚集了西安交通大学等7家国内机器人领域高校及研究机构；西部地区平均金融增加值占比低于中部地区，尚未形成推动产业快速发展的金融生态体系

全国各地已建的机器人产业园分布如图 6-10 所示。从图中可以看出，目前比较有名的机器人产业园都集中在长三角、珠三角及京津冀地区，国内外各大机器人企业也都在这些地区有所布局。

长三角地区	珠三角地区	京津冀地区
• 上海 • 昆山 • 南京 • 无锡 • 常州	• 深圳 • 广州 • 东莞 • 佛山	• 北京 • 天津 • 唐山 • 保定

东北地区	中部地区	西部地区
• 哈尔滨 • 沈阳 • 抚顺	• 武汉 • 芜湖 • 长沙 • 洛阳	• 西安 • 重庆 • 成都

图 6–10 国内机器人产业园分布

1. 上海机器人产业园

上海机器人产业园在 2012 年经上海市经济和信息化委员会批准成立，2014 年成功纳入张江高新区宝山园，并成为上海市首批转型升级试点区。园区以机器人研发、设计、生产、集成、应用、博览、服务、培训等为一体，构建国际化、专业化、集约化、规范化的上海机器人产业高地、中国机器人及智能制造产业集聚发展标杆区。园区面积 3.09 平方公里，园内主要设置有机器人研发及应用区，以机器人产业为主体的智能装备制造企业的总部经济区，以及主要建设机器人主题科技公园、机器人科技大厦、上海机器人博物馆、国际机器人（上海）交易中心、国际机器人（上海）科技财富论坛、上海机器人研究所、上海机器人学院为主的公共配套服务区。目前入驻企业 100 多家，发那科机器人公司、鑫燕隆汽车流水线制造公司、法维莱轨道交通车辆公司、网络 net 餐饮服务机器人公司等机器人生产、服务、应用企业已经落户园区。

2. 常州机器人及智能装备产业园

常州机器人及智能装备产业园位于武进高新区，核心规划 5 003 亩，分为科研成果转化基地和智能装备产业生产基地两个部分，重点发展工业机器人、数控机床、智能纺机等，包括安川、纳博特斯克、金石、快克、节卡机器人、遨博等企业已落户常州。截至目前，常州机器人产业园不仅有安川、铭赛、金石、快克、遨博、纳博特斯克等核心工业机器人企业，还拥有纳恩博、高尔登、钱璟医疗等高端服务业机器人企业，一批机器人核心零部件的配套企业也在加速聚集。2022 年，常州市武进区政府发布《关于支持机器人产业发展若干政策》，提出力争到 2025 年，全区机器人产业销售收入达到 300 亿元，形成完善的研发、检测、制造、集成应用产业体系，并明确设立专项资金引导产业发展。

3. 昆山高新区机器人产业园

该机器人产业园位于昆山高新区吴淞江产业园内，占地面积 110.2 亩，总规划建设面积近 7 万平方米，是昆山重点发展的十大特色产业基地之一。园区筹建于 2008 年，于 2009 年成立机器人领域专家咨询委员会，聘请国内外知名的机器人专家担任委员，为机器人产业发展提供咨询与指导。2012 年已吸引华恒、永年激光、柯昆、徕斯、高晟等多家国内外机器人领域高端企业 25 家，近两年又有哈工大机器人集团、上海新时达电气、穿山甲机器人、艾博机器人、华航威泰机器人、萝卜众创社区等加盟，形成工业机器人和智能机器人两大领域较完善的产业链。2015 年，昆山产值超亿元机器人产业及智能制造企业达 37 家，焊接机器人、包装机器人、教育机器人、医疗机器人等机器人及周边产品已接近或达到国际领先水平。

4. 重庆两江机器人产业园

重庆两江机器人产业园成立于 2013 年 6 月，位于两江新区水土高新园区内，占地面积 2 平方公里，集聚了半导体集成电路、生物制药、数字化医疗设备、大数据及云计算服务、机器人及智能装备等新兴战略产业，集成了多个新兴战略性产业项目，拥有 ABB、川崎、库卡、发那科、华数等国内外机器人品牌企业入驻，是重庆市机器人产业发展的核心承接区域。2015 年 6 月下旬，国家机器人检测与评定重庆分中心、重庆两江机器人培训及应用中心（学院）、川崎机器人系统集成及机器人制造基地、中国科学院重庆两江机器人育成中心等在重庆两江新区同时开工建设。《重庆市推动机器人产业高质量发展工作方案（2021—2025）》提出，到2023年全市机器人产业销售收入突破500亿元，到2025年突破800亿元，建成国内一流的机器人应用示范基地和产业创新发展示范区。

5. 深圳南山机器人产业园

深圳南山机器人产业园是深圳首个以机器人为主体的产业园，此产业园区以机器人、可穿戴设备、新型传感器、数控装备为主要方向，以突破智能传感、智能控制、智能制造、信息处理等共性关键技术为支撑，通过技术创新、示范应用，建成具有深圳特色的国内一流的机器人及智能装备产业基地。2022年发布的《深圳市科技创新“十四五”规划》指出，要对包括高端制造装备在内的战略性新兴产业开展技术攻关。具体来说，要聚焦工业母机、智能机器人、激光与增材制造、精密仪器设备四个战略性新兴产业集群，重点在高端数控机床、机器人智能感知与交互技术、激光芯片、立体印刷术、精密仪器设备核心器件、高端通用科学仪器、建筑机器人等领域开展技术攻关。

6. 芜湖机器人产业园

芜湖机器人产业园是全国首个国家级机器人产业发展集聚区，拥有20万平方米的机器人孵化器，涵盖工业机器人、核心零部件、系统集成、服务机器人、人工智能、智能装备六大板块，形成了以研发、投融资、应用推广、人才支撑、产业链协同的全产业链发展生态。从2013年起步不超过5家企业，不足4亿元的年产值，到2020年已发展产业链企业140家，其中规模以上企业82家，实现产值241.2亿元，进驻企业包括埃夫特、瑞祥工业、陀曼精机等。芜湖机器人产业园已形成了关键零部件、整机、系统集成、示范应用的特色产业链条。其中，龙头企业埃夫特智能装备公司国产机器人出货量排名第一，国产机器人企业综合排名第二，机器人产品畅销国内外。

7. 广州机器人产业园

广州的机器人企业数量并不算多，比较出名的有广州数控。数据显示，2015年，广州开发区共集聚73家智能装备企业，其中规模以上企业25家，总产值达到 132.5 亿元，同比增长 17.3%，近五年连续保持 16% 以上的复合增长率。特别在机器人领域引领经济发展，2015 年工业总产值达 61 亿元，占智能装备业总产值的 55%。目前，广州机器人产业园要打造千亿规模的产业集群，形成年产 10 万台（套）工业机器人整机及智能装备的产能规模；要培育 1–2 家拥有自主知识产权和自主品牌的百亿元级工业机器人龙头企业和 5–10 家相关配套骨干企业，还要打造 2–3 个工业机器人产业园。

6.3.3 国内领先企业

近年来，我国机器人行业发展势头良好，传统机器人用户企业纷纷通过自主研发、投资并购等手段介入机器人行业，并通过综合应用人工智能等技术打造智能服务机器人，同时涌现出一批创新、创业型企业。

1. 新松机器人

新松机器人成立于 2000 年，隶属中国科学院，是一家以机器人独有技术为核心，致力于数字化智能高端装备制造的高科技上市企业。新松的机器人产品线涵盖工业机器人、洁净（真空）机器人、移动机器人、特种机器人及智能服务机器人五大系列，其中工业机器人产品填补多项国内空白，创造了中国机器人产业发展史上 88 项第一的突破；洁净（真空）机器人多次打破国外技术垄断与封锁，大量替代进口机器人；移动机器人产品综合竞争优势在国际上处于领先水平，被美国通用等众多国际知名企业列为重点采购目标；特种机器人在国防重点领域得到批量应用。在高端智能装备方面已形成智能物流、自动化成套装备、洁净装备、激光技术装备、轨道交通、节能环保装备、能源装备、特种装备产业群组化发展。新松机器人是国际上机器人产品线最全厂商之一，也是国内机器人产业的领导企业。

2. 新时达

上海新时达机器人有限公司是新时达股份全资子公司。2003 年新时达收购德国 Anton Sigriner Elektronik GmbH 公司，秉承科学严谨的创新理念，不断追求卓越品质，分别在德国巴伐利亚与中国上海设立了研发中心，把全球领先的德国机器人技术引入中国。2013 年在中国上海建立了生产基地，机器人产品系列已覆盖到6–275kg。新时达机器人公司致力于推动中国制造业智能化发展，依托机器人控制器、驱动器、系统软件平台等领先技术，为客户提供最佳的一体化系统解决方案。公司的服务网络已覆盖中国31个省（区、市）。新时达机器人适用于各种生产线上的焊接、切割、打磨抛光、清洗、上下料、装配、搬运码垛等上下游工艺的多种作业，广泛应用于电梯、金属加工、橡胶机械、工程机械、食品包装、物流装备、汽车零部件等制造领域。2016年，新时达运动控制及机器人产品业务飞速增长，较2015年增速超过50%。

3. 埃夫特

埃夫特智能装备股份有限公司成立于2007年8月，总部安徽芜湖，注册资本2亿元；企业员工500余人，其中研发人员300余人，是国内唯一一家通过大规模产业化应用而迈向研发制造的机器人公司，也是目前国内销售规模最大的工业机器人厂商之一。2012年开始面向外部市场，公司产品迅速在汽车零部件、卫陶、五金、家电、机加工、酿酒及消费类电子等行业进行应用渗透。目前，公司已建成了年产10 000台的工业机器人装配检测线。通过多年自主研发及合资并购，尤其是在收购专注喷涂领域的CMA机器人公司、聚焦金属高端加工及智能产线的EVLOUT机器人公司后，埃夫特已经形成机器人应用领域的全面覆盖，尤其在喷涂、金属高端加工等领域具有较强的先发优势。

4. 埃斯顿

南京埃斯顿自动化股份有限公司创建于1993年，受益于国家改革开放的发展机遇以及创业团队历经20多年的努力奋斗，目前不仅成为国内高端智能装备核心控制功能部件领军企业之一，并且已在自身核心零部件优势基础上强势进入工业机器人产业，华丽转身为具有自主技术和核心零部件的国产机器人主力军企业。埃斯顿自2010年开始研发工业机器人，2011年成立了专门研发和生产工业机器人的控股子公司埃斯顿机器人公司。目前，埃斯顿的机器人产品包括六轴通用机器人、四轴码垛机器人、SCARA机器人、DELTA机器人，以及伺服机械手和智能成套设备。2015年3月20日，埃斯顿自动化在深圳证券交易所正式挂牌上市，成为中国拥有完全自主核心技术的国产机器人主流上市公司之一。2016 年，埃斯顿工业机器人及智能制造系统业务收入较 2015 年同期相比实现 150% 以上的增长。

5. 富士康

作为全球最大的电子产业科技制造服务商，富士康 2015 年进出口总额占大陆进出口总额的 3.7%；2016 年跃居《财富》全球 500 强第 25 位。值得一提的是，富士康自主开发的工业机器人 FOXBOT，在全球业界赢得技术及制造上的后发优势。FOXBOT 是富士康自主研发的一款系列机器人。富士康于 2007 年在深圳开办自动化机器事业部，自主研发核心控制器和关键零件，后于 2009 年完成 15 款 FOXBOT 机器人的开发工作，现在富士康在山西晋城开立工厂，大量生产 FOXBOT 机器人。FOXBOT 机器人已经细分成十几款不同功能的机型，分别应用于打磨抛光、喷涂、装配、搬运等多种生产任务。截至目前，富士康已经部署了逾 4 万台由公司内部研发的 FOXBOT 工业机器人的生产。富士康已经具备每年生产约 1 万台 FOXBOT 机器人的能力。

6. 格力机器人

格力智能装备事业始于 2011 年，2013 年成立格力智能装备有限公司。目前，该公司在华南和华中地区共有四个研发生产基地，其中三个位于珠海，分别是机床研发生产基地、北岭产业园，以及收购原美凌达后改造为机器人工厂的南水产业园。除此之外，还有一个智能装备生产基地在武汉。格力机器人有限公司于 2017 年 3 月注册成立，是格力智能布局中的一个子板块，目前共有生产及研发人员 200 余人，研发主要集中在本体制造及系统集成应用领域。

7. 广州数控

广州数控于 2006 年开始自主研发工业机器人，在行业内素有“北新松，南广数”的说法。目前广州数控内从事机器人研发的技术人员有 100 多人，并与华南理工大学、北京航空航天大学、天津大学等国内重点高校有着紧密的产学研合作。广州数控自主研发出多个规格型号的精密减速机，并已经在自己研发的工业机器人上测试应用，目前功能上接近国外同类产品的水平。

广州数控的产品负载覆盖了 3–400 公斤的范围，自由度包括 3–6 个关节，应用功能包括搬运、机床上下料、焊接、码垛、涂胶、打磨抛光等，涉及数控机床、五金机械、电子、家电、建材等行业应用领域。广州数控生产的工业机器人得到市场广泛认可，已陆续销售到广东、上海、江苏、浙江、重庆、河南、广西等地区，相继出口到越南、土耳其、智利等国家，累计销售超 2 000 台套。

8. 华中数控

武汉华中数控股份有限公司创立于 1994 年，注册资本达 1.617 45 亿元，属于创新型企业。在 1999 年，华中数控就开发出华中 I 型机器人的控制系统和教育机器人，但一直并未将产品推向应用市场，目前华中数控已打响华数机器人品牌，在不到三年时间里，华中数控的机器人子公司已遍布全国各地。2015 年财报显示，华中数控将自主知识产权的数控系统、伺服电机等核心共性技术延伸扩展到工业机器人领域，以武汉为总部，迅速在重庆、深圳、泉州、鄂州、东莞、佛山等地进行了工业机器人产业基地的全国性布局。在工业机器人领域，公司实现 PCL（工业机器人产品、机器人关键部件、智能产线）战略。2016 年，公司新开发的华数Ⅱ型机器人系统，目前已成功实现产品化，在机床上下料、冲压、打磨等多个领域开始大批量应用，并获得较好的效果；同时配套华数Ⅱ型系统的机器人产品在部分细分市场已经具备较强的竞争能力。

6.4　工业机器人产业相关政策

1. 国外

2010 年，德国联邦政府发布《德国 2020 高技术战略》，提出工业 4.0 战略。工业 4.0 为德国工业机器人企业提供了一个机会，使其进一步巩固其作为生产制造基地、生产设备供应商和 IT 业务解决方案供应商的地位。工业 4.0 概念即以智能制造为主导的第四次工业革命，或革命性的生产方法。该战略旨在通过充分利用信息通信技术和网络空间虚拟系统—信息物理系统

（Cyber-Physical System）相结合的手段，将制造业向智能化转型。主要分为三大主题：一是智能工厂，重点研究智能化生产系统及过程，以及网络化分布式生产设施的实现；二是智能生产，主要涉及整个企业的生产物流管理、人机互动及3D技术在工业生产过程中的应用等，该计划将特别注重吸引中小企业参与，力图使中小企业成为新一代智能化生产技术的使用者和受益者，同时也成为先进工业生产技术的创造者和供应者；三是智能物流，主要通过互联网、物联网、物流网，整合物流资源，充分发挥现有物流资源供应方的效率，而需求方则能够快速获得服务匹配，得到物流支持。

2010年，日本机械工程协会发布《工业价值链计划IVI》，包括三个层次系列的实施行动：一是推动IVI的发展，从而建立日本制造的联合体王国；二是通过机器人革命计划协议会，以工业机械、中小企业为突破口，探索领域协调及企业合作的方式；三是利用IoT推进实验室，加大与其他领域合作的新型业务的创新。

2014年，韩国发布《制造业创新3.0战略》，提出以智能制造和培育融合型新产业为主，实现全球新一轮工业革命的“领跑”战略。为此，推出了大力推广智能制造、提升重点领域的产业核心力、夯实制造业创新基础三大战略。

2016年，美国国家标准与技术研究院发布《智能制造系统现行标准体系》，总结未来美国智能制造系统依赖标准体系，将横跨产品、生产系统和商业三个制造生命周期维度，生命周期维度包括制造范式解读、制造金字塔和标准立体盒及去中心挑战三大内容。标准是指智能制造发展的一个基本组成部分，有了标准，才会有系统的、可重复和高效率生产系统。

2. 中国

2014年12月，我国首次提出“中国制造2025”这一概念。2015年3月5日，国务院总理李克强在《政府工作报告》中首次提出“中国制造2025”的宏大计划。2015年5月19日，国务院印发《中国制造2025》，提出实现中国制造向中国创造转变、中国速度向中国质量转变、中国产品向中国品牌转变，完成中国制造由大变强的任务、重点领域和重大工程。

《中国制造2025》的基本方针是“创新驱动、质量为先、绿色发展、结构优化、人才为本”，坚持“市场主导、政府引导，立足当前、着眼长远，整体推进、重点突破，自主发展、开放合作”的基本原则，通过三个阶段实现制造强国的目标，如图 6–11 所示。

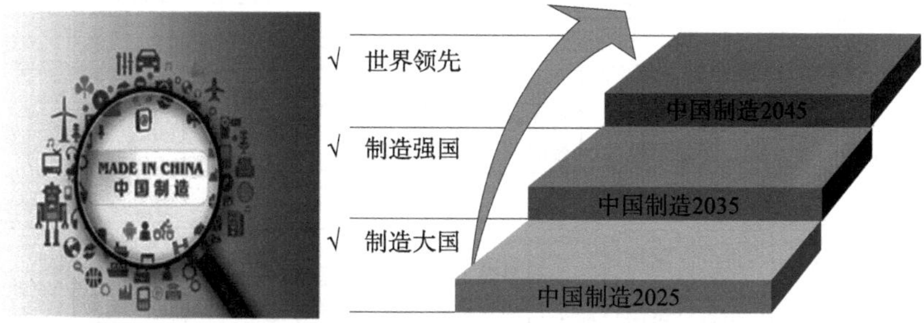

图 6–11 “中国制造 2025”三个阶段

资料来源：新华网.《中国制造 2025》解读之六：制造强国“三步走”战略 [EB/OL].（2015-05-19）[2024-09-22].https://finance.huanqiu.com/article/9CaKrnJLatR.

《中国制造 2025》包含的重大工程之一是智能制造装备的研发。先进智能化高端装备是先进制造技术、信息技术和智能技术的集成和融合，通常是具有感知、分析、推理、决策和控制功能的装备的统称，体现了制造业的智能化、数字化和网络化的发展要求。装备智能化首先要实现产品信息化，即越来越多的制造信息被录制、被物化到产品中。产品中的信息含量逐渐增高，一直到其在产品中占据主导地位。产品信息化含两层意思：一是产品所含各类信息比重日益增大、物质比重日益降低，产品日益由物质产品的特征向信息产品的特征迈进；二是越来越多的产品中嵌入智能化元器件（如交流伺服压力机），使产品具有越来越强的信息处理功能。智能制造技术是世界制造业未来发展的重要方向，依靠技术创新，实现由“制造大国”到“制造强国”的历史性跨越。

为了实现制造强国的战略目标，加快制造业转型升级，全面提高发展质量和核心竞争力，我们要瞄准新一代信息技术、高端装备、新材料、生物医药等战略重点，引导社会各类资源集聚，推动优势和战略产业快速发展。“中国制造 2025”的核心动力包括十大重点领域及 23 个重点方向，如图 6–12 所示。

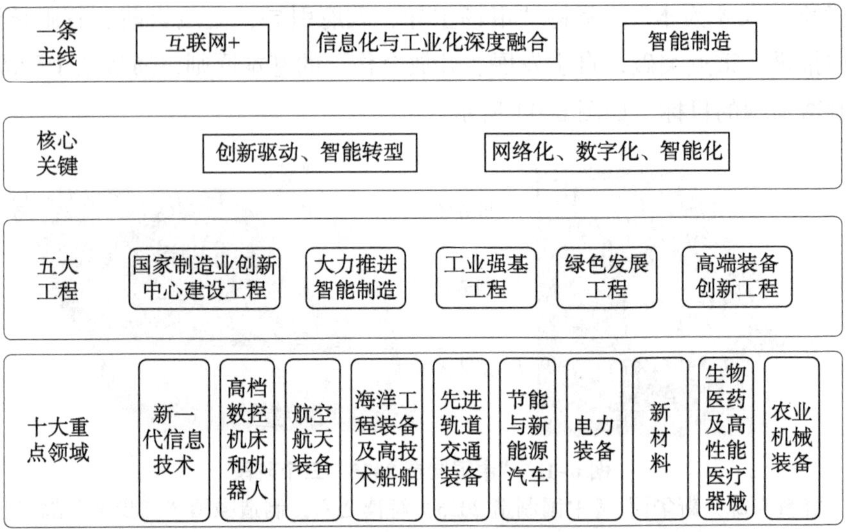

图 6-12 “中国制造 2025”重点领域及重点方向

工业机器人是《中国制造 2025》所规划的十大重点领域之一。高端装备制造业应围绕汽车、机械、电子、危险品制造、国防军工、化工、轻工等工业机器人、特种机器人，以及医疗健康、家庭服务、教育娱乐等服务机器人应用需求，积极研发新产品，促进机器人标准化、模块化发展，扩大市场应用。突破机器人本体、减速器、伺服电机、控制器、传感器与驱动器等关键零部件及系统集成设计制造等技术瓶颈。

例如，江苏省苏州市结合 2016 年 1 月正式发布的《〈中国制造 2025〉苏州实施纲要》，提出加快打造苏州工业经济升级版，构建苏州特色的新型工业化体系，预计到 2025 年，将苏州打造成全国领先、世界知名的先进制造业强市；2035 年，力争苏州成为中国制造业强市“领头雁”之一。同时重点发展六大产业，即聚焦新一代电子信息产业、高端装备制造产业、新材料产业、软件和集成电路产业、新能源与节能环保产业、医疗器械和生物医药产业六大重点产业领域，引领全市制造业向中高端迈进。

其中，高端装备制造产业要重点支持精密多轴数控机床和机器人、大型工程机械和成套特种设备、智能化电梯和升降机设备、中高端汽车及关键零部件、轨道交通装备及外延设备等产业加快发展。应当说，致力于发展智能化控制的高档数控机床和机器人，既有国家政策保障，又能理想地与苏州地方智能制造产业特色相匹配、相结合。

随着产品性能提升的内在需求增加和中国劳动力价格上涨，产业转型升级的压力不断加大。工业机器人作为智能制造领域的代表，在产业转型升级的过程中正发挥着越来越重要的作用。在产业政策的激励和市场需求的带动下，近年来中国工业机器人产业实现快速增长，业内领军企业产业化能力不断提升，同时越来越多的新企业也积极投身于机器人产业当中。

伴随国民经济结构战略转型、产业结构调整和人力成本上涨，工业机器人发展受到大力推动。根据 2015 年 3 月国际机器协会发布的机器人行业报告，中国以 54% 的增速成为世界上工业机器人最大需求国，销售至中国市场工业机器人已达 5.6 万台。工业机器人在工业领域的推广应用，将提升我国工业制造过程的自动化和智能化水平，极大地降低人工成本上升和人口红利减少对我国工业竞争力的影响，同时提高生产效率和产品质量，以降低生产成本和资源消耗，保障安全生产，保持和提升我国工业的国际竞争力。

工业机器人是实施自动化生产线、工业 4.0、智能制造车间、数字化工厂、智能工厂的重要基础装备之一。高端制造需要工业机器人，产业转型升级也离不开工业机器人。机器人是制造业皇冠上的明珠，而我国将成为全球最大的机器人市场，前景非常广阔。根据《中国制造 2025》规划系列解读，当前我国发展下一代机器人产业，应首先注重夯实机器人产业技术基础，着力推动现有机器人的产业化进程，加快自主品牌机器人在国内市场的推广应用；探索新的技术研发模式，鼓励科研院所与企业发挥各自的优势，共同打造多方建立的下一代工业机器人前沿、共性技术研发与储备的国家级平台；从中国的国情、需求出发，突破下一代机器人核心技术，同时研制出下一代机器人样机系统和产品，并推进产业化进程，进而抢占下一代机器人国际制高点。

第七章
机器人全球创新发展概况

7.1 创新热点分析

如图 7–1 所示，工业机器人由机械主体、驱动装置和控制系统三个基本部分组成。机械主体即机座和执行机构，其中执行机构包括手臂、手腕、末端执行器以及传动装置，甚至有的工业机器人还有行走机构。大多数工业机器人有 3–6 个运动自由度，其中手腕通常有 1–3 个运动自由度；驱动装置包括动力装置，用来使执行机构产生相应的动作；控制系统是按照输入的程序对驱动装置和执行机构发出指令信号，并进行控制。

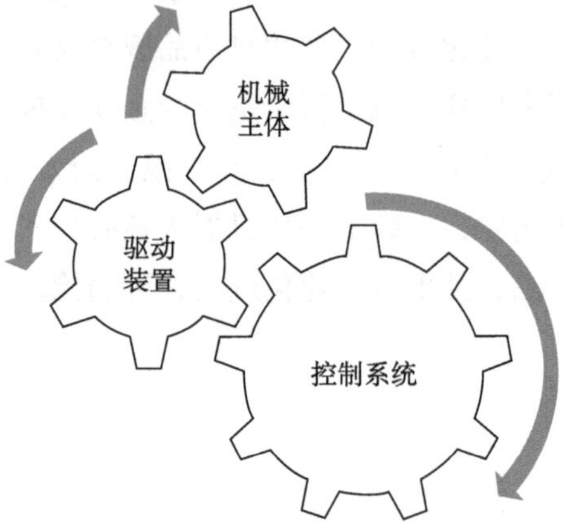

图 7–1 工业机器人作业示意图

图 7–2 示出了工业机器人各技术分支的全球相关专利申请量占比分布情况，从图中可以看出，机械主体下的末端执行器是最为热门的创新技术，相

关专利申请占比达到 27%。这是因为末端执行器是工业机器人操作机与工件、工具等直接接触并进行作业的装置，是直接执行工作的装置，同时对扩大工业机器人的作业功能、应用范围和提高工作效率都有着极大的影响，属于工业机器人的关键部件。

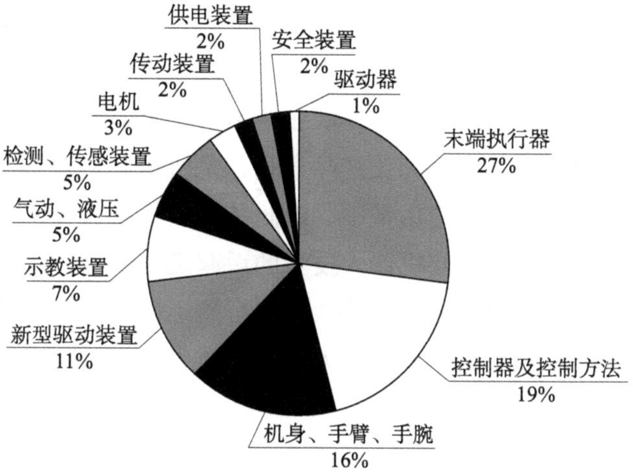

图 7–2　全球工业机器人专利技术分布

控制系统下的控制器及控制方法专利申请占比 19%，是仅次于末端执行器的热点创新领域。首先，由于控制器是整个控制系统的核心，类似是工业机器人的大脑中枢，其根据指令与传感信息，控制机器人本体完成特定的动作或执行规定的作业任务，控制器的性能直接决定了工业机器人的精度，同样属于工业机器人的关键部件。其次，控制系统的改进，大部分涉及的是控制器及控制方法，也体现了控制技术对应用技术的引领作用。

7.2　创新地域分布及创新主体

7.2.1　专利申请主要来源

图 7–3 示出了全球工业机器人专利申请的来源分布。可以看出，中国、日本、美国、德国、韩国是目前全球工业机器人专利申请的五大主要来源国。中国的专利申请量位居世界首位，约占总申请量的 27%；业内公

认的日本、美国及德国是全球工业机器人技术发展相对较早的国家，都具有雄厚的研发实力与基础资源，在专利申请量方面长期保持领先地位，分别约占总申请量的18%、14%及10%；韩国的工业机器人技术受益于电子制造行业的发展，近十年来得到快速发展，目前专利申请量跃居全球第五位，约占总申请量的6%。美国作为最早进入工业机器人领域的国家，具有扎实的研发基础和雄厚的研发实力，一直以来都保持着良好的技术发展趋势，其专利申请量稳步增长；日本和德国依靠政府大力扶持工业机器人产业来提高机械制造效率和相关产品质量，是机械制造业的传统强国，同时具备良好的工业机器人应用基础，因此其工业机器人技术得以持续稳定发展；中国和韩国作为工业机器人技术的后起之秀，近十年来为适应国内制造业转型升级的需要，工业机器人技术得到迅猛发展，尤其是从专利申请量来看，目前中国已超越日本成为新的全球工业机器人专利申请的第一大国。

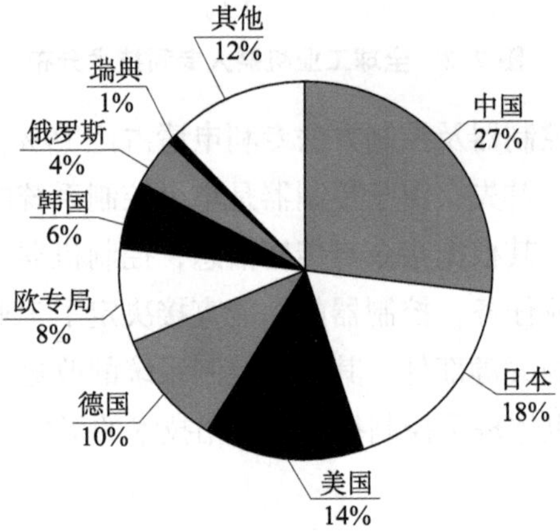

图 7-3 工业机器人专利申请来源分布

7.2.2 全球重要创新主体

从图 7-4 中可以看出，工业机器人全球重要的创新主体绝大部分来自日本，进一步反映出日本作为全球工业机器人技术的主要输出国，综合研发实力占据绝对领先地位。业内知名的工业机器人“四大家族”——发那科、安川电机、ABB及库卡公司，专利申请量均榜上有名。

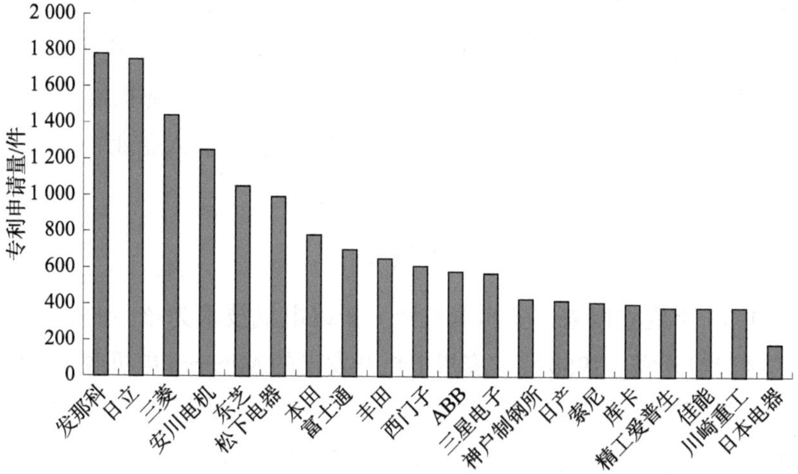

图 7–4 工业机器人全球重要创新主体

结合图7–5所示的创新技术分布情况，重点对工业机器人“四大家族”的发展与创新情况进行分析。

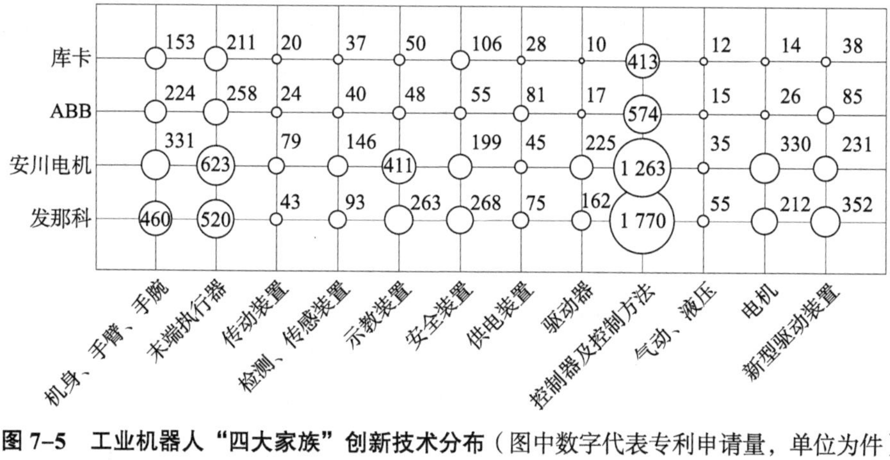

图 7–5 工业机器人“四大家族”创新技术分布（图中数字代表专利申请量，单位为件）

1. 发那科：引领工业机器人控制技术

发那科自1956年起从富士通的数控部门独立出来。起初，专注于机床加工控制系统的研发和生产。20世纪70年代，发那科成为全球最大的专业数控系统厂家，占据全球约70%的市场份额。同时，发那科在驱动制造方面也很有建树。1959 年，发那科公司自主研制成功电液步进电机，而后又引进美国 Gette 公司直流伺服电机制造技术，驱动开发能力进一步得到提升。基于扎实的伺服与数控基础，在 1974 年，发那科的首台工业机器人问世，并于 1976 年批量投放市场。此后，发那科始终致力于工业机器人技术的改进与创新，是世界上唯一提供集成视觉系统的工业机器人企业，也是世界上唯一既提供智能机器人又提供智能机器的企业。

2. 安川电机：以电机技术为核心

自 1915 年成立以来，安川电机致力于以电机技术为核心的产业用电机产品的制造与开发。1958 年，安川电机开发出的 Minertia 电机改写了电机的历史，开拓了运动控制领域向超高速、超精密发展的新局面。1977 年，安川电机运用自主开发的运动控制技术研制出日本首台全电气式产业用机器人 MOTOMAN，而后相继研发出焊接、装配、喷涂、搬运等各种各样的自动化工业机器人。

3. ABB 公司：强大的下游系统集成支持

ABB 公司的前身是瑞典的一家电气设备领域的设备供应商 ASEA。1961 年，ASEA 建立了电子事业部，标志着从强电设备制造商转型为电气和电子公司，自此强电和弱电得到了相对平衡发展。1974 年，ASEA 发明并推出第一台全电动机器人 IRB6。1980 年，ASEA 为了拓展高新技术，在工业机器人和电子工业领域加大了资金投入。1988 年，ASEA 与瑞士 BBC 合并成立 ABB 公司，工业机器人业务得到进一步发展，同时造就了今天 ABB 公司在工业机器人领域的强大地位。迄今为止，ABB 公司已在全球范围内安装了约 30 万台工业机器人，自身拥有数十种型号的机器人，可满足各行各业的生产需求，同时具有强大的系统集成能力，以及遍布 50 多个国家的全球销售服务网络，不仅为客户提供全方位支持，还帮助客户提高生产效率、改善产品质量、提升安全水平。

4. 库卡：先进的自动化工业生产技术

1905 年，早期的库卡公司从照明领域扩展到焊接设备领域。1956 年，库卡公司为了冰箱及洗衣机的生产开发，制造了第一台自动化焊接机，同时向大众汽车供应了第一台多点焊接线。1971 年，库卡公司首次交付用于奔驰汽车生产的机器人焊接传输系统。1973 年，第一台库卡机器人 Famulus 问世，这是世界首个电机驱动的六轴机器人，标志着库卡公司成功进入工业机器人生产领域。现今，库卡公司正专注于向工业生产过程提供先进的自动化解决方案。

7.3　RV 减速器技术

自 1985 年以来，RV 减速机在机器人制造业中已经生产超过 300 万个，是末端执行器的关键核心部件。图 7–6 是 RV 减速器在工业机器人中的应用和结构立体图。

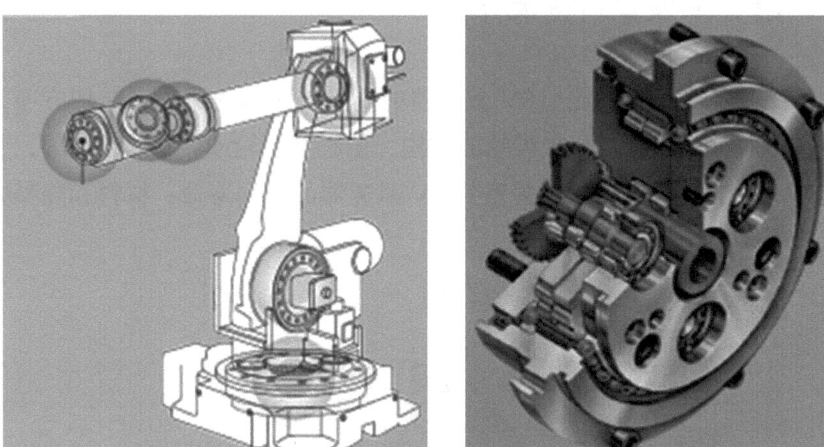

图 7–6　RV 减速器在工业机器人中的应用和结构立体图

资料来源：百度 . 图文详解，带您认识减速机（之九）：RV 减速机结构性能特点 [EB/OL].（2024-04-08）[2024-09-22].https://baijiahao.baidu.com/s?id=1795748539771777857&wfr=spider&for=pc

RV 减速器是采用 planocentic 方式的减速结构的高精密控制用减速器，由于该减速器同时啮合齿轮数较多，具备小型、轻量的特点，同时也具有高刚性、耐过载的特点。另外由于 RV 减速器具有间隙、旋转振动和惯性小的特点，所以拥有良好的加速性能，可以实现平稳运转，并获取正确的位置精度。

RV 减速器是由渐开线、圆柱齿、行星减速机构和摆线针轮、行星减速机构两部分组成。第一级减速的形成，是指执行电机的旋转运动由齿轮轴传递给两个渐开线行星轮，进行第一级减速；第二级减速的形成，是指行星轮的旋转通过曲柄轴带动相距 180° 的摆线轮，从而生成摆线轮的公转，同时由于摆线轮在公转过程中会受到固定于针齿壳上的针齿的作用力，而形成与摆线轮公转方向相反的力矩，也造就了摆线轮的自转运动，从而完成了第二级减速；运动的输出通过两个曲柄轴使摆线轮与刚性盘，构成平行四边形的等角速度输出机构，将摆线轮的转动等传递给刚性盘及输出盘。

在国外，RV 减速器的研制、生产主要集中在日本。

7.3.1 全球专利技术分析

从图 7–7 中可以看出，RV 减速器的重点技术首先集中在结构方面，涉及减速器的整体结构、行星齿轮的结构、偏心摆线轮或曲轴的结构等；其次是制造加工、润滑冷却，这关系到 RV 减速器的使用寿命；材料和降噪方面涉及得不多。

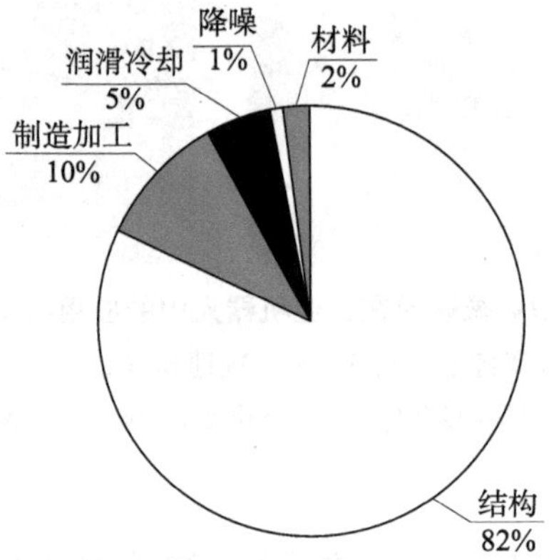

图 7–7 全球的技术集中度分析

以优先权为统计来源，能够有效判断技术来源，从图 7–8 所示统计结果看，RV 减速器技术的首次申请地主要集中在日本，占有 55% 的申请量，由此可以看出以日本专利为优先权的申请量占据绝大多数，也就是说在全球范围内，日本在该领域中占据近似垄断的地位，因而研究日本的专利申请文件中的技术，能够有效地掌控技术发展的方向和热点。中国作为最活跃的经济体，也表现出对于这种技术的极大关注，一方面由于近年来工业机器人方面需求量显著增加；另一方面也表明中国企业、高校及研究院所正在加强这方面的研究，目前已有超过20%的申请量。最后分别是美国、德国、欧洲各国和韩国在这方面也有一定的研究和申请。

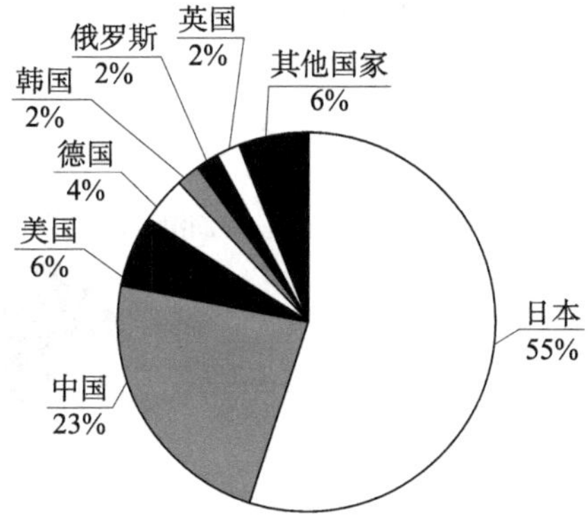

图7–8　RV减速器技术首次申请地分析

目前主要的两大RV减速器企业分别是纳博特斯克株式会社有限公司（以下简称纳博特斯克）和住友重机械工业株式会社，其专利申请主要的目标市场国或地区分析如图7–9和图7–10所示。

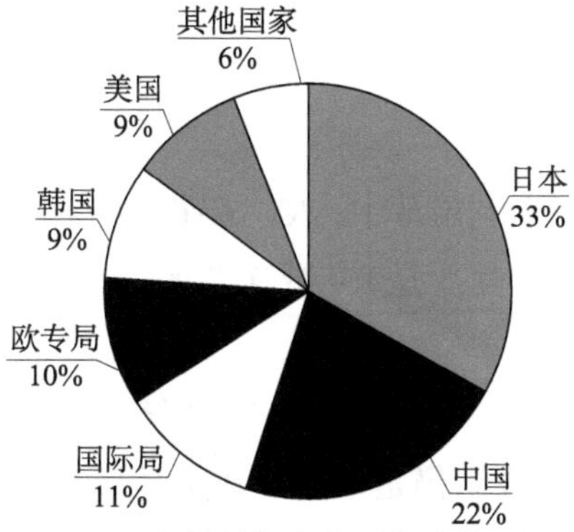

图7–9　纳博特斯克专利申请的目标市场国/地区分析

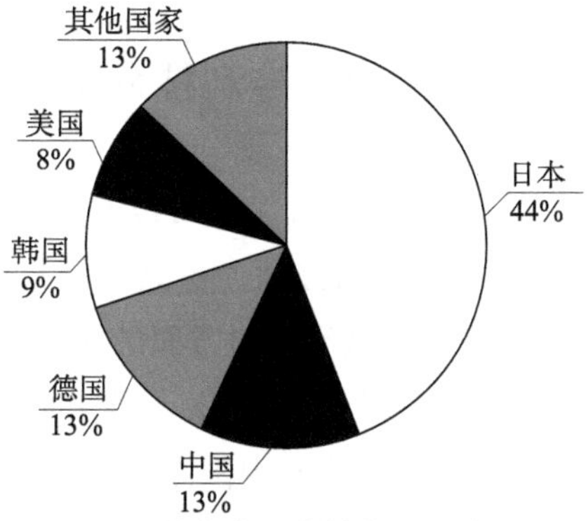

图7–10　住友专利申请的目标市场国/地区分析

从图 7–9 和图 7–10 中可知，纳博特斯克和住友重机械工业株式会社的大部分申请还是在日本本国提交，分别占 33% 和 44%；其次是中国，分别占 22% 和 13%。而住友重机械工业株式会社更注重德国、韩国和美国这些国家，纳博特斯克则更注重在欧洲、韩国、美国这些市场国地区进行专利布局。

从图 7–11 和图 7–12 中可以看出，RV 减速器技术两大主要申请人纳博特斯克（包括其前身帝人制机株式会社）以及住友重机械工业株式会社，它们的技术主题分布均集中在结构方面。相对而言，纳博特斯克在结构方面的研究比重更大，而住友重机械工业株式会社在制造加工和润滑冷却方面也有一定的投入，申请的比重相对较大。

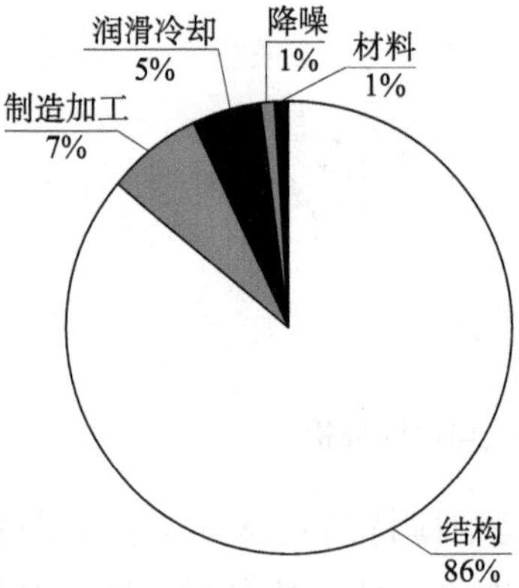

图 7–11 纳博特斯克专利申请的技术主题分布分析

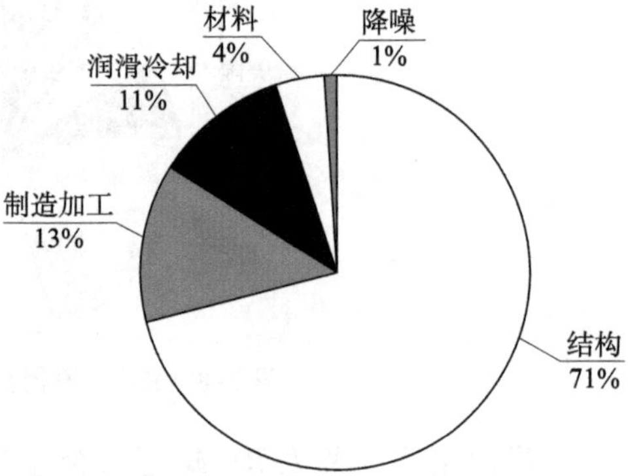

图 7–12 住友专利申请的技术主题分布分析

7.3.2 中国专利技术分析

从图 7–13 统计结果可以看出，在中国专利申请中，RV 减速器技术主要还是集中在结构方面，占其申请量的 78%。其次是 RV 减速器的润滑冷却、制造加工、降噪和材料方面的研究和创新。

以优先权为统计来源，能够有效判断技术来源。从图 7–14 统计结果来看，RV 减速器技术中国专利申请的主要来源国仍是中国；其次是日本，其在华的 RV 减速器方面专利申请量占到 21%，可以看出日本非常重视在中国的专利布局，以实现对中国市场的垄断。

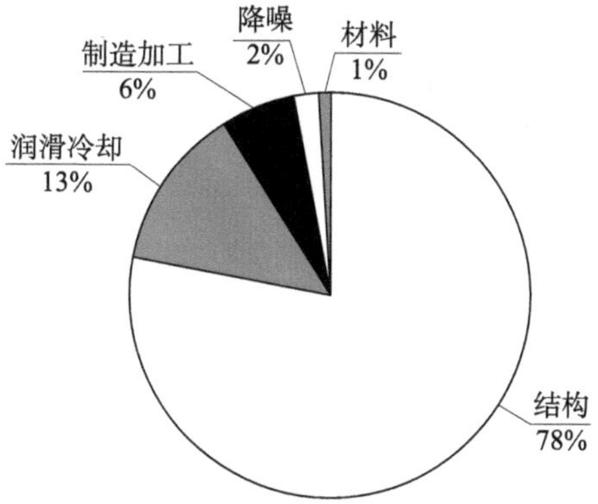

图 7–13　RV 减速器技术中国技术构成分析

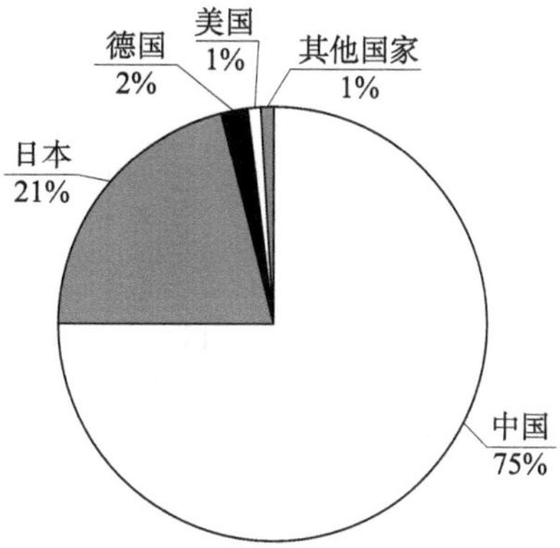

图 7–14　RV 减速器技术中国专利来源国分布分析

从图 7–15 统计的各省（区市）专利申请分布数据来看，目前浙江省的申请量在全国处于领先地位，这与浙江恒丰泰减速机制造有限公司有着密切关系。其次是江苏和广东，也直接与这两地的工业机器人的产业发展有关，同时在减速器方面的需求和投入也较多。

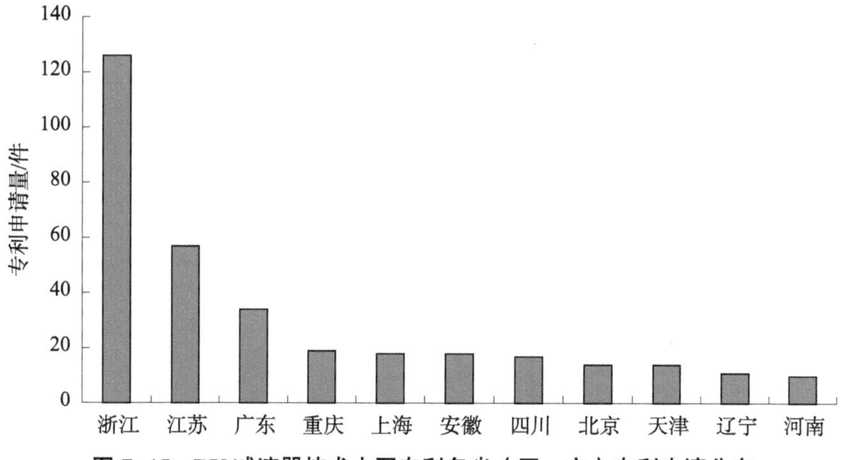

图 7–15　RV 减速器技术中国专利各省（区、市）专利申请分布

7.3.3　产业发展方向

由图 7–16 中专利技术整体发展路线图所示，RV 减速器历年来产业发展的方向。

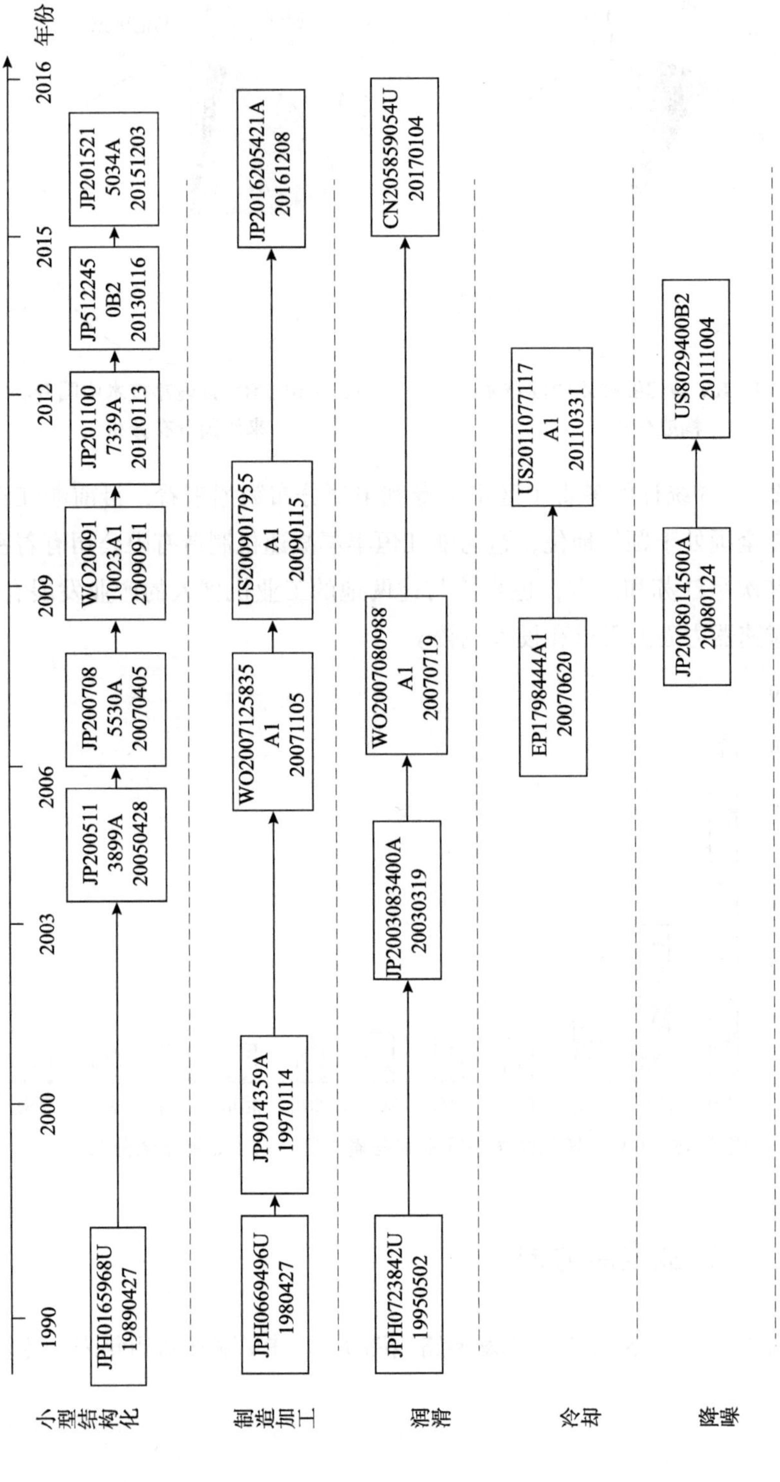

图 7-16 专利技术整体发展路线

1. 小型化结构

纳博特斯克在 RV 减速器小型化技术方面研究起步较早，并始终致力于该方面的研究。早期专利 JPH0165968U 仅在日本国内申请，其公开了一种减速装置，通过改善第一减速机构和第二减速机构的结构设置，获得了高减速比，并使装置小型化。

2005 年公开的专利申请 JP2005113899A 进入多个国家，提供了一种适用于风力发电装置的偏摆驱动装置，效率高且轴向长度短的减速器；同时提供一种减速器，是由三级减速部构成，将一级减速部和二级减速部的合计减速比设定为 1/6–1/60，并且由具备内齿齿轮体、多个外齿轮、多个曲柄轴和支座的偏心摆动型减速机构构成三级减速部，将偏心摆动型减速机构的减速比设定为 1/50–1/140，将减速器的总减速比设定为 1/1 000–1/3 000。

2007 年公开的日本专利申请 JP2007085530A 提供了一种减速器，通过配置多个小型马达，能够缩短转向结构轴向的长度。空心减速器是行星齿轮设备，包括曲柄轴、副齿轮，其外周表面形成外齿，装配到曲柄轴的曲柄部分，并偏心移动；还有壳体，其内周表面形成内齿，与副齿轮的外齿形成啮合，其中所述空心减速器内部形成有空心孔，用于所述空心减速器的输入的中心齿轮，设置在所述空心孔的位置，并设置在多个马达的输出轴处的小齿轮，同时与所述中心齿轮形成啮合。

专利申请 WO2009110023A1 于 2009 年 9 月 11 日被公开，提供了一种偏心式减速器，使得不增大外壳的径向外形尺寸，就能够提高输出转矩。在支柱的周围侧面，支柱与基部托架连续的根部分，设有形成曲率半径不同的曲面的第一曲部和第二曲部。第一曲部形成在支柱与旋转支承孔相对配置的支承孔相对侧面上。第二曲部形成在外侧面与支承孔相对侧面之间，该外侧面在支柱中位于外壳的径向上的外侧，且朝向外壳的内周的一侧。第二曲部的曲率半径形成得大于第一曲部的曲率半径。

2011 年公开的日本专利申请 JP2011007339A，提供了一种偏心摆动型行星齿轮装置，将通过抑制外齿齿轮的桥状部和外齿的弹性变形来延长外齿的齿面寿命，并提高振动特性，防止行星齿轮装置大型化，大幅度地增大输出扭矩。使构成内齿的滚柱的直径 D 除以内齿的齿距 P 的比率减小，同时外齿的齿顶超过内齿轮的内周的半径方向外侧；或者驱动分力的反作用力 K 的作用线 S 汇聚的汇聚点 C 比平时向半径方向外侧移动，位于经过所有的内齿滚柱的中心的滚柱圆 P 与经过通孔的半径方向外端的外端经过圆 G 之间；或者使外齿齿轮相对于内齿轮的偏心量 H 在内齿（滚柱）的半径 R 的 0.5 倍以上。

2013 年授权的日本专利 JP5122450B2 提供了一种沿其旋转轴线方向的长度，减小的内啮合行星齿轮式减速装置。曲柄部件插设在外齿轮的通孔、外齿轮的通孔与支撑轴之间，在曲柄部件上形成装配在外齿轮的通孔中的偏心盘部和装配在外齿轮的通孔中的偏心盘部，在支撑轴与曲柄部件之间布置轴承以支撑曲柄部件绕支撑轴旋转，通过减小曲柄部件的不包括偏心盘部在内的长度，而减小减速装置沿其旋转轴线方向的长度。

2015 年公开的日本专利 JP2015215034A，提供了一种能够抑制轴向的大型化，并且也能够实现径向上的小型化的轴向变换齿轮装置，包括曲轴，其具有轴主体、相对于所述轴主体偏心的偏心部及设于所述轴主体的轴齿轮；摆动齿轮，其具有多个外齿，该摆动齿轮随着所述偏心部的旋转而摆动旋转；传递齿轮，其具有与所述曲轴的所述轴齿轮啮合的第一齿轮和在所述第一齿轮的轴向上与该第一齿轮分开的第二齿轮；轴向转换单元，其具有与所述第二齿轮啮合的外齿轮和用于将输入扭矩转换为所述外齿轮的轴向的扭矩的轴向转换齿轮；外筒，其具有与所述摆动齿轮的各个所述外齿啮合的多个内齿，所述轴向转换齿轮在所述外齿轮的轴向配置在所述第一齿轮和所述第二齿轮之间。

2. 制造加工

1994 年公开的专利 JPH0669496U 提供了一种偏心差动式减速机，通过调整装置配置和材料，使得减速器制造简化，成本降低。之后，1997 年公开的专利 JP9014359A 提供了一种偏心差动型行星齿轮装置及其制造方法，不需要调整轴承预设负荷，并且减少了部件数量，从而简化了制造工艺，节省了制造和组装时间。

2007 年公开的专利 WO2007125835A1 提供了一种减速装置及其制造方法，在该减速装置中，无须改变旋转方向变换齿轮机构和减速单元，而将总减速比调整为期望值。所述旋转方向变换齿轮机构包括与输入轴一体旋转的输入齿轮，以及大致正交地与输入齿轮啮合的中间齿轮。减速比调整齿轮机构包括与中间齿轮一体旋转的第一正齿轮、与第一正齿轮啮合的第二正齿轮以及与第二正齿轮啮合的第三正齿轮。所述减速单元包括与第三正齿轮一体旋转并使偏心凸轮偏心地旋转的曲轴，以及与偏心凸轮接合的方式旋转的外齿轮、环绕外齿轮并与其啮合的内齿轮，内齿轮的齿数与外齿轮的齿数不同。该减速装置能够通过将第一正齿轮、第二正齿轮和第三正齿轮中的至少一个替换为具有不同齿数的另一齿轮而改变其总减速比。

2009 年公开的专利 US2009017955A1 提供了一种简化制造的减速装置，其是通过组合各自单元化的旋转方向转换部分和减速部分而制成的。旋转方向转换单元包括具有第一平面的第一基座、支撑在第一基座中的输入轴、与输入轴大致垂直的中间轴、与输入轴一体旋转的第一齿轮，以及与第一齿轮啮合并与中间轴一体旋转的第二齿轮。减速单元包括具有第二平面的第二基座、内齿轮、接收在内齿轮中的外齿轮，以及与外齿轮接合的曲轴，该曲轴偏心地转动而使外齿轮在内齿轮中公转。旋转方向转换单元和减速单元在第一平面和第二平处于接触的状态下固定在一起。

2016 年公开的专利 JP2016205421A 提供了一种简化齿轮架的结构，从而能够顺利进行制造的减速机和该减速机所采用的齿轮，是通过在支柱之间配置有多个曲轴，与曲轴的数量和支柱的数量相同的情况相比，支柱的数量相对于曲轴的数量减少。因此，能够简化齿轮架的结构。此外，通过曲轴的数量相对于支柱的数量增加，曲轴和齿轮之间的接触区域增加，能够增大从曲轴向齿轮传递的力。

3. 润滑

1995 年公开的专利 JPH0723842U 公开了一种销齿轮式减速机的润滑结构，从而减小了壳体与销体之间的摩擦。2003 年公开的专利 JP2003083400A 提供了一种偏心摆动型减速器，设置在外壳体和输入轴之间的轴承和油封可以被密封空间内的润滑油所润滑，从而没有必要制造用于润滑轴承和油封的润滑设备，或没有必要进行补润滑油的操作。

专利 WO2007080988A1 公开了一种关节机构，该关节机构能够抑制减速器的润滑剂的温度升高，使减速器进入稳定工作状态并防止减速器的早期损坏。该关节机构包括基座；回转基座，布置在所述基座上方并且旋转；臂，下端部由所述回转基座以可旋转的方式支撑。其中将用来旋转所述回转基座的减速器，布置在所述基座内，同时提供以可旋转的方式被支撑在所述回转基座的上方，并且填充有润滑剂的汽缸构成的平衡系统，以汽密密封状态沿纵向可滑动地布置在汽缸内的活塞，与一个端部连接到活塞并且另一个端部连接臂的活塞杆，使减速器和平衡系统的汽缸被连接，并且减速器的润滑剂被引入汽缸。

2017 年公开的专利 CN205859054U 提供了一种减速机，在所述外壳的内周面远离马达侧的端部设有油封安装槽，该油封安装槽内安装有由两个油封形成的 W 型油封，该 W 型油封用于防止减速机内部的润滑脂从所述外壳与所述齿轮架之间漏出，由于两个油封形成 W 型油封，因此能够进一步防止润滑脂从减速机内部泄漏到减速机外部，而造成减速机内缺少润滑脂，或者是沿马达的输出轴进入马达内部而对马达造成损坏。

4. 冷却

专利 EP1798444A1 提供了一种附接到工业机器人的关节连接部分上的减速器，即使在将减速器附接到工业机器人的关节连接部分上，并且减速器的输入或输出速度增大的情况下，也抑制了减速器的放热，从而防止了减速器的寿命缩短。

专利 US2011077117A1 公开了一种可通过极简单的结构更有效地被冷却的偏心摆动型减速器。偏心摆动型减速器包括：凸轮轴，具有曲柄部分；多个外部带有齿的齿轮构件，它们分别具有孔，每个孔容纳相关联的一个曲柄部分，并且它们通过凸轮轴的旋转而偏心地运动；内部带有齿的齿轮构件，具有内周表面，在该内周表面中形成要与形成在外部带有齿的齿轮构件的外周表面上的外齿啮合的内齿，从而设定内齿的数量略微大于外齿的数量；支撑构件，分别布置在外部带有齿的齿轮构件的两端，从而以可旋转的方式支撑凸轮轴的两端。此外，支撑构件通过支柱部分彼此一体地联结。在该偏心摆动型减速器中，提供有穿过一体的联结的支撑构件和支柱部分的冷却剂通道，如冷却水或冷却空气的冷却剂通过冷却剂通道。因此，可以高效地冷却偏心摆动型减速器。

5. 降噪

专利 JP2008014500A 公开了一种结构简单、小型且能量损失较小的低噪音的减速装置。由于仅在支承轴上支承二级齿轮、即第三外齿轮的大径齿轮（65）、小径齿轮，在曲轴的轴向一侧端安装与小径齿轮啮合的一级第二外齿轮（58），因此能够缩短减速装置整体的轴向长度，从而能够实现小型化。另外，在将驱动力从第一外齿轮传递至曲轴之前，由于齿轮仅在二处啮合，因此，能够降低噪声并减少能量损失。

授权专利 US8029400B2 公开了一种中心曲柄式偏心摆动型减速器，与现有技术相比，它能够增大空心孔的可用面积，同时抑制较大噪声的产生。偏心摆动型减速器包括具有内齿的外壳和空心曲轴，该空心曲轴具有外齿轮，设置在内齿的大致中心处，并相对于外壳转动，该外齿轮分别具有与内齿啮合的外齿，同时与曲轴接合，并通过曲轴进行偏心运动；承载件，该承载件与外齿轮接合并通过外齿轮相对于外壳转动；传动齿轮，该传动齿轮与安装在马达的输出轴上的输入齿轮和外齿轮啮合，并将来自齿轮的动力传递给外齿轮。该传动齿轮由承载件相接合，可转动地支撑。

7.4 工业机器人 3D 视觉技术

机器视觉系统指通过机器视觉传感器抓取图像，然后将该图像传送至处理单元，通过数字化处理，根据像素分布和亮度、颜色等信息，进行尺寸、形状、颜色等的判别，进而根据判别的结果来控制现场设备运作的系统。机器视觉可分为平面视觉和 3D 视觉两种，其中 3D 视觉是对目标在三维笛卡尔空间内的信息进行测量，可以测量目标的三维位置信息以及目标的三维姿态，而工业机器人的 3D 视觉技术则是基于 3D 视觉对工业机器人进行控制的技术。

3D 视觉技术可分为被动 3D 视觉技术和主动 3D 视觉技术两种。其中，被动 3D 视觉技术采用自然测量，又可分为 3 个下位分支：单目、双目和多目。单目视觉系统中，摄像机的内参数一般不需要标定，使用比较简单，但是对深度信息的重构能力较弱，所以目前应用较少；双目视觉系统采用两台摄像机对目标进行测量，通过三角测量原理来实现 3D 视角重建，其恢复三维信息的能力强，因此应用较多，但测量精度与摄像机的标定精度密切相关；多目视觉系统采用多台摄像机对目标进行测量，与双目视觉系统类似，使用更多的相机目的主要是为实现更稳定、更可靠的匹配问题，但由于使用相机过多，也会导致系统非常庞大。

主动 3D 视觉技术是对目标主动照明或者主动改变摄像机参数，可分为激光 3D 扫描技术、结构光 3D 扫描技术和 TOF 相机技术三种。其中，激光 3D 扫描技术通过投射激光，由相机捕捉激光图像来实现立体测量功能。激光 3D 扫描技术又可以分为三个下位技术分支：点激光测量、线激光测量和点阵激光测量。点激光测量是投射一个激光点，由两个相机组成的立体视觉系统，对该点进行 3D 深度计算，并且需要逐点测量；线激光测量和点阵激光测量则分别是投射一条激光线和一个激光点阵，由两个相机组成的立体视觉系统，分别对激光线上的点和点阵进行 3D 深度计算。点激光测量和线激光测量一般速度比较慢，点阵激光测量的速度则较快。由于激光 3D 扫描技术受到激光散斑缺陷的限制，一般很难达到非常高的精度，而且激光对于人眼存在伤害性，所以应用范围有限。

结构光 3D 扫描技术中，相当一部分是利用普通投影设备或者光栅投影机，通过结构光编码技术实现快速的高精度和高密度的 3D 视角重建过程，因此结构光 3D 扫描技术可以根据其编码原理进行划分，分为两个下位技术分支，即空间编码和时间编码。空间编码是投影设备只投射 1 张编码图案，图案中包含有编码信息，相机拍摄到之后，通过图像解码算法，提取出投射的不同编码信息，进而对应于投影机编码图案，从而解决了匹配问题，进而通过三角测量原理实现 3D 重建过程；时间编码，顾名思义就是投射出一组编码信息，由多张编码图案组成，通过相机同步连续拍摄，从图像序列中重建出高精度和高密度的 3D 数据。相比较而言，空间编码的优点是速度快，只需要一次投射和一次拍摄就可以重建 3D 影像，缺点首先是重建出来的 3D 点云的密度比较低，一般几千个点左右，但可以做到动态和实时地进行 3D 重建；其次一般精度也比较低，在厘米至毫米级别。时间编码的优点在于精度高和密度高，是目前市场上的结构光 3D 扫描仪大部分都在用的 3D 重建技术。结构光 3D 扫描技术存在一个主要问题，其与所有其他光学测量技术一样，物体表面对其都会产生影响，如对于透明表面，结构光条纹投不上去，就无法测量；对于黑色或者强反射表面，无法投射有效的结构光条纹信息，也会导致无法测量，所以现有解决方法大多是先进行表面喷涂处理，即在物体表面喷涂白色粉末，再进行 3D 扫描，一般可一次完成几百万点的 3D 重建，精度从几微米到几十微米。TOF 相机技术属于比较新兴的技术，它速度很快，能达到 60 英尺 / 秒以上，精度在毫米至厘米级别，但其缺点是分辨率一般比较低，在几万个点左右，同时成本也比较高。

7.4.1　全球专利技术分析

对技术输出国家或地区的分析能够反映主要技术力量的来源分布情况，从宏观上体现世界范围内的技术力量分布，而对技术输入国家或地区的分析能够反映技术力量的市场布局、战略意图，因此这两方面数据的研究能够指导企业寻求技术力量、挖掘研究人才、有效进行专利技术布局等。

从图 7–17 可以看出，技术发展到今天，在工业机器人 3D 视觉方面，中国已是最大的技术输出国，这主要是因为中国在近五年的申请量上占据绝对优势，反观国外申请态势却与第三阶段（2004—2012 年）的发展保持一致，其中日本排在第二位，韩国和美国则分列第三、第四名。然而，一方面，中国的创新技术大部分都是在本国消化吸收，表明中国技术创新主体最关注的是中国本土市场，对海外市场不够重视；另一方面，虽然中国的申请量位于领先地位，但数量上的领先不代表技术上的领先，我国的专利申请整体质量不高，专利技术含金量仍偏低。

从图 7–18 可知，在 3D 视觉技术的各个分支中，激光 3D 扫描技术所占比重最大，可达到 41%；其次是被动视觉技术，占 29%；结构光 3D 扫描技术则占到了 28%；TOF 作为新兴技术，申请量只占 2%。

从申请量趋势来看，TOF 相机技术早在 1986 年、1987 年两年就出现了 2 件相关申请，分别是机器人视觉系统公司和美国的通用电气公司申请的关于涉及“三维跟踪视觉技术”和“焊缝的自动研磨装置”的专利。10 年后在 1997 年只出现了 1 件专利申请，在沉寂了 6 年之后，2003 年才开始出现相关技术的专利申请，一直持续至今。例如，2009年，微软国际控股有限公司申请了“成像系统”专利，包括：光源，该光源通过已知强度光照亮场景；相机，该相机具有响应于场景从照射已知强度光反射的光使场景成像的光轴和光心；测距仪，该测距仪可控制以确定由相机成像的场景表面元的距离；控制器，该控制器被配置成响应于表面元离相机的距离、照射光和来自由相机成像的表面元的光的已知强度来确定由相机成像的场景表面元的反射率，其用于采集场景3D图像，减弱红眼，该申请最终被授权。

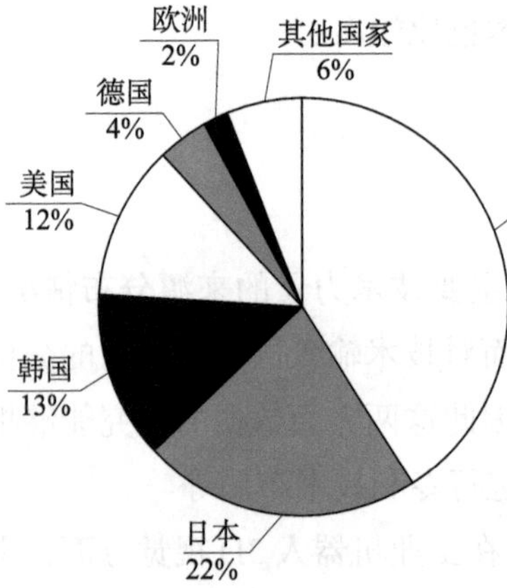

图7–17　各主要技术输出国/地区申请量比例

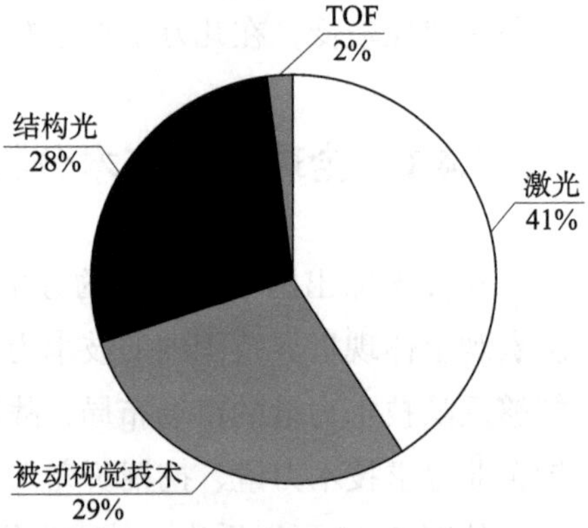

图7–18　3D视觉技术分支比例

中国也有关于TOF相机技术的专利申请，西南科技大学于2017年申请名为“基于3D立体感知技术的自主导航机器人系统”的发明专利，公开了一种基于3D立体感知技术的自主导航机器人系统，该系统主要包括场景深度信息采集系统、移动机器人实时姿态估计系统、移动机器人三维场景重构系统、复杂环境下三维目标识别系统和移动机器人自主导航系统，主要流程包括场景深度信息采集、机器人自主三维环境感知、机器人对目标的自主三维识别以及机器人自主路径规划，由TOF相机提供低分辨率深度图，CCD阵列提供立体视觉信息，通过立体视觉与低分辨率深度图融合算法，获取到高分辨率的深度图。

从图7–19所展示的技术分支技术发展路线可以看出，早在20世纪70年代末就已经出现了关于工业机器人的3D视觉技术的专利申请。大致可以分为以下四个阶段。

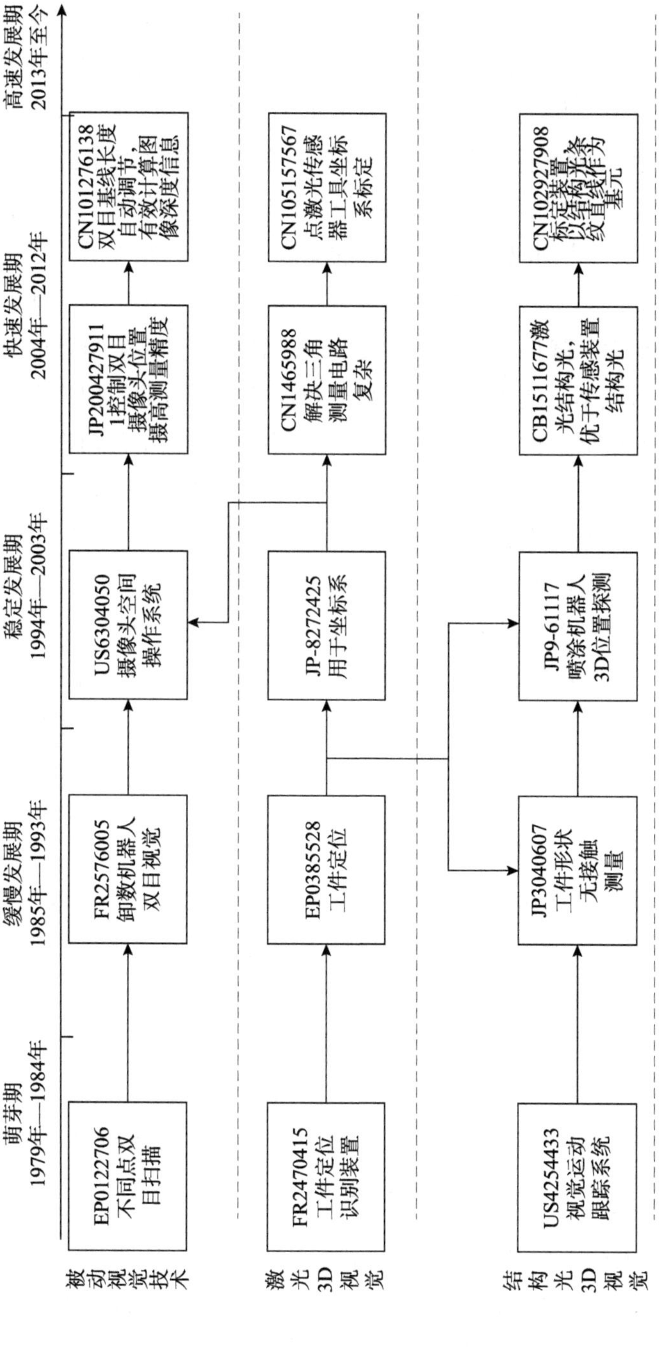

图 7-19　主要分支发展路线

1. 萌芽期至缓慢发展期（1979—1993 年）

从 1979—1984 年，虽然每年都有相关工业机器人 3D 视觉技术的专利申请，但总体数量不多，始终在个位数上徘徊，工业机器人的 3D 视觉控制技术处于起步阶段，相关技术还处于开发初期，多数相关企业或研究机构正处于基础研究和实验室论证状态。1979 年，美国的通用汽车公司开创性地申请名为“视觉运动跟踪系统”的专利 US4254433A，实现了对工业机器人的 3D 视觉控制技术请求专利保护的零的突破。工业机器人最早出现在汽车生产线上，负责汽车生产流程中的搬运、喷涂、安装等环节的操作，由于其带来了减少劳动力、降低生产成本、提高安全性和可靠性等显著效果，工业机器人的使用从汽车制造领域逐渐扩展到目前的各个行业，但汽车制造领域仍然是使用工业机器人的最主要的对象。美国的通用汽车公司作为全球著名的几大汽车生产厂商，其对工业机器人的使用及研究都具有很大优势。

随着工业机器人的优势逐渐被人们认识，工业机器人逐渐进入各个行业，各个公司和研究机构对工业机器人的技术研究也逐渐加大力度，而 3D 视觉控制技术也随着工业机器人的发展缓慢发展起来。虽然在 1985—1993 年间，增长速度不明显，每年的申请量也仅仅维持在 10 件左右，但在这 8 年间，申请人和发明人逐渐增加，加入研究的企业和机构不断增多，同时研发队伍不断壮大。

2. 稳定发展期（1994—2003 年）

20 世纪 90 年代，随着计算机功能的增强及其价格的下降，以及图像处理硬件和 CCD 摄像机的快速发展，机器人视觉系统研究吸引了越来越多的研究人员。20 世纪 90 年代后期，视觉伺服控制技术从结构形式、图像处理方法、控制策略都有了长足的进步，并且随着机器人本体技术的不断发展，工业机器人的 3D 视觉技术也得到了平稳快速的发展。2002 年的申请量达到 1993 年的 5 倍，为 46 件。可见，从 20 世纪 90 年代开始至 21 世纪初，关于工业机器人的 3D 视觉技术获得了人们越来越多的重视，工业机器人的 3D 视觉技术发展稳定。

3. 快速发展期（2004—2012 年）

3D 视觉技术的发展使工业机器人的控制水平大幅度提高，控制精度也大幅度提升，能够满足产业上对工业机器人操作得越来越精细、越来越灵活、越来越快速的要求，同时生产制造领域对成本、劳动力、安全性等方面的要求也在不断提升，对工业机器人的研究日趋丰富和多样化。在这期间，工业机器人的主体结构、外壳、框架等生产技术不断日趋完善，虽然整体架构变化不大，但更多的技术研究重点落在了控制程序、3D 视觉重构方式、数据处理等方面，以及 3D 视觉控制技术的研究开发偏重软件方面的研究。

4. 高速发展期（2013 年至今）

2013 年以来，涉及工业机器人 3D 视觉技术的专利申请量增速明显，主要是因为中国开始重视并大力支持企事业单位的科技创新，尤其是党的十八大以来，专利申请量实现突飞猛进，带动了全球专利申请数量的大幅提高。

7.4.2　全球重要申请人

如图 7–20 所示，在工业机器人 3D 视觉技术的专利申请中，申请人排名靠前的有国外大型企业和国内高校、科研院所，其中包括著名企业发那科公司、SICK 传感器智能公司等。国内申请人多数为高校或者科研院所，如上海交通大学、华南理工大学、中国科学院等；然而高校研究一般基于理论层面，如何更好地将理论成果转化为实际产品是目前国内需要重视的问题；同时在专利布局方面，国内企业仍然存在一定的差距。

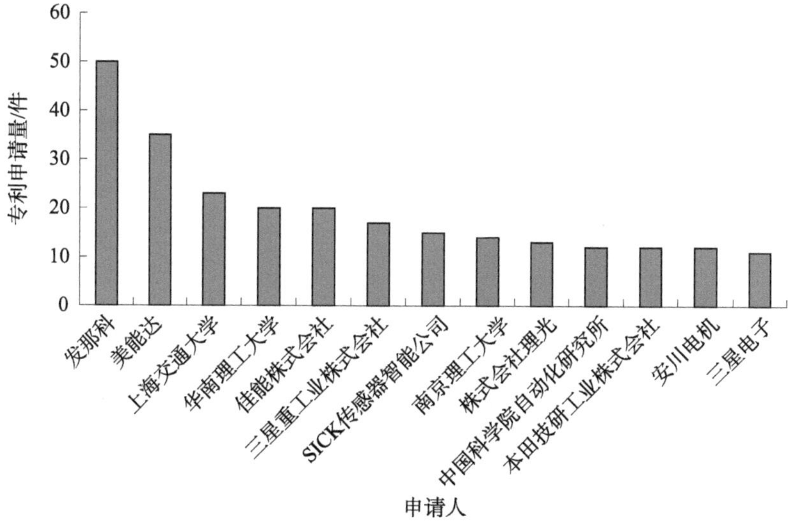

图 7–20　工业机器人 3D 视觉技术全球重要申请人

日本发那科公司是生产数控系统和工业机器人的著名厂家，其创建于1956年。发那科自1974年首台工业机器人问世以来，在机器人的研发和生产方面积累了丰富的经验。到2008年，发那科全球机器人销量达20万台，至今无人突破，同时其机器人产品系列多达240种，负重从0.5公斤到1350公斤，满足装配、搬运、焊接、铸造、喷涂、码垛等不同生产环节。对于智能机器人系列产品的关键技术之一的3D视觉控制技术，发那科公司早在1989年就开始对相关技术进行专利布局。

从图7–21中可以看出，目前在工业机器人3D视觉技术领域，发那科在各地区的专利分布情况是（以下数据均来自DWPI和CNABS数据库）日本44件，美国40件，中国28件，德国27件，欧洲25件。由此不难看出，日本本国和美国都是发那科3D视觉控制技术专利布局的首要国家。一方面，这与日本企业重视欧美市场的传统相契合；另一方面，发那科在3D视觉控制方面的技术优势主要体现在其工业机器人上的应用。在除日本之外的世界范围内，欧美企业的工业自动化也起步较早，发展最为迅速，工业机器人的各项应用也最广泛，所以对具备卓越视觉功能的工业机器人的需求相当迫切。作为发那科的3D视觉控制技术的典型应用工业机器人，在这两个国家具有相对广阔的市场前景，因此发那科优先对美国和欧洲进行专利布局也符合其市场格局。中国近年来市场经济发展迅速，工业机器人应用需求急剧增多，并且科研水平不断进步，许多领域已经走在世界前列，因此发那科也开始重视在中国的专利布局。我国相关企业、研发机构需要引起重视，做到加快自身技术研发以及专利布局，从而提高国内企业在全球市场的竞争力。

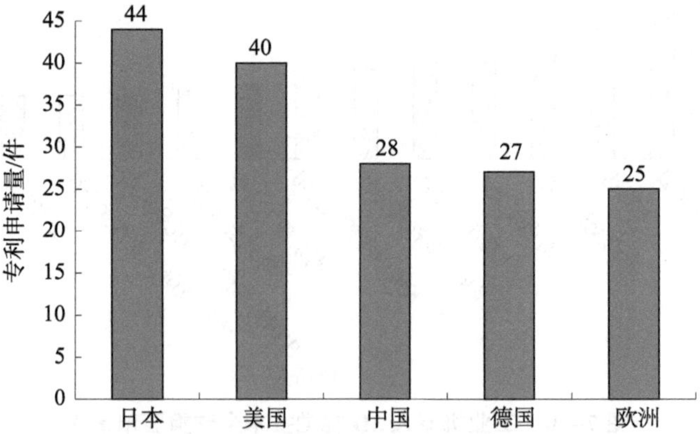

图7–21 发那科专利申请主要分布

就3D视觉控制技术而言，发那科在不同时间、不同应用方向上的研发和专利保护力度是有所侧重的，项目组在综合了专利同族数、被引用频次、地区分布数、专利在技术发展中所起的作用等多方面因素的基础上，筛选出在各个应用分支上的重点专利，按时间演进给出了发那科在3D视觉控制领域重点专利的发展脉络，如图7-22所示。

从图7-22中可以看出，虽然有利于提高工作效率、降低人工劳务费用、提高产品质量是机器视觉在所有应用分支上的普遍优点，但就具体应用而言，喷涂、注塑、码垛通常仅需简单的二维示教即可实现，对三维视觉需求度并不高，而不同三维形状物体的搬运、机械加工则对机器视觉、机器人控制的要求相对严苛，3D视觉在这方面的应用目前尚不成熟，若实现技术难度较大，因此技术难度相对适中、工业应用范围广、能够适应现阶段工业升级需求的零件拣取、工件拆卸、焊接就成为发那科3D视觉控制技术应用比较集中的技术分支。其大致以1999年为界，1990—1999年，发那科的3D视觉控制以焊接和工件装卸、装配等方面为主。1999年以后，随着在焊接和工件装卸、装配方向上技术的日渐成熟，发那科转而将研发的重点放在更具应用市场的零件拣取上，无论是结构性拣取还是任意性拣取，均实现了从视觉拣取、容器防碰、防碰监控系统的全面研发和专利布局。除了具体应用以外，发那科还在具有应用通用性的下述方面进行了研究。首先，21世纪以来，示教装置和仿真系统成为发那科比较关注的两个方面，体现出发那科对于示教机器人工作精度的重视，以及对工业机器人在编程、部件调整等过程中的自整定能力的重视，从成本、效率、效果诸方面凸显出其工业机器人的智能性，以更好地适应现代工业生产的无人化要求。其次，对于作为机器视觉根基的视觉传感器及其定位方法，发那科始终坚持在这一技术方向上的不断研发。

下面重点介绍发那科近年来在中国的一些专利布局。

①发明专利CN103934571B，授权公告日为2016年2月23日，是一种厚板机器人焊接系统及多层多道焊缝，实时跟踪、规划的方法。厚板机器人焊接系统包括机器人、激光结构光传感器、焊接系统及控制系统。所述激光结构光传感器包括主体系统、光学系统、夹持系统和冷却系统，在焊接时能够实时获取包含焊缝坡口特征信息的图像，并传递至所述控制系统；而所述

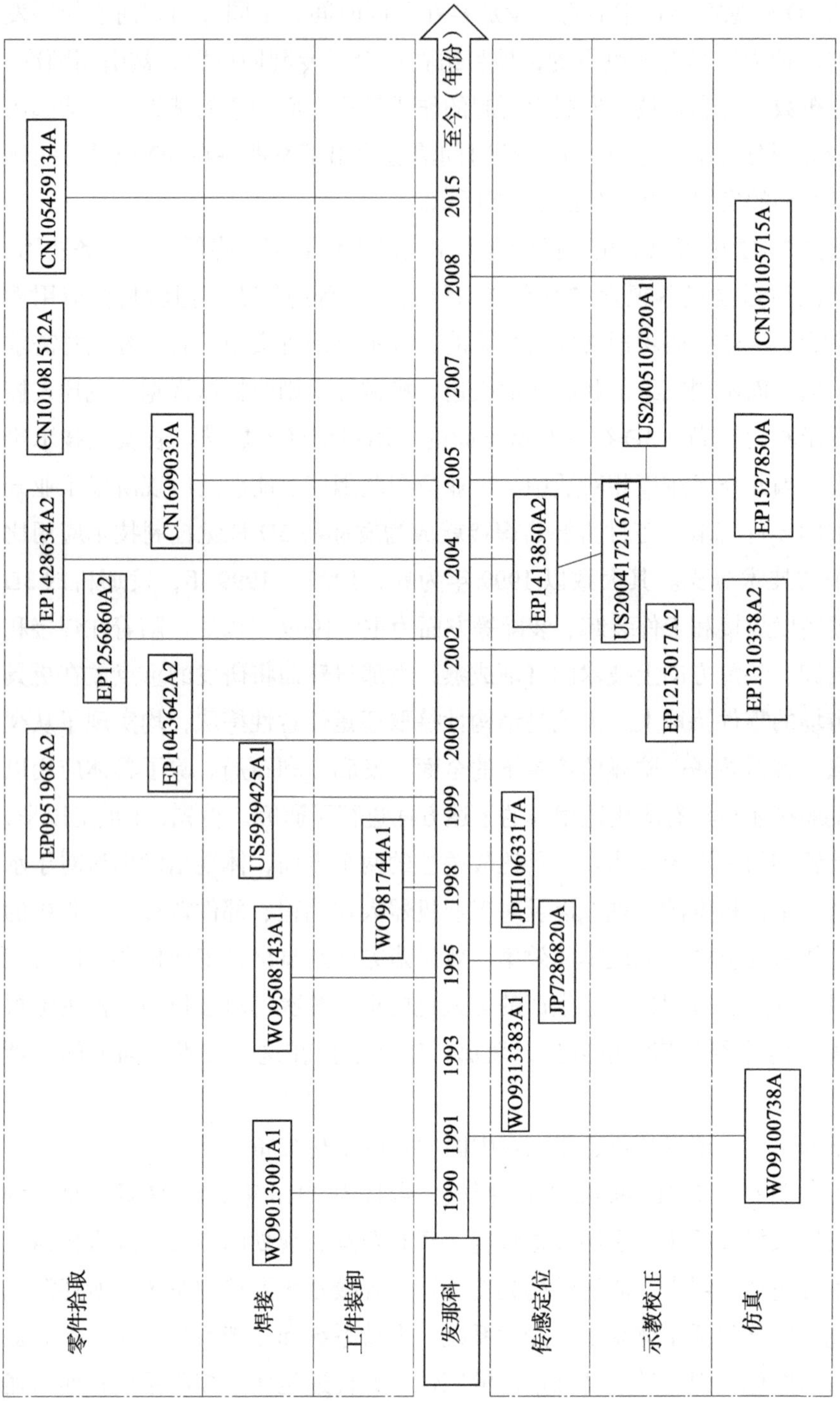

图 7-22 发那科在各分支的重点专利发展路线

控制系统由所述图像获取坡口信息，控制所述机器人不断纠正焊接系统中焊枪的位置；同时所述控制系统调整焊道轨迹和焊接参数，实现多层、多道的实时规划。解决现有技术中不能实现多层、多道焊缝的跟踪和规划的问题，并能提供厚板机器人焊接系统，同时激光结构光传感器具有较高的柔性和适用性。

②发明专利申请 CN106560297A，公开日为 2017 年 4 月 12 日，是一种具备拍摄目标标记的照相机机器人系统。当机器人系统在机器人坐标系中，已知的第一目标标记位置上配置了目标标记时，将通过照相机所取得的图像中包含的目标标记影像的特征量作为基准数据进行存储，并且将与机械臂前端部相对的第一目标标记位置作为工具前端点的位置进行存储。另外，机器人系统将从目标标记被配置在第二目标标记位置上时，所取得的图像中得到的特征量与基准数据的特征量相比较来移动机械臂前端部，并且基于与移动后的机械臂前端部的位置相对应的第二机器人位置，以及工具前端点的位置来计算机器人坐标系中的第二目标标记位置。

③发明专利 CN104802173B，授权公告日为 2016 年 8 月 31 日，是一种数据生成装置和检测模拟系统，不用进行使机器人和视觉传感器关联起来的校准，就能够使视觉传感器进行离线模拟。数据生成装置具备：配置部，其将机器人、视觉传感器，以及对象物的三维模型配置在假想空间内；机器人配置位置指定部，根据在假想空间内规定的基准坐标系，指定假想空间内机器人的配置位置；视觉传感器配置位置指定部，根据基准坐标系，指定假想空间内视觉传感器的配置位置；配置位置存储部，存储机器人和视觉传感器的配置位置；位置关系计算部，计算机器人坐标系和传感器坐标系之间的位置关系；位置关系存储部，将上述位置关系的存储，作为视觉传感器的检测处理所使用的数据。

④发明专利 CN105444691B，授权公告日为 2017 年 5 月 24 日，是一种轮廓线测量装置和机器人系统。轮廓线测量装置（100），其具备：一对照相机（3）；极面生成部（11），其根据第一照相机（3A）和第二照相机（3B）的位置姿势，生成与对象物交叉的多个极面；极线计算部（12）；基准轮廓线设定部（19）；基准轮廓线图像计算部（14），其分别计算将基准轮廓线投影到第一照相机的拍摄面和第二照相机的拍摄面上的第一、第二基准轮廓

线图像；边缘线抽出部（15）；边缘点生成部（16）；对应点选择部（17），选择与对象物的基准轮廓线的相互相同部位对应的一对边缘点；三维点计算部（18）。即使在多个与极线相交的边缘线的情况下，也能使一对边缘点彼此良好对应，从而高精度测量对象物的三维轮廓线形状。

⑤发明专利 CN105522592B，授权公告日为 2017 年 7 月 21 日，是一种机器人的干涉区域设定装置。其具备：3D 摄像机（6）、3D 图生成部（12）、颜色设定部（13）、颜色检索部（14）、干涉区域设定部（15）。3D 摄像机对机器人周围进行拍摄，来取得包含距离信息和颜色信息的拍摄图像；3D 图生成部根据拍摄图像来生成由在机器人周围的三维空间等间隔地配置的多个点列构成的 3D 图；颜色设定部设定能区别机器人与障碍物的颜色；颜色检索部从 3D 图中检索具有颜色信息的点列；干涉区域设定部根据通过拍摄图像的距离信息而得到的位置数据来设定干涉区域。目前解决机器人干涉区域设定时，需要预先准备三维形状模型，进而手动输入干涉区域，但存在耗时多的问题，目前尚不能解决。

7.4.3 国内专利技术分析

在中国的专利申请中，中国本土的申请人仍然占据大多数，如图 7–23 所示，说明国内申请人的专利意识逐渐增强，同时也说明国外申请人在中国国内的专利布局尚不充分，国内申请人应该趁此时机加快专利布局的步伐。

国内申请人，目前高校以及科研院所占比 47%，企业占比 46%，个人占比 7%，申请量前 10 名的申请人主要集中在高校及科研院所，如上海交通大学、华南理工大学、中国科学院自动化研究所等，而具有机器人本体制造能力的企业申请量却很少进入前 10 名，仅有国家电网公司和山东鲁能智能技术有限公司两家国内企业进入前 10。日本的发那科公司则仅次于上海交通大学和华南理工大学，排在第 3 位，大多数国内企业在工业机器人 3D 视觉技术方面的专利申请数量仅为个位数，说明在我国产学研三方面结合得并不是很紧密，目前技术向产品的转化不是很顺利，集中在科研院所手中的技术还没有很好地转化为对应的生产应用技术，国内也未能出现可以与国外工业机器人巨头抗衡的企业。

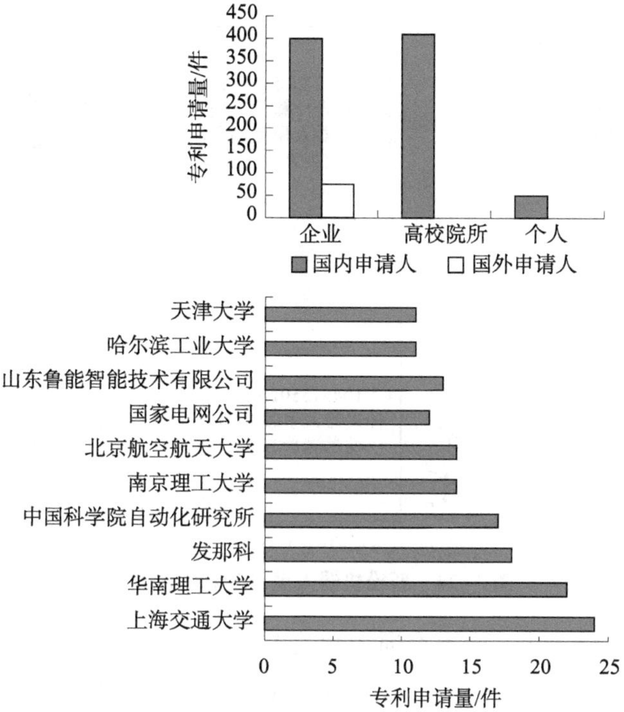

图 7–23　国内申请的专利构成以及主要申请人专利申请量

7.4.4　国内重要申请人

新松公司是一家以机器人技术为核心，致力于数字化智能制造装备的高科技上市企业，在工业机器人视觉领域方面申请了多项专利，涉及单目、双目、多目、激光、结构光等多种 3D 视觉技术，新松机器人重点专利发展路线如图 7–24 所示，初步形成其在机器人 3D 视觉领域的专利布局。其中，发明专利 CN103192397B 提出了一种获取摄像机内参数和外参数值的方法，具体如下：先将三目相机固定在机器人上，并将机器人手臂停留在初始化位置上；打印一张模板并贴在一个平面上；变换模板的位置和角度，使相机从不同角度拍摄若干张模板图像；检测出图像中的特征点，特征点具体为数字图像的黑白格的交点；求出摄像机的内参数和外参数；求出畸变系数。

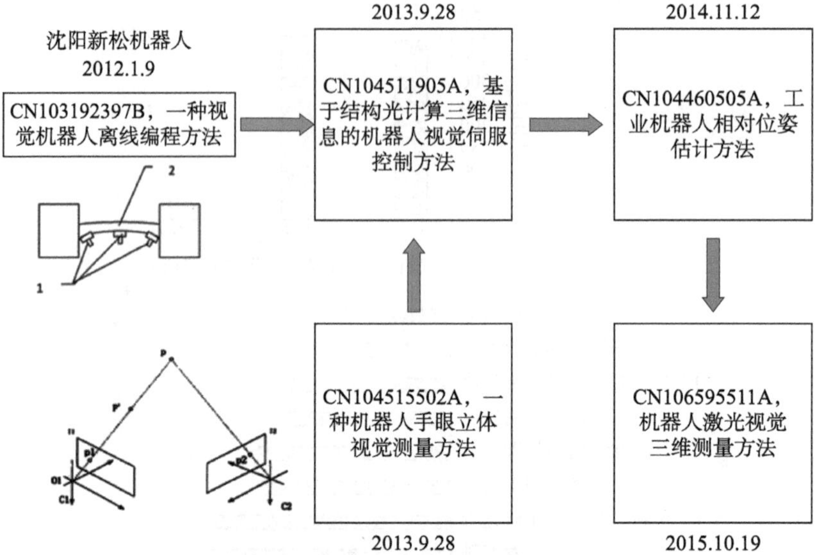

图 7–24　新松机器人重点专利发展路线

在国内申请人中，上海交通大学关于工业机器人 3D 视觉技术的专利申请量最多。从技术分布上，双目 3D 视觉与单目 3D 视觉的专利申请居多，均占到总申请量的 31%；其次为激光扫描技术，占比 23%；而结构光相关的专利申请占到 15%，如图 7–25 所示。

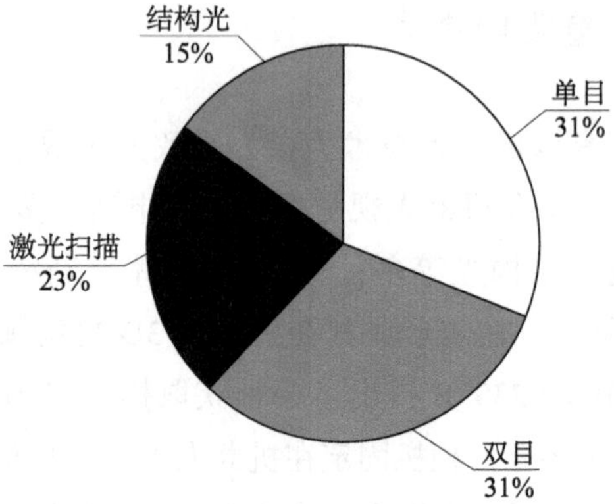

图 7–25　上海交通大学专利技术分布

下面对部分有代表性的发明专利进行介绍。

① 2014 年 4 月 11 日，上海交通大学申请了一件发明专利，授权公告号是 CN103934571B，该发明揭示了一种厚板机器人焊接系统及多层多道焊缝

实时跟踪、规划方法。厚板机器人焊接系统包括：机器人，激光结构光传感器，焊接系统及控制系统；所述激光结构光传感器包括主体系统、光学系统、夹持系统和冷却系统，在焊接时能够实时获取包含焊缝坡口特征信息的图像，并传递至所述控制系统；而所述控制系统由所述图像获取坡口信息，控制所述机器人不断纠正焊接系统中焊枪的位置；同时所述控制系统调整焊道轨迹和焊接参数，实现多层多道的实时规划，能够提高劳动效率及生产质量。

② 2014 年 10 月 21 日，上海交通大学申请了一件发明专利，授权公告号是 CN1319704C，其涉及一种焊接机器人伺服双目视觉传感器，用于焊接技术领域。该发明专利包括：伺服电机、同步带传动系统、两个 CCD 摄像机、气动系统、减光和滤光系统、内外两个空心轴、端盖及平板支架、槽钢形的支架及两个轴承。CCD 摄像机、气动系统及减光和滤光系统固定在平板支架上，平板支架固定在外空心轴上，两空心轴之间放置两个轴承，外空心轴通过轴承绕内空心轴旋转，伺服电机的动力通过同步带传动系统传递到外空心轴上，带动 CCD 摄像机绕焊枪转动，同步带传动系统和外空心轴之间通过端盖连接，内空心轴和伺服电机固定在槽型钢支架上。该发明实现了 CCD 摄像机可绕焊枪做可控角度旋转，以保持良好的取像方位，以及自动加载或移开滤光片和减光片的功能，同时具有多用途特点。

③ 2015 年 10 月 13 日，上海交通大学申请了一件发明专利，授权公告号是CN100349689C，涉及一种基于环形激光视觉传感的焊缝自动定位方法，属于焊接技术领域。该发明专利包括以下步骤：通过面阵 CCD，检测环形激光检测轨迹在摄像机像敏面上的成像，在像敏面坐标系中，获得焊缝特征点在激光锥体坐标系中的 Y 坐标以及 X 坐标的表示方程；利用激光锥体坐标系中，圆半径与深度关系算法求解焊缝特征点的深度值，构建基于焊缝特征点在激光锥体坐标系下被检测点的 Z 坐标的方程并求解；根据激光锥体坐标系与机器人本体坐标系的矩阵转换，将求得的激光锥体坐标系中的三维坐标转换到机器人本体坐标系，从而实现对焊缝的定位。该发明解决了基于点状激光、线状激光以及环形激光线阵 CCD 视觉传感器利用三角测量原理，进行焊缝定位所造成的效率低的问题。

④ 2017 年 4 月 10 日，上海交通大学申请了一件发明专利，公开号是 CN106959080A，涉及一种大型复杂曲面构件三维形貌光学测量系统和方法。

所述方法基于双目光栅投影测量技术，借助激光跟踪仪和相应的靶标球来获取多站位测量时各个站位的点云位姿，最后将各站位测得的点云，根据相应的位姿数据转换到统一的激光跟踪仪坐标系下，实现大尺度复杂面型构件点云数据的全局拼合；所述系统以六自由度机器人为点云空间位姿跟踪单元及双目结构光测量设备的载体，测量开始前，首先对双目结构光测量设备进行标定，以保证单站位测量精度，然后通过测量路径规划来保证数据完整性和测量效率。该发明可在非接触条件下实现对各种大尺度复杂面型构件的精确测量，为各种加工质量的评价提供实用、可靠、完整的三维形貌原始数据。

结合图 7-26，上海交通大学总体侧重于被动 3D 视觉技术，尤其是单目视觉技术。从 2004 年开始便有相关专利申请，之后一直延续到 2016 年。在这期间不断对单目视觉技术进行研究改进，双目视觉技术的专利申请主要集中在 2011 年之前，近几年申请量则较少。虽然激光扫描技术的研发工作早于结构光技术，但是其专利申请也集中在 2011 年之前；反之，结构光技术专利则是多申请于近几年当中，尤其 2016 年和 2017 年均有专利申请。由此可见，上海交通大学在工业机器人 3D 视觉技术方面具有强大的研发能力，在被动 3D 视觉、激光扫描、结构光等技术领域均进行着改进或创新，尤其是结构光 3D 扫描技术，已经成为上海交通大学现阶段的研发重点。

在 2011 年，工业机器人 3D 视觉技术的各大分支的发展已经基本成熟，全球各大企业、研发机构的投入呈下降趋势。然而中国的崛起，促使了 3D 视觉的又一次腾飞。2013 年开始，全球专利申请量急剧上升。目前，3D 视觉控制技术的竞争焦点已经从硬件产品转移为软件产品，其专利技术更多地涉及 3D 软件算法，侵权诉讼也全部围绕软件侵权进行。我国的 3D 视觉技术在控制方面仅限于高校的理论研究和具体的产品应用，较少的企业可以单独生产、研制视觉技术产品，因此将理论成果转为实际应用方面，中国仍需加大投入力度；并且对于国内企业来讲，专利布局尚未成形。当然，国外企业也未开始在中国进行系统的专利布局，国内企业应该抓住这个机会，大力发展核心技术，进行相应的专利布局，从而提升自身的市场竞争力。相信在国家对科技创新如此重视的今天，国内企业在全球的竞争力会越来越强。

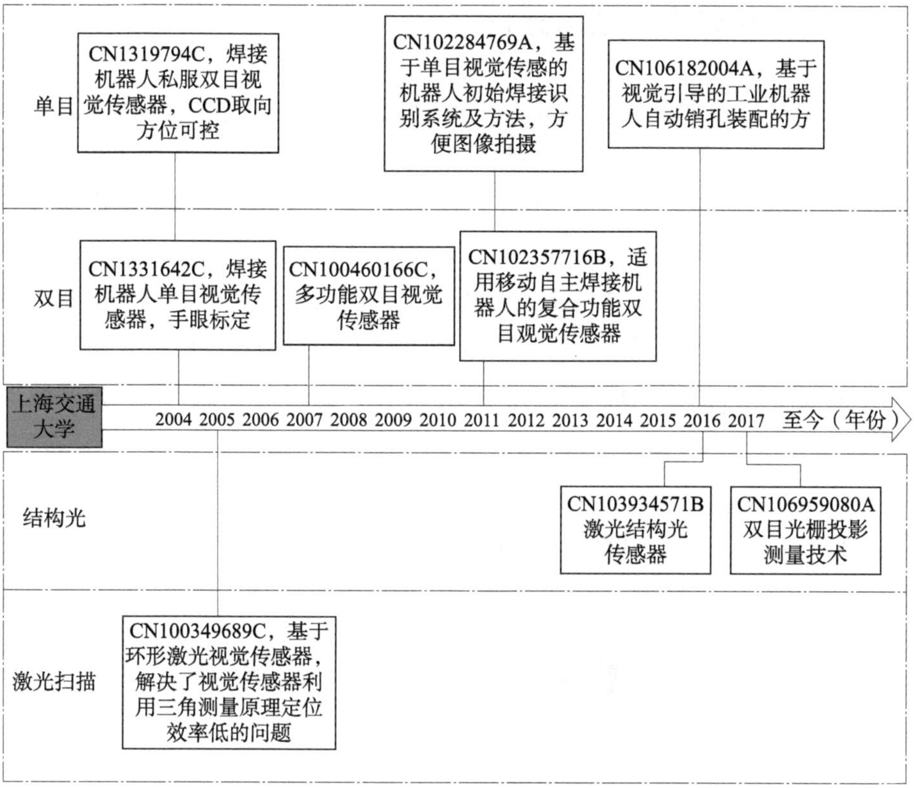

图 7–26　上海交通大学各技术分支重点专利发展路线

7.5　点焊机器人技术

点焊机器人集合了机械、电子、信息、计算机等多学科的多种元器件和控制软件，是在工业机器人的末端执行器上装接上焊枪，使之能够进行焊接操作。使用点焊机器人的好处是能够保证焊接质量并且提高焊接效率，另外其焊接的稳定性也是人工焊接不能达到的。世界上第一台点焊机器人是美国的 Unimation 公司在 1956 年推出的名为 Unimate 的点焊机器人。1987 年，中国自行研制出了国内第一台点焊机器人——华宇 I 型点焊机器人。点焊机器人一般有 6 个自由度，其具有腰关节、肩关节、肘关节、腕扭转、腕弯曲、腕旋转，自由度越多的点焊机器人工作起来越灵活。

7.5.1 全球专利技术分析

从图 7–27 可以看出，全球对于点焊机器人的研究主要分为机器人本体、示教功能、焊缝跟踪、质量检测、控制系统等部分，其中关于机器人本体的专利申请量占较大比重，达 55%。随着电子技术的进步，将机器人与传感器相结合的研究越来越多，目前应用传感器进行焊缝跟踪、质量检测等技术逐渐成熟。控制总线技术以及无线通信技术的发展，对于机器人的控制系统或示教产生了较大影响。点焊机器人的控制系统已经开始从现场在线控制转换为远程离线控制，使操作环境更加安全可靠，控制精度更加精准。

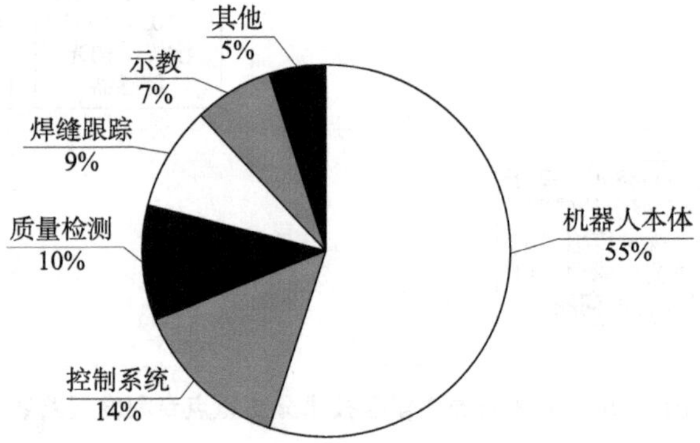

图 7–27 全球点焊机器人技术构成占比

根据机器人基本结构的不同，工业机器人分为直角坐标型机器人、极坐标型机器人、多关节串联机器人、圆柱坐标型机器人、平行四边型结构工业机器人、球面坐标型机器人、关节坐标型机器人、并联结构机器人等。下面以专利申请文件所记载的技术内容对上述机器人结构特点进行阐述。

1. 直角坐标型机器人

1977 年，美国专利 US4156367A 采用直角坐标型机器人进行焊接操作，直角坐标型机器人具有三个滑动关节，分别沿 *X*、*Y*、*Z* 轴滑动，每个滑动关节的轴线互相垂直，均按直角坐标配置。直角坐标型机器人运动学模型较为简单，每个运动自由度之间的夹角均为直角，便于运动学求解，具有位置精度高、控制无耦合的特点。直角坐标型机器人在工作过程中需要较大的操作空间，因此常制作成龙门式或框架式结构，也被称为龙门式机器人。在末端根据作业需求还可安装具有旋转功能的工具，常用在无损检测、探伤等领域，具有高可靠性、高速度和高精度的特点。

2. 极坐标型机器人

1977 年，日本专利 JPS5232729B2 记载了采用两个转动关节和一个滑动关节的机器人。滑动关节保证机器人的末端点可以沿球面径向伸缩，转动关节则使机器人末端可以绕竖直向上的轴线转动和绕水平轴线摆动，从而构成了一个球形的工作空间。极坐标型机器人体积小，占地面积也很少，但是其末端位置误差与半径成正比，所以定位精度比较低。

3. 多关节串联机器人

1978 年，德国专利 DE2659743A1 记载了采用多关节串联机器人进行操作，多关节串联机械臂由多个关节串联组成，因此构成链状结构，其设计安装较为简单，但仅能在有限的空间内转动，同时其结构较为冗余，不利于机械臂的控制和检修。

4. 圆柱坐标型机器人

1980 年，欧洲专利 EP0012741B1 记载了机器人本体采用圆柱坐标型机器人，圆柱坐标型机器人一般拥有一个转动关节和两个滑动关节。转动关节的轴线处于竖直方向，两个滑动关节的轴线分别处于竖直和水平方向，三个关节共同构成一个圆柱形的工作空间。由于其具有较少的运动自由度，因此关节型机器人的控制相对简单，并且具有较高的位置精度。其运动过程直观，容易进入开口部分进行作业，但是圆柱坐标型机器人的立柱和底座限制了其部分运动范围，对于靠近立柱以及靠近地面的位置，作业则较为困难。在圆柱坐标型机器人的作业范围内，存在沿轴线前后方向的移动空间，从而使得圆柱坐标型机器人的空间利用较低。

5. 平行四边形结构工业机器人

1985 年，日本专利 JPS60196275A 的机器人本体采用平行四边形结构，其上臂通过一根拉杆进行驱动，拉杆与上下臂共同构成了平行四边形，因此称之为平行四边形结构机器人。平行四边形结构机器人相对于普通关节坐标型机器人具有更好的刚度，同时其负载能力较强，更多应用于点焊作业。

6. 关节坐标型机器人

1995 年，欧洲专利 EP0576513B1 记载了关节坐标型机器人最多具有 6 个自由度，具有与人手臂类似的机械结构，分别称为机器人的腰关节、肩关节、肘关节、腕扭转、腕弯曲、腕旋转。腰关节、肩关节和肘关节主要影响机器人末端的位置，腕扭转、腕弯曲、腕旋转三个关节则决定了机器人末端的姿态。6 个关节自由度的存在，使得关节坐标型工业机器人具有较大的工作范围，同时动作灵活能够完成复杂的姿态动作。6 个关节自由度的存在也导致了关节坐标型机器人控制变得复杂，高精度定位较为困难。

7. 并联机器人

1998 年，欧洲专利 EP0842727B1 记载了机器人的执行器安装在多个并联机器人末端，该机器人中的机械臂由并联机构组成，由于并联机构具有刚度高、承载能力强、运动精度高等优点，所以其机构动力性能好，更易于实现力反馈控制。

7.5.2 全球专利布局分析

从图 7–28 中可以看出，在点焊机器人领域，日本的申请量居于领先位置，远远超过其他发达国家以及发展中国家。这是由于日本的工业化发展较早，科技较为发达，因此在机器人领域的研究比其他国家更为深入。申请量占据第二位的是中国，我国近年来一直鼓励发明创造，在点焊机器人领域的申请也在逐年不断增长。随后是德国、美国等工业较为发达的国家，其科技较为成熟，申请量趋于稳定。

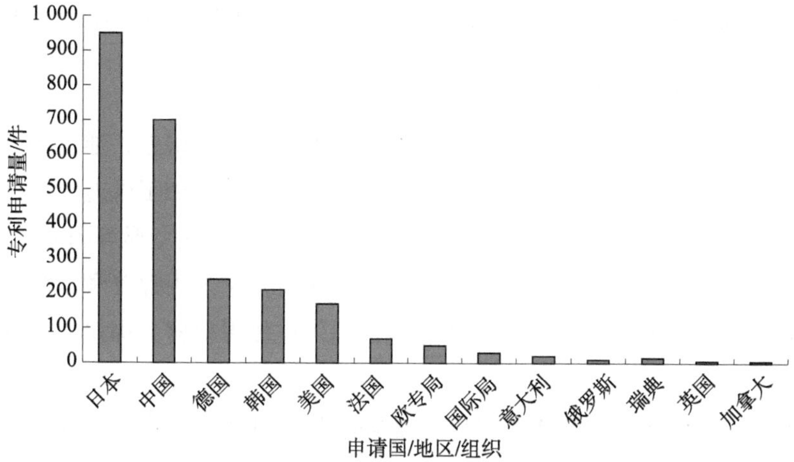

图 7–28　首次申请国 / 地区 / 组织分布

日本和中国为主要的目标市场国，占比分别为 27% 和 24%，这是因为日本的工业技术发达，有较强的专利保护意识；中国处在工业、科技的高速发展阶段，因此专利保护意识被高度重视。同时世界较强的其他工业化国家均申请技术保护，进行专利布局。

7.5.3　国内专利技术分析

从图 7–29 中可以看出，国内申请人的研究重点集中在机器人本体的设计占申请量的 34%，随后焊点定位占申请量的 18%，焊缝跟踪和质量检测均占据申请量的 15%，机器人示教的申请量占 12%。

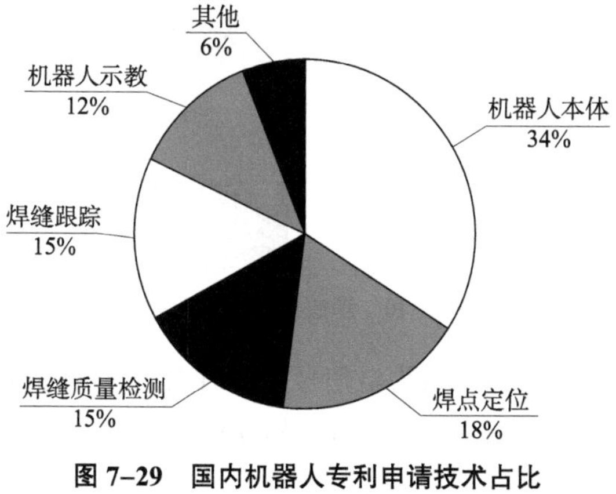

图 7–29　国内机器人专利申请技术占比

下面对焊缝跟踪、机器人示教以及焊缝质量检测做进一步技术分析。

1. 焊缝跟踪技术

工业机器人焊缝跟踪是在焊接时实时检测出焊缝的偏差，通过调整焊接路径和焊接参数，保证焊接质量的可靠性。由于工件的加工误差（工件间的尺寸差异、坡口的准备情况等）、装夹精度及焊接时的热变形等因素的存在，以示教—再现方式工作的弧焊机器人，在焊接时常常因为焊缝和示教轨迹有偏差而导致焊接质量下降，因此焊缝跟踪是保证弧焊机器人焊接质量的一个重要的方面。

如图 7–30 所示，焊缝跟踪传感器与焊炬的相对位置关系可分为直接式和附加式两种，电弧传感器为直接式，其余均为附加式。非接触焊缝跟踪传感器属于附加式的重要组成部分，一般包括电磁式、电容式、电感式、视觉式等。电弧焊缝跟踪的基本原理是利用焊枪与工件之间的距离变化而引起的焊接电流参数变化，并根据焊炬与焊缝的已知几何关系导出焊炬与焊缝的相对位置等被传感量。由于电弧传感器是一种直接式传感器，直接利用焊接电弧特性进行探测，与附加式传感器相比不存在附加误差，其基本不占额外空间、响应快、实时性好，因此在弧焊中应用十分广泛。

视觉传感器	CN1586833A	CN1600505A	摆动式电弧传感器	CN2089386U
电磁传感器	CN2575673Y	CN1978115Y	旋转式电弧传感器	CN2143540Y
电容传感器	CN102825365A	CN105665981A	双丝式电弧传感器	CN101486123A

图 7–30　焊缝跟踪技术分析

视觉传感器将光信号转换为电信号，把射入传感器光敏面上按空间分布的光强信息（可见光、激光、*X* 线等）转换成按时序串行输出的电信号——

视频信号。常见的视觉传感器有电耦合器件（CCD）、MOS 图像传感器等。

电磁传感器是共用一次侧线圈的两个变压器，当传感器偏离焊缝中心时，两个二次侧绕组上的电压会发生变化。传感器偏离焊缝中心的方向、距离决定了二次侧电压的相位和大小。

电弧传感器的工作原理是当电弧位置变化时，电弧自身电参数相应发生变化，从中反映出焊枪导电嘴至工件坡口表面距离的变化量，进而根据电弧的摆动形式及焊枪与工件的相对位置关系，推导出焊枪与焊缝间的相对位置偏差量。目前电弧传感器得到了广泛应用，常用的电弧传感器有摆动式、旋转式以及双丝式。

2. 机器人示教技术

机器人示教技术主要有 3 种方式，如图 7–31 所示。

直接示教	CN1439474A	离线示教	CN1680079A	CN105786483A
	CN102601493A	远程示教	CN104057202A	

图 7–31　机器人示教技术分析

（1）直接示教。

由人直接搬动机器人的手臂对机器人进行示教，如示教盒示教或操作杆示教，但存在缺陷：编程占用机器人的作业时间；很难规划复杂的运动轨迹；编程质量取决于编程员的经验，且编程员处于机器人工作空间的危险环境中；机器人系统是一个相对独立的单元，难与其他系统或生产过程实现无缝集成。

（2）离线示教。

操作者不对实际作业的机器人直接进行示教，而是在离线编程系统中进行编程或在模拟环境中进行仿真，生成示教数据，通过 PC 机间接对机器人控制柜进行示教。离线示教具有编程智能化、操作简单、节约在线整定时间等优势，更适应自动化生产的发展需求。

（3）虚拟示教。

虚拟示教编程充分利用了上述两种示教方法的优点，即借助于虚拟现实系统中的人机交互装置（数据手套、操纵杆等）操作计算机屏幕上的虚拟机器人动作，利用应用程序界面记录示教点位姿态、动作指令并生成作业文件，最后下载到机器人控制器后，完成机器人的示教工作；操作者面向虚拟环境，通过相应的人机接口在虚拟场景中引导机器人的末端执行器，进行虚拟在线示教，产生机器人作业轨迹，由此生成机器人语言程序，并进行相应的仿真与优化，同时传送给机器人执行。

3. 焊点质量检测

现代工业生产对焊接效率有很高的要求，自动化焊接是当今工业自动化的重要组成部分，而焊接过程中的实时质量检测与控制则是技术重点和难点。焊点质量检测方法主要包括有损检测和无损检测两种。有损检测是一种机械性破坏检测方法，需要对焊点进行机械性破坏，根据断裂面的材料特征进行缺陷检测，这种检测只能采取抽查式检测，并且具有破坏性，因而在实际检测的过程中应用较少。目前应用较多的是无损检测，包括超声波传感器检测、激光传感器检测及视觉传感器检测等，如图 7–32 所示。

有损检测	CN201795958U	超声波检测	CN101017155A	激光检测	CN102303190A	CN106442543A
	CN202649093U		CN101120248A	视觉示教	CN103231162A	

图 7–32　焊点质量检测技术分析

7.5.4 国内专利布局分析

图 7–33 示出了点焊机器人领域国内申请量来源国分布图，原创申请量比重最高的为中国，其次为日本、德国、美国和韩国。中国原创申请占比较高主要是由于中国的国内申请量较大，其次是日本大型汽车公司和机器人公司来华的申请量，同时其在中国进行专利布局，德国、美国等老牌工业强国申请量也较为稳定。

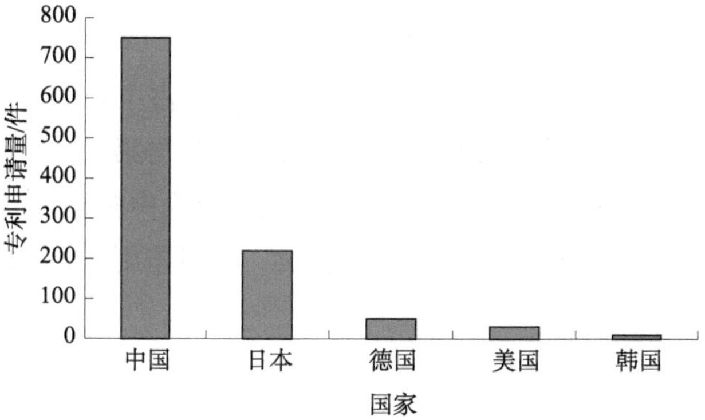

图 7–33 来源国分布

从图 7–34 中可以看出，江苏专利申请量排名第一，占国内申请总量的 24%；其次为上海、广东和广西，分别以份额 20%、16%、11% 排名第二、第三、第四位；排名前十位的省份专利申请总量占国内申请总量的 84%，专利集中度相对较高。排名前十位的省份多为经济发达地区或主要申请人（如安川电机、发那科、上海交通大学、广西工业大学等）所在区域。除此之外还有其他原因，如上述地区经济相对发达，工业机器人的应用较为广泛；汽车、电子产业成熟，生产过程中需要大量的点焊机器人，这也促使点焊机器人技术得到快速发展；高等教育或职业教育水平比较高，在解决与生活实践相关的问题时，能够做出相应的创新；另外相对于其他地区，上述地区专利保护意识更加深入人心，企业也更注重专利布局。但是值得注意的是，排名前 10 位的国内省份之间，其申请量份额差距较大，形成了明显技术优势的地区。

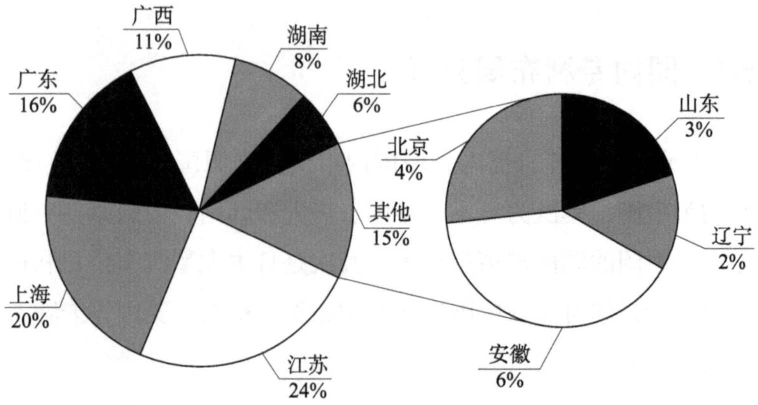

图 7–34　国内省份申请分布

由图 7–35 可以看出，国内申请人以中国内企业占主要申请量，比例为 43%；其次为国外企业，占据 29%；国内高校申请位居第三位，占申请量的 22%；最后为个人申请，申请量仅占 6%。国内申请人中多数为企业和高校，国内高校在点焊机器人理论方面研究较为全面，而日本则是企业的技术研发优势更为明显。

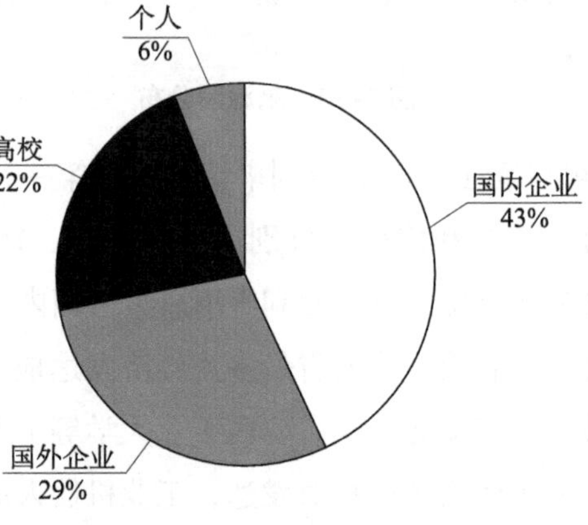

图 7–35　国内申请人类型分布

第八章 工业机器人国内创新发展概况

8.1 创新热点分析

图 8-1 示出了工业机器人的技术构成。从图中可以看到产业链下游的末端执行器是工业机器人重点革新技术。末端执行器是工业机器人操作机与工件、工具等直接接触并进行作业的装置，是直接执行工作的装置，如进行焊接、喷涂等作业，对扩大工业机器人的作业功能、应用范围和提高工作效率都有着极大的影响，属于工业机器人的关键部件。

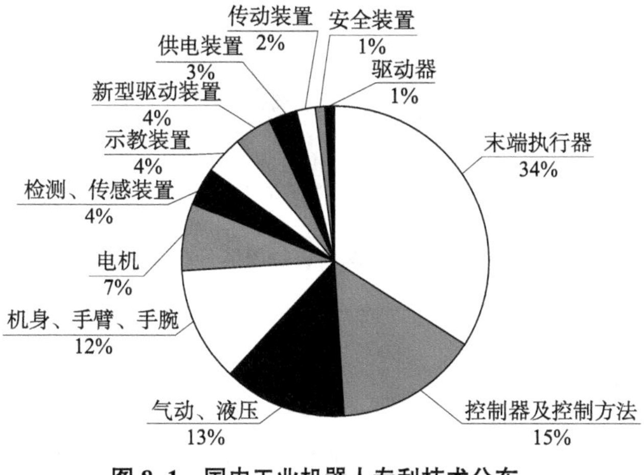

图 8-1 国内工业机器人专利技术分布

8.2 创新地域分布

8.2.1 省份分布

图 8-2 示出了国内省份的专利申请分布情况。江苏专利申请量排名第一，占国内申请总量的 18%；广东、浙江、北京和上海分别以份额 17%、10%、7% 和 6% 排名第二至第五位。上述省份申请总量占国内申请总量的 58%，专利集中度相对较高，多为经济发达地区或有主要申请人（如清华大学、北京航空航天大学、上海交通大学，以及鸿海、鸿富锦、沈阳新松、苏州博众精工等企业）所在区域。除此之外还有其他原因，如上述地区经济相对发达、工业机器人的应用较为广泛，因而相应的技术研究投入大，对专利申请也比较重视。而除了四川、重庆等之外，中西部地区由于经济发展、人才等相关因素的影响，在工业机器人的专利申请量上较少。

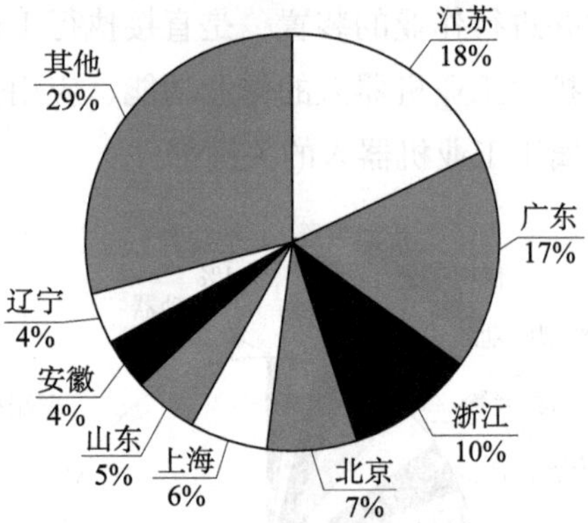

图 8-2 国内省份申请分布

8.2.2 主要城市

图 8-3 示出了国内各城市的专利申请分布。工业机器人技术方面，业内公认的北京、上海、深圳相关技术的研究和应用起步较早，在各技术分支的

研发创新上处于国内领先地位；而苏州作为经济发达城市，虽然起步较晚，但发展迅猛，有后来者居上趋势。如图 8-3 所示，北京拥有众多的科研院校，特别是清华大学在工业机器人领域具有扎实的研发基础和雄厚的研发实力，一直以来都保持良好的技术发展趋势。上海和深圳作为国际化大都市，吸引着大批投资商的青睐，在工业机器人领域研发投入较大。苏州在政府大力扶持工业机器人产业以提高制造效率和质量的前提下，工业机器人领域的研发实力不容小觑。

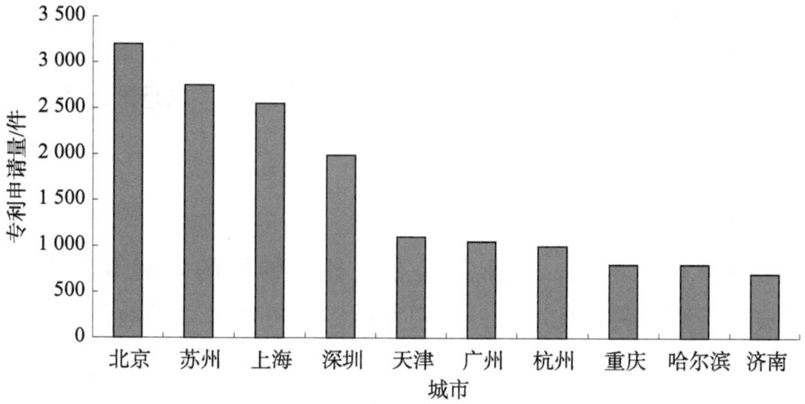

图 8-3　工业机器人技术国内创新城市分布

8.3 创新主体

近年来，我国机器人行业发展势头较为良好，传统机器人用户企业纷纷通过自主研发、投资并购等手段介入机器人行业，并通过综合应用人工智能等技术，打造智能服务机器人，同时涌现出一批创新、创业型企业，部分企业情况如下。

8.3.1 新松机器人

1. 企业介绍

新松机器人成立于 2000 年，隶属中国科学院，是一家以机器人独有技术为核心，致力于数字化智能高端装备制造的高科技上市企业。新松机器人产品线涵盖工业机器人、洁净（真空）机器人、移动机器人、特种机器人及智能服务机器人五大系列，其中工业机器人产品填补多项国内空白，创造了中国机器人产业发展史上 88 项第一的突破；洁净（真空）机器人多次打破国外技术垄断与封锁，产品大量替代进口；移动机器人产品综合竞争优势在国际上处于领先水平，被美国通用等众多国际知名企业列为重点采购目标；特种机器人在国防重点领域得到批量应用。

在高端智能装备方面已形成智能物流、自动化成套装备、洁净装备、激光技术装备、轨道交通、节能环保装备、能源装备、特种装备产业群组化发展。新松机器人是国际上机器人产品线最全厂商之一，也是国内机器人产业的领导企业。

2. 专利申请解析

由图 8–4 可以看出，沈阳新松在机器人领域的发明专利申请占比 87%，实用新型专利占比 13%，说明发明专利申请占主导地位，其在工业机器人领域具有一定的研发实力。沈阳新松在机器人领域的研究涉及多个技术分支，从图 8–5 中可以看出，沈阳新松在控制器及控制方法，机身、手臂、手腕和末端执行器领域的占比较高，证明这些为其主要的研究领域。

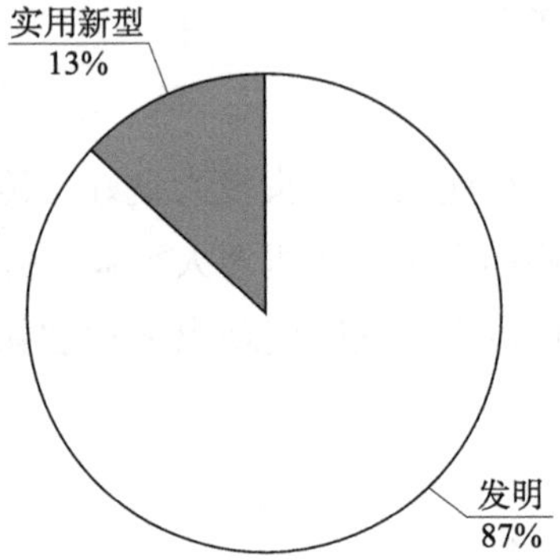

图 8–4　沈阳新松专利申请类型分布

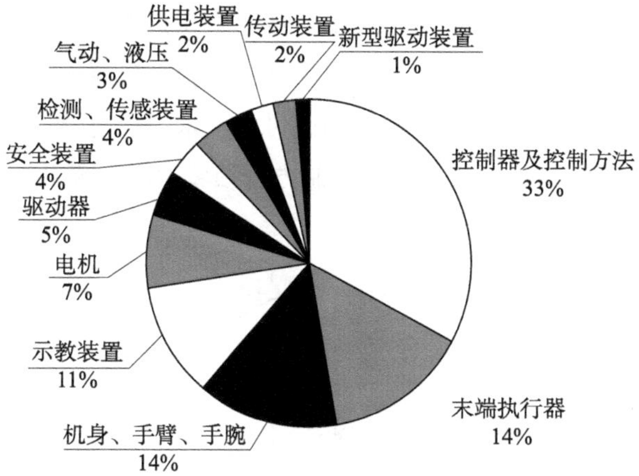

图 8-5　沈阳新松专利申请领域分布

8.3.2　富士康

1. 企业介绍

作为全球最大的电子产业科技制造服务商，富士康 2015 年进出口总额占大陆进出口总额的 3.7%；2016 年跃居《财富》全球 500 强第 25 名；2019 年荣获《福布斯》全球百大数字公司第 25 名；2022 年名列《财富》全球 500 大企业排行榜第 20 名。值得一提的是，富士康自主开发的工业机器人 FOXBOT，在全球业界赢得技术及制造上的后发优势。

FOXBOT 是富士康自主研发的一款系列机器人。富士康于 2007 在深圳开办自动化机器事业部，自主研发核心控制器和关键零件，后于 2009 年完成 15 款 FOXBOT 机器人的开发工作，现在富士康在山西晋城开立工厂，大量生产 FOXBOT 机器人。FOXBOT 机器人已经细分成十几款不同功能的机型，分别应用于打磨抛光、喷涂、装配、搬运等多种生产任务。截至目前，富士康已经部署了逾 4 万台由公司内部研发和生产的 FOXBOT 工业机器人。富士康已经具备每年生产约 1 万台 FOXBOT 机器人的能力。

2. 专利申请解析

由图 8-6 可以看出，富士康机器人领域的专利发明申请占比 93%，实用新型专利占比 7%，说明该公司发明专利申请占主导地位，其在工业机器领域具有较强的研发实力。从图 8–7 中可以看出，富士康在机器人领域的研究涉及多个技术分支，尤其在末端执行器，机身、手臂、手腕等机器人本体领域，控制器及控制方法领域的申请量占比较高。由此可见，末端执行器，机身、手臂、手腕等机器人本体领域，以及控制器及控制方法领域为富士康主要的研究领域。

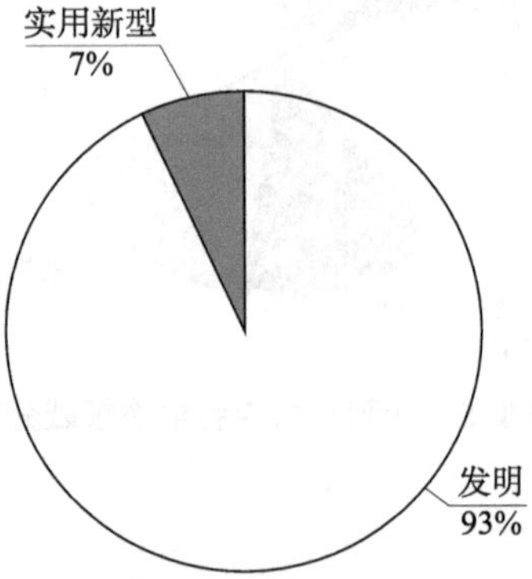

图 8–6 富士康专利申请类型分布

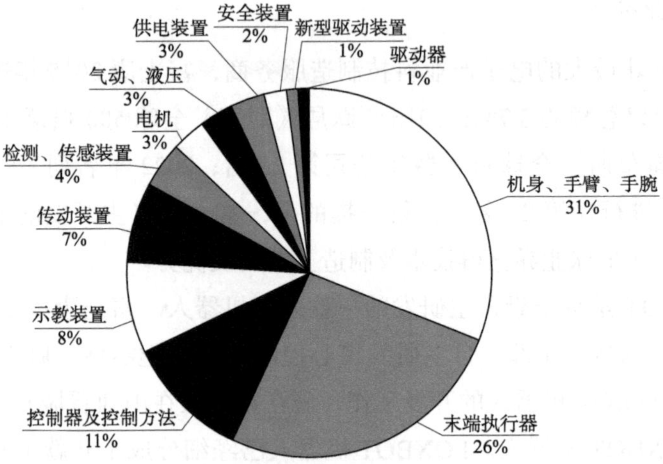

图 8–7 富士康专利申请领域分布

8.3.3 格力智能装备有限公司

1. 企业介绍

格力智能装备事业始于 2013 年，格力电器在 2013 年开始自主研发工业机器人等智能装备，并于 2015 年成立格力智能装备有限公司。该公司在全国设立了一个研发中心和五大生产基地，共同构成了格力智能装备的产业布局，旨在重点发展工业机器人、数控机床、工业自动化设备等产业，打造一个集机器设备、集体解决方案、核心零部件为一体的全产业链智能装备集团化公司。该公司在河南省洛阳市设立格力机器人（洛阳）有限公司，专注于机器人技术的研发和生产，将工业机器人作为其重要产业布局之一。

2. 专利申请解析

由图 8–8 可以看出，格力智能装备有限公司在机器人领域的发明专利申请占比 62%，实用新型专利占比 38%，其在工业机器人领域具有一定的研发实力。从图 8–9 中可以看出，格力智能装备有限公司在机器人领域的研究涉及多个技术分支，在末端执行器，机身、手臂、手腕领域的申请量占比较高。由此可见，末端执行器，机身、手臂、手腕领域为格力智能装备有限公司主要的研究领域。

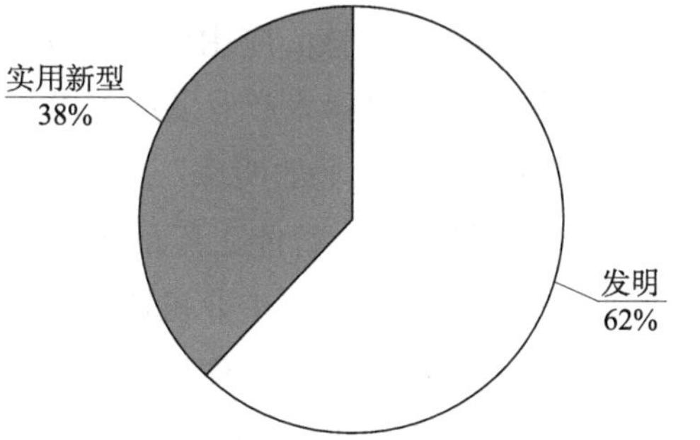

图 8–8　格力智能装备有限公司专利申请类型分布

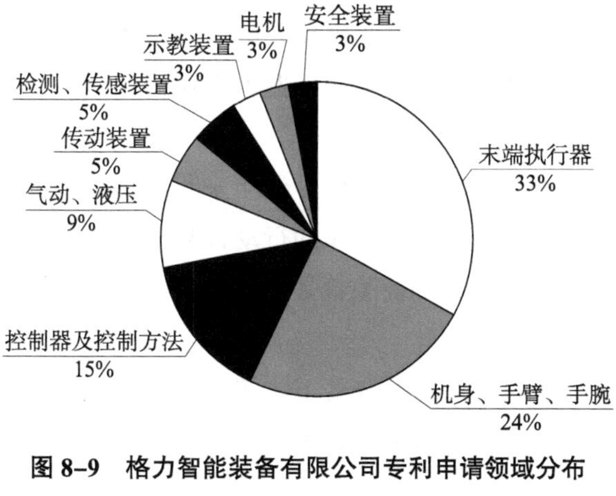

图 8–9　格力智能装备有限公司专利申请领域分布

第九章
工业机器人总体结论及发展建议

9.1 总体结论

（1）工业机器人作为智能制造的核心应用产业，各国均出台了相应鼓励政策促进其快速发展，我国对工业机器人产业发展提出了更为明确的导向。

工业机器人被誉为“制造业皇冠上的明珠”，是实施自动化生产线、工业 4.0、智能制造车间、数字化工厂、智能工厂的重要基础装备，高端制造需要工业机器人，产业转型升级也离不开工业机器人。随着智能装备的高速发展，工业机器人在全球制造业中的优势和作用也越来越大。同时，无论是工业 4.0 还是全球企业的智能转型，工业机器人都是处于先锋位置。以日本、美国、韩国、中国等为代表的国家投入了大量的人力、财力、物力开展工业机器人的研究，各国政府也对工业机器人的产业给予了高度重视，纷纷出台各项关于智能制造的政策，推动工业机器人产业快速向前，并取得了较大的进展。

与国外各国相关产业政策相比较，近年来我国国家和各级地方政府围绕工业机器人技术出台了相应更为具体的行动计划和若干意见，其中《中国制造 2025》提出要加强机器人的前瞻部署和关键技术突破，积极谋划抢占未来科技和产业竞争制高点。

（2）在全球制造业回暖的大背景下，工业机器人替代优势明显，传统工业机器人强国日本、德国仍然主导着工业机器人中上游市场，我国对工业机器人的需求依然强劲，是世界机器人领域的重要市场。

随着全球制造业回暖及各国对制造业的重视，工业机器人因其替代优势明显，全球市场呈现持续增长态势。据国际机器人联合会（IFR）《世界机器人2023报告》数据显示，2023年全球工业机器人的装机量达到了553 052台，同比增长率为5%。其中亚洲仍是最大的市场，亚洲机器人装机量占比达到73%，欧洲机器人装机量占比达到15%，美洲机器人装机量占比达到10%。中国、韩国、日本、美国和德国等主要国家对工业自动化改造的需求激活了工业机器人市场，使全球工业机器人使用密度大幅提升。随着中国经济现代化的飞速发展，中国机器人市场充满活力，仍然是世界机器人领域的重要市场。

虽然目前我国总体上侧重于下游的系统集成应用，但随着国内企业的自主研发投入不断加大，创新能力不断提升，核心零部件国产化进程不断加快，创新型企业大量涌现，部分技术已可形成规模化产品，同时在中上游关键零部件及本体方面逐步涌现出知名企业以及高校研发团队，因此正逐步缩小与国际厂商的差距。

（3）全球工业机器人的创新热点趋于一致，工业机器人“四大家族”等企业的技术实力领跑全球。

从工业机器人的创新热点来看，工业机器人的创新热点均集中在工业机器人的控制器及控制方法，工业机器人的机身、手臂、腕部和末端执行器等方面。其中末端执行器是工业机器人操作机与工件、工具等直接接触并进行作业的装置，是直接执行工作的装置，对扩大工业机器人的作业功能、应用范围和提高工作效率都有着极大的影响，属于工业机器人的关键部件。而工业机器人的控制器是整个控制系统的核心，好比是工业机器人的大脑，其根据指令与传感信息，控制机器人本体完成特定的动作或执行规定的作业任务，控制器的性能直接决定了工业机器人的精度，同样属于工业机器人的关键部件。上述热点技术方面，全球领先的企业主要来自日本和德国，其中工业机器人“四大家族”发那科、安川电机、库卡、ABB公司是全球公认的重要创新主体，它们生产的工业机器人占据了全球约50%的市场份额，其创新热点同样围绕着工业机器人的控制器及控制方法，工业机器人的机身、手臂、腕部和末端执行器。

（4）我国正处于发展和突破阶段，技术创新追赶形势明显，近十年专利申请增长率高于全球。

我国工业机器人的创新热点与全球其他国家基本一致，也均集中在工业机器人的控制器及控制方法、工业机器人的机身、手臂、腕部和末端执行器以及减速器等。创新焦点方面，受日本及欧美在控制系统分支的垄断影响，目前国内的研发热点主要集中在机械主体，以末端执行器为重点研发对象。同时随着国内市场需求的迅速扩大，国内企业的自主研发投入不断加大，创新能力不断提升，在中上游关键零部件及本体方面逐步涌现出众多知名企业以及高校研发团队，逐步缩小了与国际厂商的差距。

从专利统计数据来看，近十年（2013—2022年）全球工业机器人专利申请呈快速增长趋势，年均增长率达到17.8%；创新焦点方面，末端执行器占总申请量的比重约为27.3%，控制器及控制方法约占19.1%，是相对占比较大的两个技术分支，并且近十年相关专利申请年均增长率明显高于工业机器人整体年均增长率。

近十年国内工业机器人专利申请年均增长率约为25.1%，明显高于全球其他国家，已经呈现高速增长态势。创新焦点方面，受日本及欧美在控制系统分支的垄断影响，目前国内的研发热点主要集中于机械主体，以末端执行器为重点研发对象，其相关专利申请量约占国内总申请量的31.8%；创新地域方面，主要集中于长三角、珠三角及环渤海地区，代表城市有北京、苏州、上海、深圳、广州，共计专利申请量约占国内总申请量的40.1%；创新主体方面，以高校科研团队创新居多，其中清华大学、中国科学院自动化研究所、哈尔滨工业大学等创新实力突出，并已形成若干核心创新团队，创新企业方面实力较强的有鸿富锦及鸿海、沈阳新松、博众精工等。

9.2 发展建议

（1）紧扣国家重大战略政策，规范政府扶持，促进产业良性发展。

《中国制造2025》等国家政策明确指出，要实现智能制造装备的研发，持续攻克工业机器人等核心技术。工业机器人的开发不仅为企业带来经济效益，而且在一定程度上对国民经济的发展也起到了积极的推动作用。政府需紧随国家政策，制定相关利好政策，加强企业与高校、研究机构的合作，实现在工业机器人核心零部件、本体以及系统集成应用的进一步发展。引导和要求各地方财政有针对性地补贴工业机器人核心零部件、本体及系统集成应用的研发机构及企业，扶持工业机器人技术的引进发展。同时规范对工业机器人产业补贴的政策管理，加强对企业研发投入及获得补助的审核监督工作，对不同规模项目依据研发支出进行分级管理，并提高财政补助、融资补助、土地划拨等信息公开程度，同时也要防范补贴过度。拓展融资渠道，鼓励金融资本、风险投资及民间资本投资工业机器人产业，支持符合条件的工业机器人企业在海内外资本市场直接融资和并购。

（2）加大产业链中上游环节布局力度，完善产业布局，拓宽产业市场空间。

加大上述产业链中上游环节的布局力度，完善产业布局，逐步实现国产核心零部件的自主研发与制造，进而组装形成经济型工业机器人产品，使其能够广泛应用于制造业。具体为，在区域合作方面，长三角地区与珠三角地区的工业机器人核心零部件国产化率在国内相对处于领先水平，因此集聚了一批国内知名核心零部件及本体制造企业，如上海新时达、安徽埃夫特、南京埃斯顿、深圳富士康、珠海格力、广州数控等大型公司；京津冀地区拥有国内首屈一指的研发创新资源，人才环境在全国处于领先位置，聚集了包括清华大学、北京航空航天大学、哈尔滨工业大学等在内的二十多家工业机器人领域重点高校及科研院所；在企业资源方面，对于苏州地区产业链上游核心零部件中相对薄弱的伺服电机及控制器方面，深圳汇川技术提供的机器人解决方案中伺服电机和数控系统基本实现自给，如上海新时达、南京埃斯顿部分型号机器人已经开始使用自行研制的控制器和伺服系统；对于中游机器人本体的制造与组装方面，国内工业机器人企业在核心技术研发上不断突破，产品竞争力得到大幅度提高，目前已形成了一批国产工业机器人本体企业，比如上海新时达、北京珞石科技、广东凯宝机器人等公司。苏州可以通过与上述地区及企业单位的对接合作，引进相关技术资源，挖掘和培养专业人才，逐步在本地形成包含研发、制造及应用环节的成熟产业链。

（3）发挥产业园引导与承载作用，打造成熟产业集群，推进产业稳步发展。

一方面，发挥机器人产业园的带动能力，逐步建立工业机器人核心零部件的制造与开发、机器人本体的制造与组装以及系统集成应用的完整技术体系，打造集技术研发、零部件功能验证、整机测试等功能于一体的工业机器人产业创新平台。另一方面，充分考虑企业创新和产业发展的实际需求，提高机器人产业园的承载力和吸引力，超前布局科技基础设施和公共服务配套设施，着力完善从技术研发、技术转移、企业孵化到产业集聚的创新服务和产业培育体系，同时打造各类工业机器人资源要素集聚发展的创新高地。

（4）集中发展优势技术，推进国际品牌战略，打造行业领军企业。

由于工业机器人包含众多技术细分，因此我国应当结合自身产业技术发展现状，选择具备一定技术基础、符合主流发展趋势的技术分支，如减速器、末端执行器技术等，集中资源进行重点发展，加快推动关键技术实现突破，扩大技术领先优势，进一步增强相关产品的市场竞争力。

第三部分　自动化成套生产线

第十章 自动化生产线产业发展概况

10.1 自动化生产线集成产业构成概述

根据自动化生产线集成的含义以及产业整体结构，作出自动化生产线集成的产业链技术分解如图 10–1 所示。

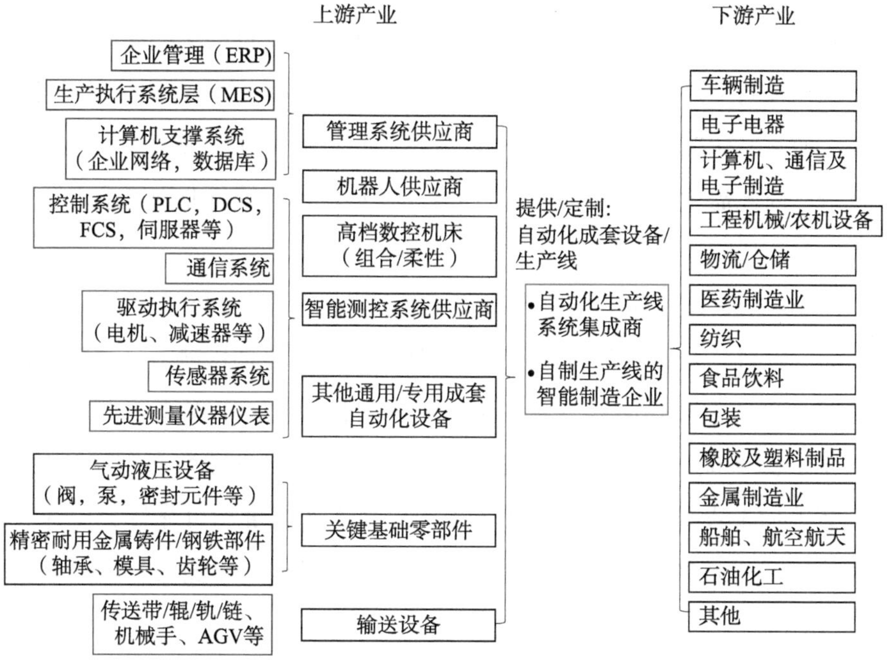

图 10–1　自动化生产线集成的产业链技术分解

自动化生产线集成的上游产业包括管理系统供应商、机器人供应商、高档数控机床供应商、智能测控系统供应商、关键基础零部件供应商及其他设备供应商等。自动化生产线系统集成商根据下游产业如车辆、电子电器、计算机、工程、物流、纺织、食品、包装等客户的需求，采购上游产品如HMI、PLC、DCS、加工设备等集成一套自动化生产线系统。根据智研咨询发布的《2024—2030年中国系统集成行业全景调研及竞争格局预测报告》，中国系统集成市场规模保持着较高速度的增长且系统集成市场高度分散，市场竞争非常激烈。目前市场上主要的系统集成厂商主要包括三类：一是全球性的系统集成厂商，包括IBM、HP、AtosOrigin、Accenture、BearingPoint等全球知名公司；二是中国本土的系统集成厂商，包括神州数码、东软集团、中软股份、亚信集团、联创科技、宝信软件等；最后一类是亚太地区的系统集成厂商，包括日系的富士通、NEC等，韩系的三星SDS、LGCNS等。系统集成商的业务多集中在中型和中端市场，高端市场一般由智能制造企业自行研发和施工，低端市场一般由代理商和用户自行采购完成。自动化集成商的另外一个重要属性是下游行业导向，根据每个行业自动化产品应用的复杂程度，以及行业本身工艺的复杂程度，对系统集成商的依赖程度各不相同。此外，冶金、化工、电力、油气、水处理等行业通常项目规模较大，控制工艺复杂，因此需求市场规模较大，而食品饮料、矿业等行业则需求市场规模较小。

图10–2展示了自动化生产线集成构成图，主要由集成控制、输送系统、加工设备、仓储设备构成完整生产线，可实现自动供料、自动装配、自动检验、自动包装仓储等一系列装配流程的自动化，不仅能够大幅节省人力，还足够保证产品质量的稳定性。其中，通用自动化装备包括通用焊、切、磨等加工设备，功能以替代人工、提高生产精度和可靠性、提升效率为主，而专用自动化设备包括造纸机械、纺织机械、注塑机、风机等专用设备。

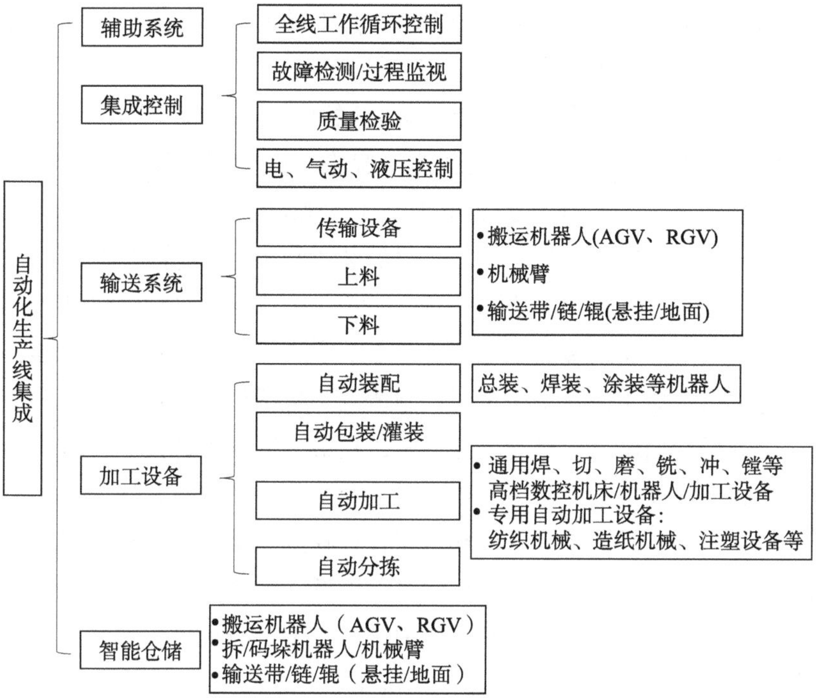

图 10–2 自动化生产线集成构成

10.2 自动化生产线集成产业发展趋势

10.2.1 技术层面

1. 工业物联网迅速发展

通用电气（GE）于2012年创造了“工业互联网”新名词。工业互联网，指利用物联网进行大规模工业制造的技术。工业互联网背后的理念是基于大数据的智能工业，能更精确地处理、传递数据，为企业节省成本，实现工业产出效率的最优化。物联网和大数据作为热门概念，对各行业的影响正变得更加剧烈。随着技术的进步，一些高性能的物联网产品和驱动芯片不断推出，如处理器、传感器、分析软件、视觉系统、无线通信协议和分布式系统架构等。这些技术产品的出现将使得自动化系统具有更高的价值，自动化厂商用更低的成本集成出更高性能的产品，其中最为关键的三项技术是机器学习、传感器采集数据和大数据分析。

制造业和互联网结合的点就是工业物联网，工业物联网作为工业 4.0 最核心的技术，能够把所有机器设备连接起来，彻底颠覆传统制造业，同时降低自动化成本，有助于在源头上提高工业和制造企业的效率，而最大的限制因素是初始成本和持续生命周期的软件维护。明特咨询（Meticulous Research）发布的研究报告预测，从 2020—2027 年，工业物联网（IIOT）市场预计将以 16.7% 的复合年增长率增长，到 2027 年将达到 2 634 亿美元。这一市场吸引全球制造业纷纷布局，制造巨头包括德国大众和日本日立公司已经开始进行专项研究，建立软件平台，在最大程度上把握好发展机遇。在广泛的物联网发展推动下，新一代云服务和工具创建分析开始为自动化提供服务。基于云的工具与集成设计环境平台正在逐步推出，主要为用户和行业专家创建和部署经济分析，这些平台显著降低了实施成本，并有助于扩大应用分析的范围，除了提高效率和生产力外，更多的分析可以更好地告知决策者如何改善和完善制造工艺。这些新例子包括谷歌分析和测量协议、微软 Azure 和 AWS 物联网平台，一些主要厂家正在收集工厂数据，使用 OPC、OPCUA 和其他网关，并提供数据的标准云应用程序，如亚马逊 Web 服务（AWS）和微软 Azure 云服务，这种方法其效率和灵活性会更高。

随之而来的是需要企业接受开放性的自动化架构、开放性的生态系统和便携式的应用。在过去的技术中，为特定控制器应用，程序通常不能运行在另一个品牌的控制器下，要使用只能花费时间重新编写程序，在今天的工业环境里，非便携式应用意味着时间和资料的浪费。标准工业控制编程语言 IEC-61131-3 标准和运动控制 PLCopen 标准提供了两个基本框架的支持，即多厂商的便携式应用。控制器之间的结构化文本程序的交换，最新的方法是用工业自动化编程 PLCopenXML 交换标准，如 Node-Red 开源可视化编程已经被供应商用于数据采集和控制的一些平台，包括 RaspberryPi。

2. 信息技术（IT）和运营技术（OT）融合

IT 和 OT 技术的逐步融合将不断增加，处理实时事务的业务系统正在发展，以满足实时同步制造业务的需求。一些创新的供应商已经提供了实现连接企业愿景的产品方案。强大的自动化控制器通过 OPCUA Web 服务和其他物联网传输机制直接与企业业务系统对接，使生产环节成为业务信息的一部分。一些行业标准将被应用，包括 OPCUA、B2MML、PLCopen、OPCUA 和数据库接口，在许多行业应用中实现这些功能只需要制造执行系统（MES）作出很小改变。系统集成商也在不断推出新品种。这些集成商通过知识、经验和技术来帮助企业汇聚 IT 和 OT，同时协助客户创建解决方案。通过定义业务挑战、风险评估，找出业务流程或技术能力差距。集成商能够设计、测试和实施系统，并提供使用最新的 IT 和 OT 概念和技术的结果。

3. 智能传感器和通信技术

高功率 / 低成本的通信技术、智能传感器将成为一个新的增长趋势。例如，ABB 公司开发了一种紧凑型传感器，该传感器连接到低压异步电动机上，无须布线。智能传感器使用车载算法把电机的健康信息（通过智能手机和互联网）传输到一个安全的服务器，以部署其他智能服务。同时艾默生罗斯蒙特 708 无线声波变送器使用超声波声学事件检测，可通过精确的交流声水平和温度数据实现阀门的可视性。此外，监控传输设备的数据可以通过无线网络传输，实现事件状态和泄漏检测。

智能传感器和控制设备“即插即用”，它使用嵌入式智能，不需要外部软件支持。因采用 IO-Link 技术的智能传感器成本大幅下降，所以获得大量采用。同时也有使用工业和相关协议的以太网传感器，可以使自动化数据直接与业务系统通信。

4. 协作机器人和学习机器人爆发式发展

2016 年以来，协作机器人取得了爆发式的发展，新推出的协作机器人不仅具有轻巧、廉价的特点，还结合了先进的视觉技术，为工作提供更多感知功能。国际机器人联合会（IFR）发布的《协作机器人市场规模和份额分析—增长趋势和预测（2024—2029）》显示，以 2023 年为基准年，协作机器人复合年增长率为 20.5%，未来五年将达到 24.128 亿美元。随着中国继续将工业自动化作为首要重点目标，中国的协作机器人市场领先于欧洲、中东和非洲和美洲地区。工信部等多部门于 2021 年 12 月发布了“十四五”机器人产业发展规划，重点推动创新，使我国机器人技术和产业进步处于全球领先地位。未来的需求动力是用虚拟现实连接现实工厂的工业互联网，能够与人类并肩工作的协作机器人，以及机器学习和人工智能。

5. 柔性制造生产线

近年来，越来越多的美国厂商选择投资柔性生产线的研究和制造。尽管目前已投产的柔性生产线比重不大，但由于它适应对同族零件的多品种混流批量生产，这已成为当前柔性加工的主要发展方向。主要包括两种类型：柔性自动线（FTL），由能够自动变换多轴头的数控组合机床、三坐标加工单元和顺序物料输送系统等组成的生产线；柔性加工生产线（FML），由高效、通用数控机床和柔性物料输送系统等组成的生产线，其结构相当于多组FMC按工艺流程进行配置。

10.2.2 企业战略层面

近年来，自动化生产线集成行业并购已成一大趋势，企业之间互相并购或携手合作以共同突破技术壁垒、补齐短板，现已成行业整体趋势，主要的并购对象有智能传感器企业、伺服器、电机控制器企业、机器人和软件企业。美国、英国与欧洲的工业自动化企业正积极地与传感器科技公司合作，收购众多专精于即时数据管理、资产管理与传感器设备的公司，企业之间的合并与收购在传感器市场形成旋风。

为实现信息技术（IT）和运营技术（OT）的融合，与软件厂商合作是自动化企业的未来发展路线。一些自动化厂商去年收购了软件供应商，并通过整合扩大他们的智能制造组合。近年来软件商也成为自动化公司争夺的目标，收购和合作将加速发展。

图 10–3 为 2017 年工业自动化产业动向。从图中可以看出，国际领先企业基本上能够覆盖工业自动化的每个环节，尤其是掌握了较为先进的控制技术，企业合并的目的主要在于取长补短，弥补自身的缺陷，从而构成完善的生态圈。ABB 公司收购奥地利的可编程逻辑控制器（PLC）、工业 PC（IPC）和基于伺服运动的机器和工厂自动化的领先企业“贝加莱（B&R）”，此次收购使其成为继西门子之后，世界第二大工业自动化供应商的角色。2017 年 1 月美的集团通过境外全资子公司合计持有库卡集团 3 760.57 万股股份，约占库卡集团已发行股权的 94.55%。2017 年 2 月美的控股以色列机器人上游

企业高创（Servotronix）。2017 年 4 月，库卡工业自动化（苏州昆山）有限公司与深圳美云智数科技有限公司（源于美的集团）在昆山举行战略合作签约仪式，聚焦“中国制造 2025”战略。高创公司的强项是伺服驱动器的生产制造，这与库卡机器人产业形成互补，而美的集团旗下的威灵电机，主要生产伺服电机，这意味着在完成合并收购后，美的集团几乎掌握了机器人的全产业链，完成了从家电企业向科技集团的转型，同时也使得广东深圳的智能制造装备产业提升至国际领先地位。2017 年 9 月，国产工业机器人“四小龙”之一的埃斯顿出资收购德国 M.A.i. 公司 50.01% 股权，快速获得德国智能制造及工业 4.0 最新技术；同时，埃斯顿联合多家单位设立并购基金，整合产业链上下游优质资源进行收购兼并，做好外延扩张、储备潜在目标项目相关准备，全面保持和提升埃斯顿机器人的国际化水平。表 10–1 展示了机器人领域里中国收购的外国企业汇总。

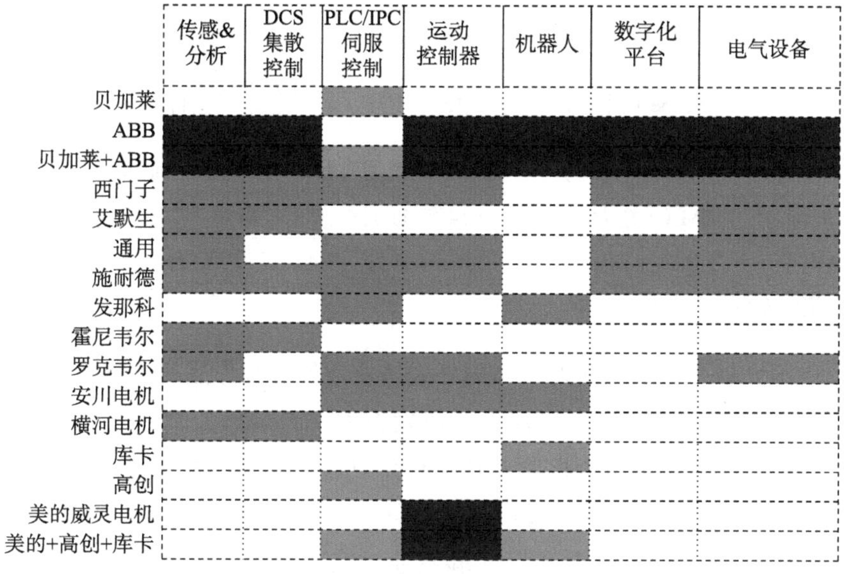

图 10–3　2017 年工业自动化产业动向

注：灰度代表存在的收购举措。

表 10–1　近年来中国收购国外企业汇总

收购方	标的	交易时间	交易金额	标的主要产品
埃斯顿	M.A.i（德国）	2017 年 9 月	886.90 万欧元	机器人
埃夫特	W.F.C（意大利）	2017 年 9 月	10 亿人民币	机器人系统集成商

续表

收购方	标的	交易时间	交易金额	标的主要产品
埃夫特	ROBOX（意大利）	2017 年 6 月	未披露	运动控制系统
赛摩电气	Epistolio S.r.l（意大利）	2017 年 6 月	350 万欧元	机器人及工业自动化设备
埃斯顿	Barrett（美国）	2017 年 4 月	900 万美元	微型伺服，人机协作机器人
埃斯顿	TRIO（英国）	2017 年 2 月	550 万英镑	运动控制
汉德资本	Gimatic（意大利）	2016 年 6 月	约 1 亿欧元	机械手臂前端设备
美的集团	KUKA（德国）	2016 年 5 月	45 亿欧元	综合性机器人制造商
埃夫特	Evolut（意大利）	2016 年 3 月	未披露	金属加工机器人
埃斯顿	EuclidLabs S.r.l（意大利）	2016 年 2 月	140 万欧元	机器人视觉
中国南车	SMD（英国）	2015 年 4 月	未披露	海底机器人
华昌达	DMW（美国）	2015 年 2 月	5 350 万美元	物流机器人
万讯自控	Scape（丹麦）	2015 年 1 月	650 万丹麦克朗	自动化仪器仪表
卧龙电气	SIR（意大利）	2014 年 12 月	1 780 万欧元	工业机器人集成
埃夫特	CMA（意大利）	2014 年 11 月	未披露	喷涂机器人
均胜电子	IMA（德国）	2012 年 6 月	1 430 万欧元	自动化集成

资料来源：工控网。

中国大量企业和科研院所与国外先进企业签订合作战略协议。例如，西门子股份公司在全球自主机器人的研发方面，与清华大学建立合作伙伴关系，在北京建立先进工业机器人联合研究中心，包括“清华大学—三菱电机联合实验室”，联合实验室包括三个部分：电气控制、PLC 和“互联网 + 制造”。其中，“互联网 + 制造”实验室通过三菱电机 e-f@ctory 系统把 PLC、伺服、机器人、远程控制无缝连接，为师生提供研究“互联网 + 制造”的实践平台。

自动化增长主要原因是制造业的运营方式转变产生了革命性的影响，同时制造业对数控技术产生了新的需求，但是要想整个工业自动化市场正常运行，就必须实现工厂自动化系统的现代化升级。而受到汇率变化、运输成本增长和贸易协议不长久等因素的影响，离岸工厂的优势进一步被削弱。行业领先企业倾向于升级自身自动化体系而不是选择制造业外包，美国市场研究公司 IHS 预计将有更多的美国厂商选择投资自动化生产，利用税收优惠政策和熟练的劳动力来增加营收，而不是选择外包生产。由此可见，OEM 代工市场将受到巨大冲击。

第十一章
全球产业及专利发展概况

11.1　全球产业发展整体概况

随着工业技术的不断发展，工业自动化生产线集成作为当今时代的一个热点，能够体现一个国家的科技实力。当前全球工业化国家主要有美国、日本、德国、法国、瑞士等，其中美国、德国和日本基本主导全球智能制造领域，尤其是工业自动化的技术标准制定、技术创新方向和市场竞争前沿。

如图 11-1 所示，根据 Statista 全球统计数据库显示，2022 年全球工控及自动化市场规模达 2 343 亿美元，预计 2026 年将达到 3 396 亿美元，未来 4 年 CAGR 达 9.7%。全球及中国工业自动化与控制市场正处于蓬勃发展的黄金期，在技术迭代与市场需求的双重驱动下，各细分领域均展现出强劲的增长潜力与创新活力，成为制造业转型和升级的重要手段。

第四次工业革命的到来为各个国家提供了发展和转型的机遇，智能制造成为各国竞争的新战场，各国围绕制造业都提出了相应的发展战略。

德国政府认为在日益激烈的全球竞争条件下，只有针对性地进行科研投资、继续推进关键技术的研发、尽快推进具有市场竞争力的产品科技创新，才能保证德国制造业在全球的领先优势。因此，德国政府制定了德国智能制造战略，2010 年发布了《高科技战略 2020》，提出了一系列促进制造业发展的创新政策；2012 年发布了《十大未来项目》，在 2012—2015 年向十大工业 4.0 项目资助 84 亿欧元，并还通过德国政府、弗劳恩霍夫研究所和各州政府合作投资数控机床、制造和工程自动化的创新研发；2019 年发布《国家工业战略 2030：对于德国和欧洲产业政策的战略指导方针》草案，重新聚焦产业政策，希望进一步增强德国工业技术主导能力和产业链稳定性。通过一系列针对性的战略和规划，德国工业自动化领域引入了“物理—信息系统”，形成了“智能工厂—智能产品—智能数据”的生态闭环。

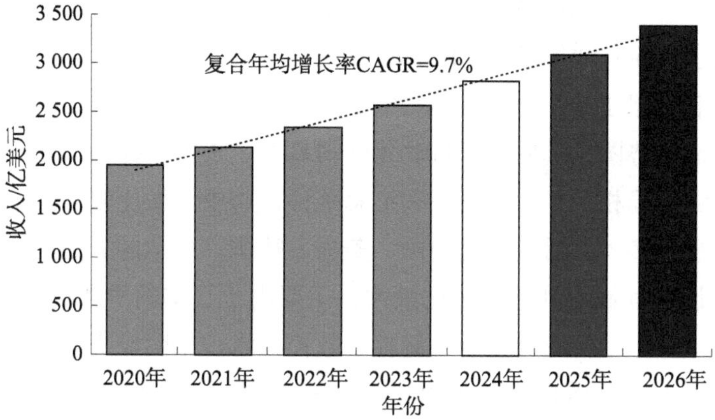

图 11-1 2011—2025 年全球工业自动化营业收入

美国依托新一代信息技术和智能软件等基础产业的全球领先优势“反哺”制造业，致力于打造智慧工厂的生态系统。2014 年，奥巴马政府启动美国制造创新网络中两个新制造机构的竞标工作，其中智能制造创新机构将由能源部牵头组建，柔性混合电子器件制造创新机构将由国防部牵头组建，两家机构将分别获得 7 500 万美元和 7 000 万美元的联邦政府投入，同时再接受地方政府和私人企业至少 7 500 万美元和 7 000 万美元的投入。在 2016 年 2 月，美国国家标准与技术研究院发表《智能制造系统现行标准体系》，将企业运营整体纳入智能制造的考虑范畴，以多维度相互关联解释商业环境、呈现未来智慧制造的复杂情况，通过提升生产的灵活性、系统的柔性和智能性来提高美国制造企业的长期竞争力。2021 年 6 月，美国参议院通过了《2021 年美国创新和竞争法案》（*United States Innovation and Competition Act of 2021*），提出将 570 亿美元作为紧急拨款，重点发展芯片和 5G 网络 2 个领域。2012—2020 年，美国已建立了 16 个各有侧重的制造业创新研究所，形成了遍布全国的先进制造创新网络，通过政府牵引、企业主导、高校和科研机构支持，打通了先进制造技术从基础研究到产业化、规模化应用的创新链条。

日本已经形成覆盖产业链全过程的工业自动化系统，近年来通过加快发展协同式机器人、无人化工厂，提升自动化行业的国际竞争力。2016 年 12 月，日本推出智能工厂的纲领性文件《工业价值链参考构架》。

欧洲各个国家共同联合发展，2014 年第八项欧盟框架计划——欧盟 2020 地平线（Horizon 2020），提出将智能型先进制造系统列为研发创新重点优先主题，同时增加研发（R&D）投入强度。

从专利数量上来看，图 11–2 给出了全球自动化生产线集成各分支的国别专利申请趋势图，选取工业自动化强国日本、美国、德国等国家申请的专利，包括欧专局相关专利申请一起汇总统计，与中国做比较。其中日本的整体专利数量最多，其后依次是中国、美国、德国。日本的测控系统、数控机床和输送设备领域专利数量占比最大，主要由于日本的发那科、横河电机、三菱电机、日本欧姆龙等企业的测控、数控技术占据明显优势；老牌工业化国家如美国、德国等国家，也由于具有较多国际领先和垄断性企业如西门子、通用电气等公司，对专利都极其重视。

从图 11–2 中看出，中国专利数量在近几年急剧上升，位居前列。除了近几年政策上鼓励中国制造和发明创造外，还有很大一部分原因是国外领先企业重视在中国进行专利布局，如西门子多年来不断加大在华研发力度，中国已经成为西门子全球重要的研发基地。在众多因素影响下，中国已成为全球第二大专利申请国。

图 11–3 为德国、日本、美国自动化生产线集成发展对比图，同样作为老牌工业化国家，三个国家的发展趋势是各不相同的。日本这几年的专利申请量趋势平缓下降，德国的专利数量呈慢速下降趋势，而美国呈现快速上升并趋于平缓趋势。上述专利申请量的趋势变化实际上也与国际市场相符合，美国专利申请的前期增长受益于制造业本土化的推动。德国的机器人的出货量基本停滞，此外还有德国的机器人企业库卡被中国美的公司收购，相关的专利技术也随之转让等因素影响部分专利数量。自动化行业的其他分支也呈现大致相同的趋势，均与市场发展相同。

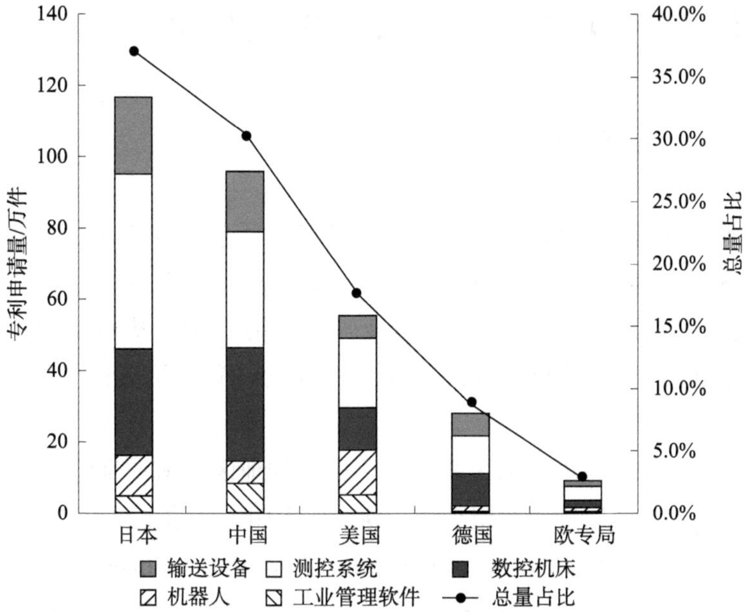

图 11-2　全球工业自动化集成各分支国别专利申请

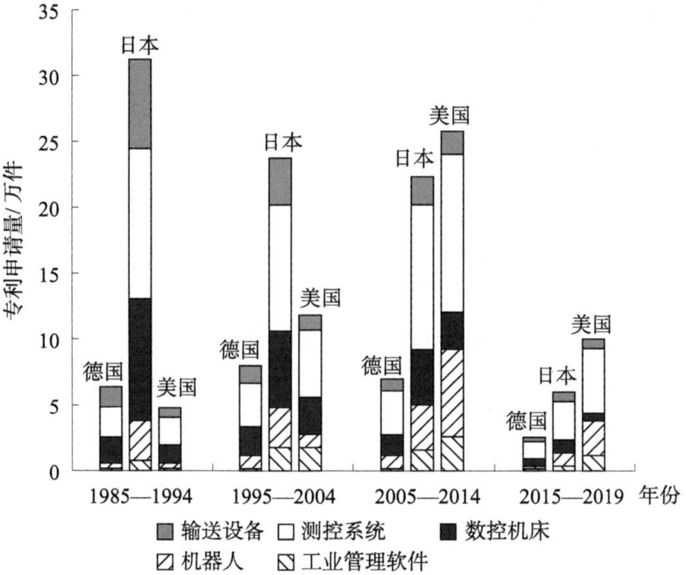

图 11–3　美、日、德工业自动化发展对比

11.2 全球产业链及专利发展状况

11.2.1 智能测控领域

工业自动化集成各分支中的智能测控主要包括控制层、驱动层、执行层、感应层和通信层，其中控制层包括PLC、HMI、DCS、FCS等；驱动层包括变频器、伺服驱动器、行业一体化专机等；执行层包括伺服电机、直驱电机、永磁同步电机等；传感层包括RFID及机器视觉等各种传感器。

①在驱动控制方面，欧美日等发达国家和地区技术一直处于领先地位，可以说厂商云集。以集散控制系统（DCS）为例，全球主要生产厂家有：瑞典ABB公司，美国艾默生（Emerson）、霍尼韦尔（Honeywell）、福克斯波罗（Foxboro）、西屋（Westinghouse），日本横河电机（Yokogawa）、日立（Hitachi），德国西门子（Siemens）等。ABB公司持续多年保持全球DCS市场规模第一的位置。在编程控制系统（PLC）领域，PLC产品按地域分成三大流派：一是美国产品；二是欧洲产品；三是日本产品。美国和欧洲以大中型PLC产品而闻名，日本的主推产品定位在小型PLC上，以小型PLC产品著称。PLC全球著名的厂商主要有美国的A-B公司、通用电气（GE）公司、莫迪康（Modicon）公司（现为法国施耐德电气下属子公司）、德州仪器（Texas Instruments，TI）公司，其中A-B公司是美国最大的PLC制造商，其产品约占美国PLC市场的一半；另外还有德国的西门子（SIEMENS）公司、AEG公司，法国的TE公司也占有不小的比重；在世界小型PLC市场上，日本产品约占有70%的份额，主要有日本的三菱、欧姆龙、松下、富士、日立、东芝等。目前PLC灵活运用于工控的各个领域，其中GE、西门子、欧姆龙、三菱等国际厂商占据了全球80%以上的PLC市场。表11-1还展示了世界知名智能测控装置生产企业的相关产品或服务。

表 11–1　世界知名智能测控装置生产企业

企业名称	产品或服务
日本发那科株式会社（FANUC）	工厂自动化设备和机器人
日本三菱电机株式会社（MITSUBISHI）	工业自动化系统（机器人、控制器、驱动器、配电产品、加工机）
日本横河电机株式会社（YOKOGAWA）	测量、工业自动化控制、信息系统
日本欧姆龙株式会社（OMRON）	工业自动化及控制设备
德国西门子股份公司（SIEMENS）	工业生产、工业自动化（PLC、变频器、触摸屏、伺服电机、工控机）
瑞典 ABB 集团（ABB）	工业自动化和工厂电气化（变压器、开关柜、测量设备等）
法国施耐德电气股份有限公司（Schneider）	工业过程控制
美国通用电气（GE）	可编程逻辑控制器、工业电脑及操作面板、工业互联
美国丹纳赫集团（DANAHER）	工业仪器及设备、变频器
美国霍尼韦尔（Honeywell）	工业控制、传感器、工厂能效
美国艾默生（EMERSON）	过程管理、工业自动化
美国罗克韦尔自动化公司（Rockwell Automation）	工业自动化、工控软件

②在感应检测方面，传感器在自动化产业中使用比例越来越高。如图 11–4 所示，根据 2022 年中国情报网讯公开的《2023 年中国智能传感器产业链上中下游市场分析》一文显示，汽车电子、消费电子、网络通信领域都对传感器有很高的需求，医疗业对传感器的需求也有所增长，其依赖传感器进行病患健康状况的监测与医疗诊断。其中工业制造在传感器下游市场中占比较大，占据了 21.10%。

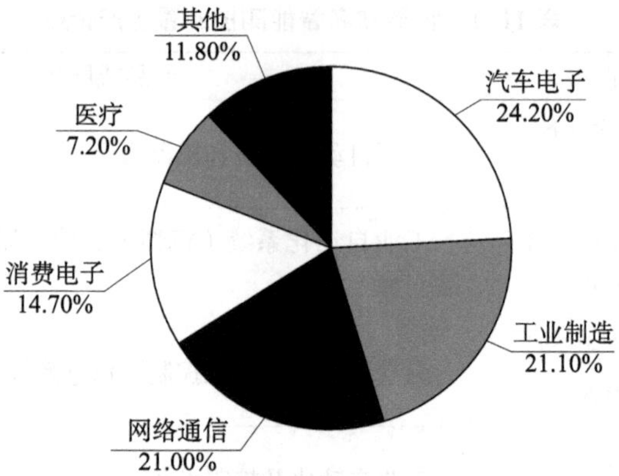

图 11-4 传感器下游应用领域分布

工业传感器应用通常会专注于产出高端产品而非高量生产，因此对传感器的需求偏向能在严苛工作环境下可靠、精准且小型的设备。随着机器之间（M2M）的联结协作越来越精密，传感器的任务也从被动监测逐渐演化成主动探测、预防性维护、资产管控与数据分析，并且协助其增加生产效率。在自动化流程的领域中，流程管控、流程安全、作业管理与资产利用等系统，皆须使用传感器来测量、分析与控制系统设置。将多个传感科技与软件分析工具整合，推动生产效能，同时使可靠性与安全的信息传播会变得更快、更准确。这个产业即将迎来一个既能成本优化，又能生产出高端产品的工作环境。现在，为了把握这个发展趋势，美国及英国等欧洲的企业正积极地与科技公司合作，收购专精于即时数据管理、资产管理与传感器设备的公司，企业之间的合并与收购在传感器市场也形成旋风，因此这样可以不受某些进入壁垒的限制。目前传统传感器公司乐于与新产业区块的企业开展合作，科技制造业者也纷纷跳进了这场传感器之战。

图 11-5 从专利角度展示了智能测控领域的主要创新主体，从专利来看，智能测控领域的主要创新主体仍然是国际领先的电机等驱动控制企业，尤其以日本企业居领先地位，排名前四位的均为日本企业：三菱公司、日立公司、东芝公司和松下公司，其次才是德国企业西门子公司。可见日本在驱动控制层方面占据不可动摇的领先地位，其中三菱电机产品包括可编程控制器、HMI、交流伺服系统、变频器、工业机器人以及低压配电产品。

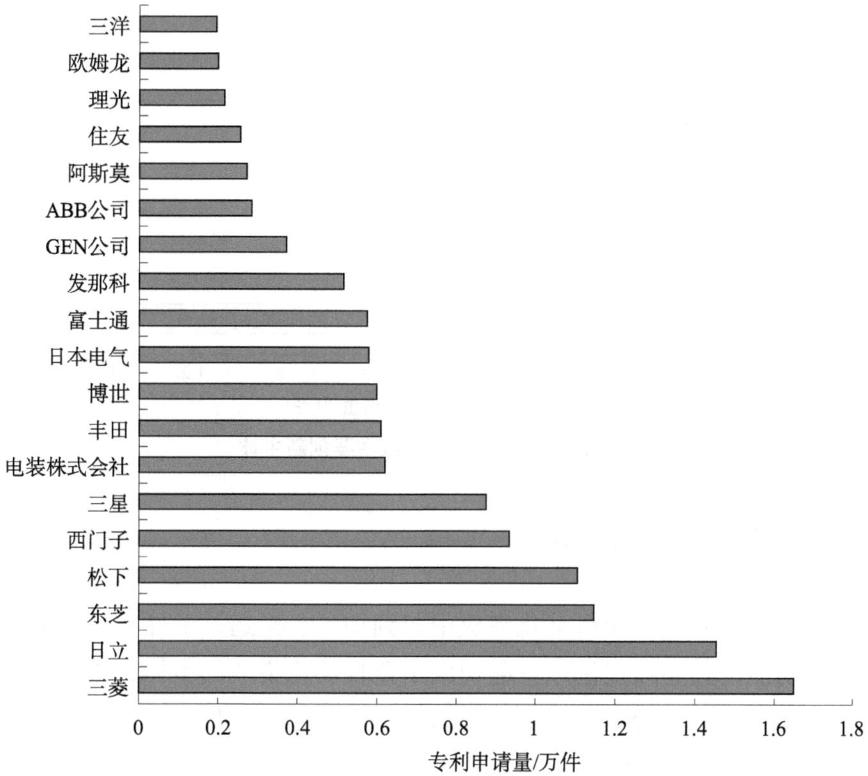

图 11–5　智能测控领域主要创新主体

11.2.2　数控机床领域

数控机床是工业自动化集成中的主要加工设备，是数字控制机床的简称，是装有程序控制系统的自动化机床。该控制系统能够逻辑地处理具有控制编码或其他符号指令规定的程序，并将其进行译码，从而使机床运转并加工零件。在数控机床领域，日本、德国、美国占据世界数控机床贸易主要份额，同时代表着世界数控机床发展水平。

图 11–6 为数控机床领域主要创新主体，从图中展示专利申请数量来看，日本的专利申请量位列前位。总体上说，日本数控机床的国际竞争力是最强的。目前世界机床行业正在发生结构性变化，最显著的特点是数控机床的制造和消费市场正在从西方转向东方。

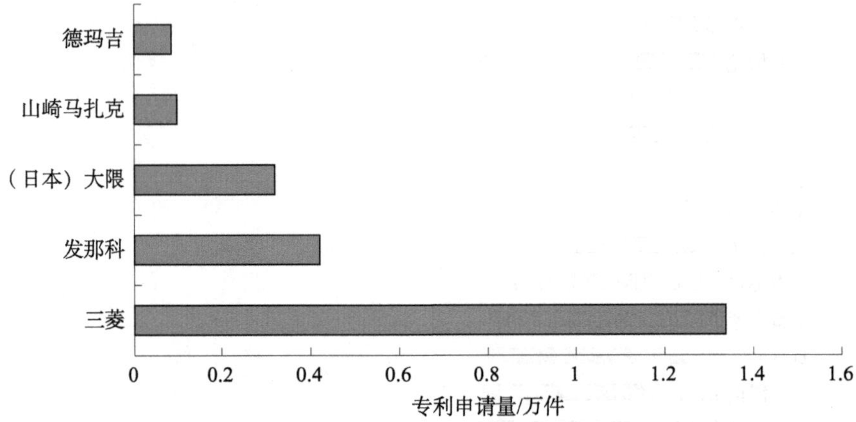

图 11–6　数控机床领域主要创新主体

11.2.3　工业机器人

工业机器人在工业自动化集成中起到加工、搬运、工件夹持、上下料等多项功能，其和数控机床一起构成工业自动化集成的主体，机器人领域的全球知名生产厂商也主要集中在以日、美、德等为代表的发达国家，如瑞典 ABB 公司、日本的发那科、安川电机、德国的库卡和意大利柯马（COMAU）等，这些厂商生产的工业机器人已成为一种工业标准，并在全球得到广泛应用。全球工业机器人主要供应商见表 11–2。

表 11–2　全球工业机器人主要供应商

公司	简介
日本川崎	生产了日本第一台工业机器人
日本发那科	是世界上最大的专业数控系统生产厂家，占据了全球 70% 的市场份额
日本安川电机	活跃在从日本国内到世界各国的焊接、搬运、装配、喷涂以及放置在无尘室内的液晶显示器、等离子显示器和半导体制造的搬运、搬送等各种各样的产业领域中
瑞典 ABB	2005 年起，ABB 集团机器人的生产、研发、工程中心都开始转移到中国，目前，中国已经成为 ABB 集团全球第一大市场
德国库卡	是世界工业机器人和自动控制系统领域的顶尖制造商，其在全球的运营点有美国、墨西哥、巴西、日本、韩国、印度和欧洲各国
意大利柯马	发出的全系列机器人产品，负载范围最小可至 6 公斤，最大可达 800 公斤

续表

公司	简介
法国史陶比尔	制造生产精密机械电子产品：纺织机械、工业接头和工业机器人，公司员工人数达 3000 多人，年营业额超过 10 亿瑞士法郎

全球工业机器人供应商主要分为日系和欧系两类，图 11–7 展示了工业机器人各个技术分支的主要厂商技术构成。发那科的主要产品为数控系统、机器人等，机器人产品有 240 多个大类。发那科机器人有限公司是最早进入中国推广机器人技术的跨国公司；安川电机的主要产品包括变频器与伺服电机、机器人等，2012 年起安川电机不断加大在东南亚国家的布局力度，继续扩大越南、印尼等国的业务范围，截至 2021 年 2 月，安川工业机器人的累计出货台数达到了 50 万台，从中国工厂到欧美的家庭，从北半球到南半球，由安川电机制造的机器人广泛活跃在工业、医疗与家庭服务等各个方面，图 11–7 也体现出了伺服电机是安川的主营产品；瑞典 ABB 以电力与自动化产品等产品为主营业务；德国库卡的工业机器人年产量约为 1 万台。2014 年 3 月，全球四大机器人制造商之一德国库卡公司在上海开设了德国以外的全球首家海外工厂，新工厂占地 2 万平方米，主要生产库卡工业机器人和控制台，产品用于汽车焊接以及组件等工序，年生产能力达 5000 台，占到库卡全球生产总量的 1/3。

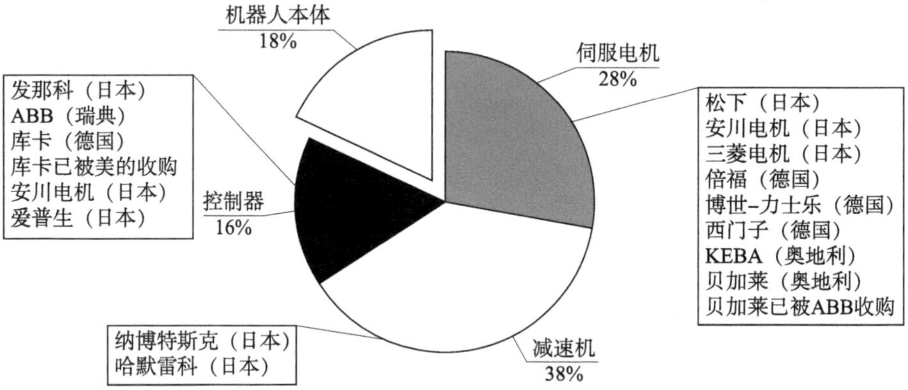

图 11–7　工业机器人主要厂商技术构成

图 11–8 展示了机器人技术等级及主要生产国和地区，可见中国的机器人还处于低端领域，而德国、美国的机器人产品处于中高端领域；瑞典和意大利虽然在产业方面和专利申请量方面都不占据优势，但是其技术是较为领先的。

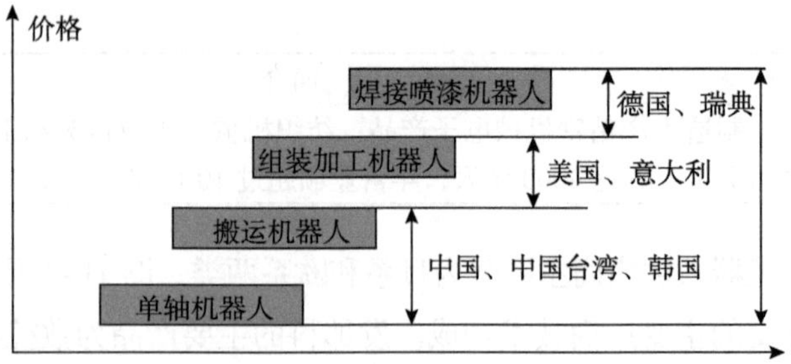

图 11–8　工业机器人技术等级及主要生产国 / 地区

工业机器人主要应用在汽车、电子电气、铸造、橡胶及塑料制品和食品等传统机器人的五大应用行业，应用数量最多的是汽车行业。目前，所有正在使用的工业机器人中，约 50% 应用于汽车制造业，其中 50% 以上的工业机器人为焊接机器人。电子电气行业是工业机器人应用的第二大行业，电子电气行业机器人应用覆盖的国家非常集中。橡胶与塑料制品行业自动化程度非常高，但是该领域工业机器人的装机量相比较汽车、电子电气行业而言，多年来一直维持在较低的数值。

图 11–9 从专利角度展示了工业机器人主要创新主体。实际上，该创新主体与测控系统的创新主体的贴合度是很高的，测控系统的主要创新主体如日立、三菱、松下、东芝、西门子、博世等均为工业机器人的主要创新主体，并且基本集中在日本、德国和美国。

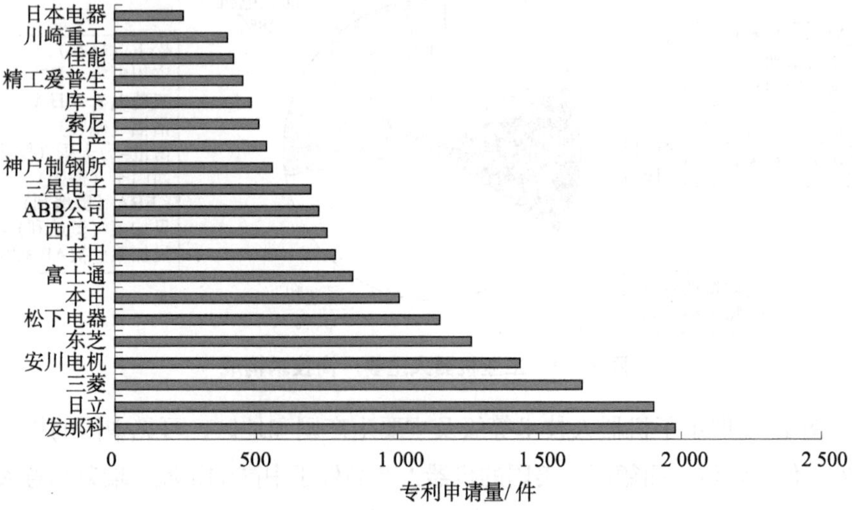

图 11–9　工业机器人主要创新主体

11.2.4　工业管理软件领域

工业信息化以工业软件为主，工业软件是指在工业领域进行设计、生产、管理等环节应用的软件，一般来讲工业软件被划分为编程语言、系统软件、应用软件和介于这两者之间的中间件。系统软件为计算机使用提供最基本的功能，并不针对某一特定应用领域；应用软件则能够根据用户需求提供针对性功能，不同的应用软件根据用户和所服务的领域提供不同的功能。在智能制造流程中，工业软件主要负责从事生产控制、运营管理、研发设计等方面，承担优化、仿真、呈现、决策等职能。

全球各类工业软件发展呈较大差异，图 11–10 为工业软件的种类，其中包括运用管理类软件如 ERP、CRM 等，研发设计类软件如 CAD/CAE、PDM 等，生产控制类软件如 MES。由于制造企业的不同发展阶段，对工业软件的功能和技术需求也会出现差异，从而导致每一类工业软件在产业发展中呈现较大差异。根据智研咨询数据，2020 年全球工业软件市场规模为 4 358 亿美元，2012—2020 年全球工业软件市场规模复合增速为 5%。国内 2020 年工业软件市场规模为 286 亿美元，仅占全球规模的 6%，但 2012—2020 年国内工业软件市场规模复合增速高达 12%，大幅高于全球水平，发展迅速。根据《中国工业软件产业白皮书（2020）》数据，2019 年，中国研发设计类工业软件国产化率仅 5%，生产控制类为 50%，经营管理类为 70%，在高端工业市场，国产化率更低。大量工业企业使用海外工业软件产品。

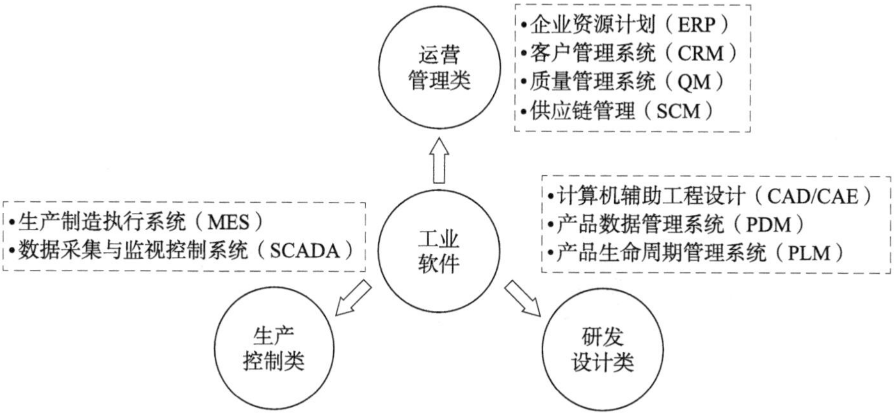

图 11–10　工业软件种类

资料来源：《世界电信》，民生证券研究院。

图 11–11 和图 11–12 分别展示了工业软件市场规模和领先企业中各分支的市场份额，数据来自前瞻经济学人网，前瞻产业研究院（数据截至 2023 年）。其中 ERP 和 CRM 相关工业软件占比较大，这说明运营管理类软件和研发类软件的应用较为广泛，市场需求较大。从产业格局看，全球工业软件产业生态一直以来系统呈现寡头垄断市场格局，上下游之间密切嵌合，智能化、云化、集成化发展态势明显，行业巨头通过并购称霸全球，国家参与度高等特征，呈“两极多强”态势，思爱谱（SAP）、西门子（Siemens）公司在多个领域均崭露头角，而国际商用机器（IBM）、达索系统（Dassault Systemes）和 Salesforce.com 平台在各自专业领域也形成了一定优势。ERP 软件产业格局相对稳定，思爱谱（SAP）和甲骨文（Oracle）两家企业占据主导地位，它们的 ERP 软件均位列一线，Infro、赛捷（Sage）、微软（Microsoft）隶属二线。在 CRM 软件领域中，Salesforce.com 占据全球 CRM 市场第一位，且发展迅速，其成功来自基于 SaaS 的云服务模式。CAD 软件产业的主导者是欧特克（Autodesk）和达索系统（Dassault Systemes），并且随着仿真、设计技术与先进技术的结合，逐渐出现新的参与者。MES 软件逐渐成为智能工厂多个环节数据交换的核心，供应链管理软件的高速增长也反映出制造企业顺应“网络化协同制造”的要求，更加重视与消费者和产业链的信息交流。由于 MES 软件具有较强的行业应用特性，与特定的行业关系紧密，同时需要大量行业领域知识的积累，因此形成不同 MES 厂家占据不同行业的局面。

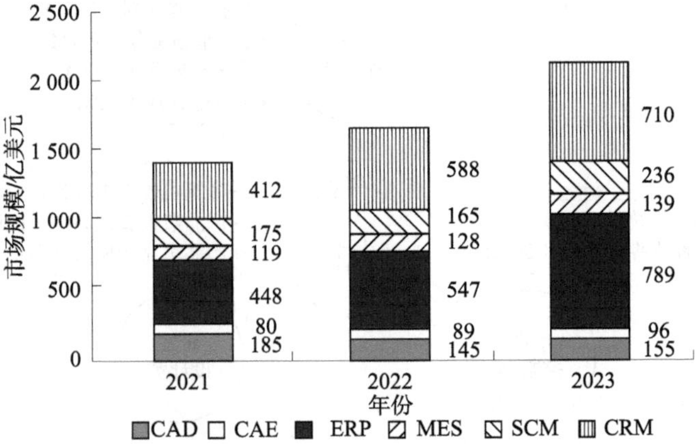

图 11–11 工业软件市场规模

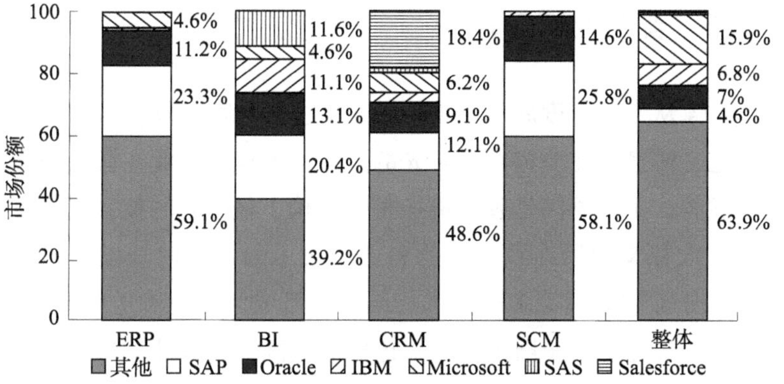

图 11-12　领先企业中各分支的市场份额

资料来源:《世界电信》，民生证券研究院。

图 11-13 从专利角度展示了工业软件的主要创新主体。然而，创新主体与上述产业排名并不十分吻合，工业软件的主要创新主体除了 IBM 外，仍然是工业自动化领域的领先企业如日立、三菱、西门子等公司，这些高度国际化的企业在经济全球化进程不断加速的大环境下，将知识产权管理真正融入企业生产经营各个环节，关注知识产权对企业经营发展的实质贡献，切实利用自主知识产权提高自身的核心竞争力。相较于工业工厂型企业而言，其他软件企业、设计研发企业在专用于工业上的应用软件的申请量较少。

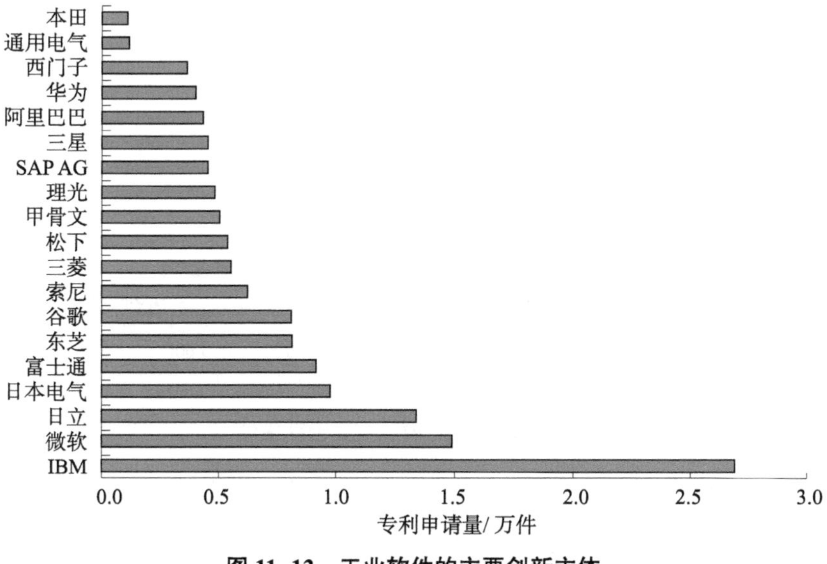

图 11-13　工业软件的主要创新主体

11.2.5 智能输送领域

图 11–14 从专利角度展示了智能输送的主要创新主体，依然是日立、西门子、东芝、博世等在测控领域领先的企业。上述各企业在智能输送领域也占据领先优势，主要原因是智能输送整体结构上最核心的技术仍然是测控技术。目前，大福集团始终致力于物料搬运技术与设备的开发、研究，将仓储、搬运、分拣和管理等多种技术相结合，已成为专门输送此技术的企业。村田精机主要致力于冲床周边产品，包括输送机、堆垛机、冲床等。

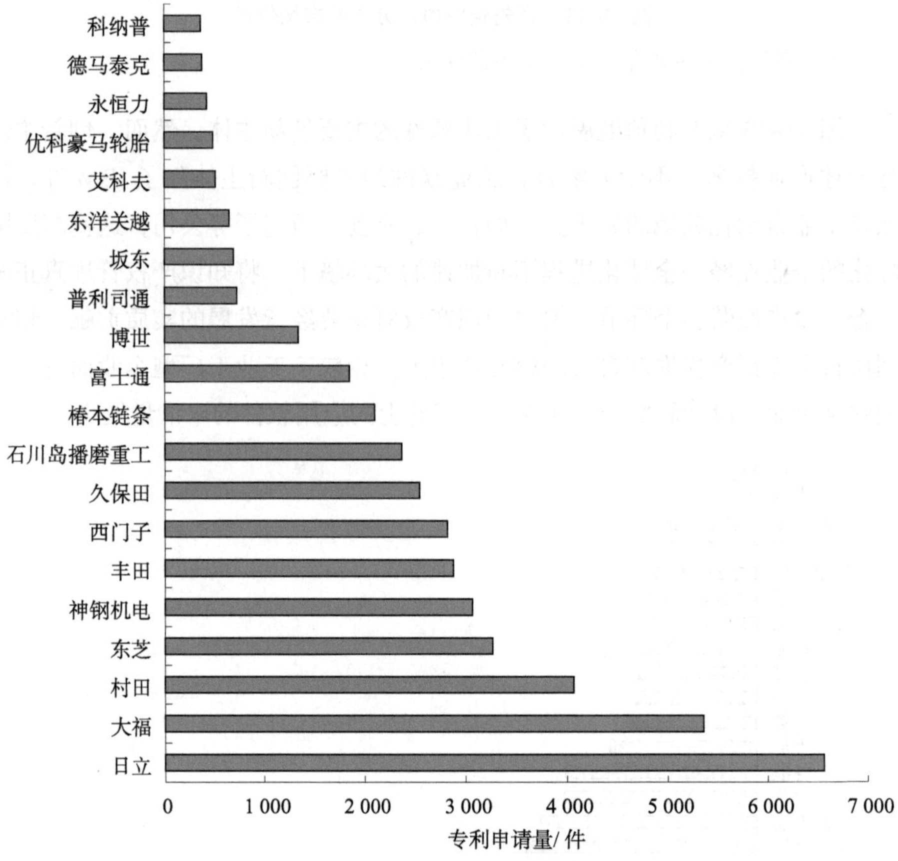

图 11–14 智能输送主要创新主体

通过对全球自动生产线集成以及相关产业和专利情况的梳理可以看出，作为自动化强国，日本几乎在该领域的各个分支均处于全球领先水平，其在销售市场上占有的份额也相应较大。德国和美国在该领域的发展虽然不如日本全面，但是在个别领域均有深度发展，如西门子公司在测控领域、IBM公司在工业软件领域均掌握了关键核心技术，处于世界领先水平。虽然中国发展起步较晚，目前相关技术的深度和高度上无法超越领先国家，但专利申请量位居世界第二，仅次于日本，说明中国对相关领域的知识产权的重视程度得到提高，也说明该行业也在我国得到一定程度的发展。

第十二章
中国产业及专利发展概况

12.1 中国产业发展整体概况

我国工业自动化生产线集成市场在全球占有较大的份额，我国传统工业技术改造、工厂自动化、企业信息化需要大量的工业自动化生产线集成相关产业链的发展，市场前景广阔。国内工业自动化技术正在向智能化、网络化和集成化方向发展。早在2012年5月工信部发布的《高端装备制造业"十二五"发展规划》中包括"智能制造装备产业'十二五'发展规划"，其指明了中国智能制造业的具体发展目标："到2020年，将我国智能制造装备产业培育成为具有国际竞争力的先导产业。建立完善的智能制造装备产业体系，产业销售收入超过30 000亿元，实现装备的智能化及制造过程的自动化，使产业生产效率、产品技术水平和质量得到显著提高。"2015年11月17日，时任国务院总理李克强在"十三五"规划纲要编制工作会议上强调，在供给侧和需求侧两端发力促进产业迈向中高端。2016年中国自动化市场白皮书的数据显示，2015年中国的自动化及工业控制市场规模为1 390亿元；前瞻产业研究院《2018—2023年中国工业自动控制系统装置制造行业产销需求预测与转型升级分析报告》数据显示，2017年我国工业自动控制系统行业实现销售收入3 763.54亿元，2012—2017年均复合增速约10%。中商产业研究院《2024年中国工业自动化市场发展现状及未来发展前景》数据显示，2023年中国工业自动化市场规模达3 115亿元，较2022年同比增长约

11%。中商产业研究院分析师预测，2024 年中国工业自动化市场规模将增至 3 531 亿元。此轮复苏是中游周期复苏和产业升级带动结构性复苏的叠加。

据美国市场研究公司 IHS 称，在全球各地区当中，亚太地区将引领全球工业自动化行业的增长，而中国工业自动化控制设备市场在全球中更是占有较大的份额。2021 年 3 月 11 日十三届全国人大四次会议表决通过的《中华人民共和国国民经济和社会发展第十四个五年规划和 2035 年远景目标纲要》指出，要深入实施制造强国战略，要坚持自主可控、安全高效，推进产业基础高级化、产业链现代化，保持制造业比重基本稳定。在推动制造业优化升级中，通过深入实施智能制造和绿色制造工程，发展服务型制造新模式，推动制造业高端化、智能化、绿色化。培育先进制造业集群，推动集成电路、航空航天、船舶与海洋工程装备、机器人、先进轨道交通装备、先进电力装备、工程机械、高端数控机床、医药及医疗设备等产业创新发展。建设智能制造示范工厂，完善智能制造标准体系。

《国家智能制造标准体系建设指南（2021 版）》中，对中国的智能制造作出了更加精准的定义：智能制造是基于先进制造技术与新一代信息技术深度融合，贯穿于设计、生产、管理、服务等产品全生命周期，具有自感知、自决策、自执行、自适应、自学习等特征，旨在提高制造业质量、效率效益和柔性的先进生产方式。

国家对智能制造体系架构做了清晰的定义和解析。智能制造系统架构从生命周期、系统层级和智能特征等 3 个维度对智能制造所涉及的要素、装备、活动等内容进行描述，主要用于明确智能制造的标准化对象和范围。其目标是到 2025 年，逐步构建起适应技术创新趋势、满足产业发展需求、对标国际先进水平的智能制造标准体系。

我国工业自动化生产线集成的发展道路，大多是在引进设备的同时相继引进各种工业控制系统，并开始自主设计控制系统和装置，进行消化吸收和二次开发应用。也有一些厂家引进国外技术，与外商协作合资组装生产国外产品，并逐步实现国产化，由于各个企业侧重的下游应用产业不同，因此国内自动化生产线企业之间竞争程度较弱。虽然中国近年来涌现很多相关新兴企业，但很多企业仅是贴牌挂名，并无研发实力，如我国机器人企业将近一半的企业是没有产品的空牌子，并且呈高端产业低端化、核心零部件瓶颈及机器人企业散乱小三大特点。对于下游应用领域来说，汽车制造、工程机械、物流仓储、家电电子、现代养殖等几乎所有现代化及自动化生产行业的发展对自动化生产线产生旺盛的需求；劳动力成本上升引发的产业结构转型与产业战略升级也必然带动自动化生产线集成固定资产投资的迅速增长。

国内工业自动化生产线系统集成商正在崛起，系统集成方案解决商处于相对于智能装备制造业的下游端，为终端客户提供应用解决方案，负责将智能装备各部分通过软件系统、网络系统集成，目前我国系统集成商多是从国外购买智能制造相关装备如加工机器人、输送机器人、数控机床等整机，根据不同行业或客户的需求，制定符合生产需求的解决方案，业务形式主要以大型项目（关键设备生产线的集成，如机器人工作岛）和工厂的产线技术改造为载体，对现有设备进行升级和联网，提供工业控制、传动、通信、生产与管理信息等方面的系统设计、系统成套、设备集成及 EPC 工程等服务。在系统集成领域，外资系统集成商包括 ABB、柯玛、库卡等企业，国内领先的系统集成商包括新松机器人、大连奥托、成焊宝玛、晓奥亨荣等企业。随着“十四五”国内一系列政策的出台，自动化生产线制造和集成企业还将逐步增多，一些大型企业的生产技术力度将不断加强，市场竞争逐步加剧。

12.2 中国产业链及专利发展状况

12.2.1 智能测控领域

1. 控制层

可编程逻辑控制器 PLC 可称为工业领域的“CPU”，是控制系统的核心所在。由于 OEM 市场小型自动化应用对控制复杂性及精度要求不高，因此小型 PLC 应用较多。据工控网、华经情报网等行业公开信息显示，目前 PLC 广泛运用于工业控制的各个领域，2023 年统计数据中，罗克韦尔、西门子、欧姆龙、三菱等国际厂商占据了全球77%以上的PLC市场，随着我国PLC市场的不断扩大，信捷电气、合信等国内企业也发展迅速。

工业操作面板HMI是连接PLC、变频器、仪表等工控设备进行人机交互的数字设备，一般与PLC搭配销售。厂商除了包括传统工控企业如西门子、三菱等，还包括普洛菲斯（Pro-face）、北尔电子等HMI专业制造商。随着国内市场发展集中度不断提升，国内厂商信捷电气、昆仑通态等也加入其中，参与角逐。

数字伺服以其高效率化、直接驱动、通用化、智能化、网络化和模块化等优点给用户带来了良好的体验。将现场总线和工业以太网技术、无线网络技术集成到伺服驱动器当中，已经成为欧洲和美国厂商的常用做法。国内企业也正在加快数字伺服的发展步伐，把国际领先技术引进国内，并根据企业特色进行创新研发。因此，很多国产厂商正前瞻性地加大研发力度，提升其产品性能，进而扩大其品牌的号召力，国产伺服厂商改变进口垄断格局指日可待。

运动控制器，随着中国机床、纺织、印刷、包装和电子等行业的快速发展，运动控制器的需求被有力带动。通用运动控制器作为伺服系统的控制装置，其市场规模受到伺服系统的直接影响。根据平台不同，通用运动控制器可以分为PLC控制器、嵌入式控制器和PC-Based控制器三大类。在细分市场结构方面，PC-Based运动控制器价格比传统的专用控制器优惠，功能上比PLC能够实现更为复杂的运动控制；在一些行业中，PC-Based或专用控制器正逐步替代PLC，如PC-Based控制器在雕刻机、半导体、物流、激光加工行业增长较快。

2. 驱动层

变频器VFD是应用变频技术与微电子技术，通过改变电机工作电源频率方式来控制交流电动机的电力控制设备。变频器主要由整流（交流变直流）、滤波、逆变（直流变交流）、制动单元、驱动单元、检测单元微处理单元等组成。变频器靠内部IGBT的开断来调整输出电源的电压和频率，根据电机的实际需要来提供其所需要的电源电压，进而达到节能、调速的目的。随着工业自动化程度的不断提高，变频器也得到了非常广泛的应用。中国节能型社会理念正在积极推广中，国家正加快出台相关产业政策，为节能化发展指明方向。

目前国内的工控机供应渠道主要来源于台湾地区和大陆的厂商，国外企业如锐德世（RADISYS）、罗克韦尔（ROCKWELL）、英特尔（INTEL）等的产品经过几年的市场拼杀后，由于成本较高、价格较高、服务相对困难，现已退出中国市场。随着国内的 IT 业研发、加工技术力量不断提升，所需的各类芯片、各类器件和生产设备等硬件设备在国际市场基本可平等选购（即可在国际上同价自由选购，不存在卡脖子情况），而软件资源的可移植性能够节省大量的人力、物力，在这些有利条件下，国内一些厂商抓住机会快速崛起，利用本土综合竞争优势将国外品牌挤出国内工控市场。由于工控行业的产品和技术非常特殊，作为中间产品，是为其他各行业提供可靠、嵌入式、智能化的工业计算机。随着社会信息化不断深入，关键性行业的关键任务将越来越多地依靠工控机，而以 IPC 为基础的低成本工业控制自动化正在成为市场主流，国内工控机厂商所受到的重视程度也将越来越高。

3. 传感层 / 工业物联网

传感器作为一种信息检测装置，能将监测到的信息按一定规律变换成为电信号或其他所需形式的信息输出，与 RFID（射频识别技术）、机器视觉等物联设备一起运用于产品制造及全生命周期，从而实现对产品制造与服务过程及全生命周期中，制造资源与信息资源的动态感知、智能处理与优化控制、工艺和产品的创新等。中国工业产业生产自动化规模不断扩大，但是传感器在重大技术装备中所占价值量不足 5%，传感器技术攻关及产业化难度大，尤其重大技术装备主机中的传感技术应用与国外先进水平相比差距更大，一定程度上依赖进口，已成为中国智能制造工业物联网等产业发展的瓶颈。传统传感器已经无法适应工业自动化的需求，目前工业自动化对高质量传感器产品有着强烈的需求，特别是对传感器的黏度、硬度、表面光洁度、成分、颜色及味道都有严格的质量要求。实现工业自动化发展最为关键的是生产拥有高级技术特点的智能传感器，智能化传感器因其独特的技术特点可以保持自动化生产线的持续运行；另外通过低延迟、实时网络、高性能可编程控制器和人机界面，可以使生产线变得更加的智能化，可控制性会更强。

工业读写器 RFID 在国内生产企业总数虽然超过百家，但是均缺乏关键核心技术，尤其是芯片、中间件等方面的技术，因此还未形成成熟的 RFID 产业链。根据澎湃新闻网公开的《我国传感器技术，离世界顶级公司有多远？》一文可知，目前在全球范围内有 2 万多种传感器，但能完全国产的种类大约只有 6 000 多种，并不能满足生产生活的需要。[1] 虽然中低、高频标签封装技术在国内基本成熟，但只有极少数企业已经具备了超高频读写器设计制造能力。

在机器视觉方面，国内厂商多是引进国外的产品，在此基础上做系统集成方面的工作，实际从事生产机器视觉产品的企业非常少。机器视觉系统的出现来自繁琐劳动力的替代需求。机器视觉自动化设备可以不知疲倦地进行重复性的工作，且在一些不适合于人工作业的危险工作环境或人工视觉难以满足要求的场合，机器视觉可替代人工视觉。机器视觉最早应用于工业制造领域。通过机器视觉的自动识别功能，许多流水线上具有高度重复性的检测都可以依靠机器视觉系统设备完成，从而大大提高了检测效率和精度。

机器视觉是一个相当新且发展十分迅速的研究领域。国际上，机器视觉的应用普及主要体现在半导体及电子行业，如电路板印刷、电子封装、SMT 表面贴装、电子电路焊接等，在质量检测方面也得到了广泛的应用，并且其产品在应用中占据着举足轻重的地位。但在中国，以上各项应用涉及的行业本身就属于新兴的领域，因此机器视觉国内市场起步较晚，起初以代理商形式进行国外品牌代理，但自有品牌产品在行业分布、渠道分销以及成熟的自动化产品方面，仍存在明显的差异。伴随着工业自动化的发展，我国配套基础建设的完善，以及技术和资金的不断积累，各行各业对采用图像和机器视觉技术的工业自动化、智能化需求开始广泛出现，国内有关大专院校、研究所和企业近几年也在图像和机器视觉技术领域进行了积极探索和大胆地尝试，逐渐开始了工业现场的推广应用。随着技术的革新及行业需求地发展，目前机器视觉已成为我国主要新兴行业。随着全球制造重心不断向中国转

---

[1] 中国机械工程学会 . 我国传感器技术，离世界顶级公司有多远？ [EB/OL].（2022-06-02）[2024-08-18]. https://mm.thepaper.cn/baijiabao_18406990.

移，中国机器视觉市场已经成为国际厂商关注的焦点。目前，国内机器视觉企业主要位于珠三角、长三角及环渤海地区，企业重点分布在广东、浙江、江苏、上海等省份，企业类型以民营企业为主，公司规模大多为中小型企业，所以在规模上难以与国外主流公司竞争，机器视觉应用的自动化产品质量及技术含量偏低，市场需求更是远未饱和。

随着工业 4.0、“中国智能制造 2025”及“十四五”规划的全面开展，其对生产过程现场及控制设备之间和其与更高控制管理层次之间的通信要求越来越高。工业现场总线具有可靠性高、稳定性好、通信速率快等优点，这极大地解决了企业对工业数字通信的需求，现场总线发展迅速，已处于群雄并起、百家争鸣的阶段。目前已开发出 40 多种现场总线，如 Interbus、Bitbus、DeviceNet、Modbus、ARCent、P-Net、FIP、ISP 等，其中最有影响力的分别为 Profibus、Modbus、DeviceNet、EtherCAT、CC-Link、CanOpen。[1] 从现场总线技术本身来分析，它有两个明显的发展趋势：即寻求统一的现场总线国际标准、工业以太网走向工业控制网络统一开放的 TCP/IP Ethernet。Ethernet 是为 IT 领域应用而开发的，随着国内对 EPA 技术也取得了很大的进展。可以预见 Ethernet 技术将会十分迅速地普及工业控制系统的各级网络。

中国测控行业重要申请人如图 12-1 所示。中国企业中，华为作为国内领先企业，不仅在云计算、存储、网络、数据中心及 ICT 全产业链拥有强大的研发实力，而且还可以提供工业互联解决方案。在面向工业 IP 化趋势下，其提供高可靠、高安全的光层、电层承载方案到工业化多场景工业接入的端到端解决方案，从而逐渐覆盖电力、交通、能源等工业互联全场景。2016 年 9 月，美国霍尼韦尔公司与中国华为技术有限公司正式签署合作框架协议。根据该协议，霍尼韦尔将与华为建立全球合作关系，共同探索在智慧城市、智慧能源和工业互联网领域的合作，并携手积极拓展大中华区、亚太、非洲、中东、中亚等市场；2016 年 7 月 20 日，通用电气正式宣布与华为达成合作关系，在华开展了 12 个工业互联网试点项目，逐步推动 40 多个大数据分析应用顺利开展。

---

[1] 控制工程网.现场总线的现状与发展简述[EB/OL].(2022-10-10)[2024-08-18].http://article.cechina.cn/22/1010/09/20221010094313.htm.

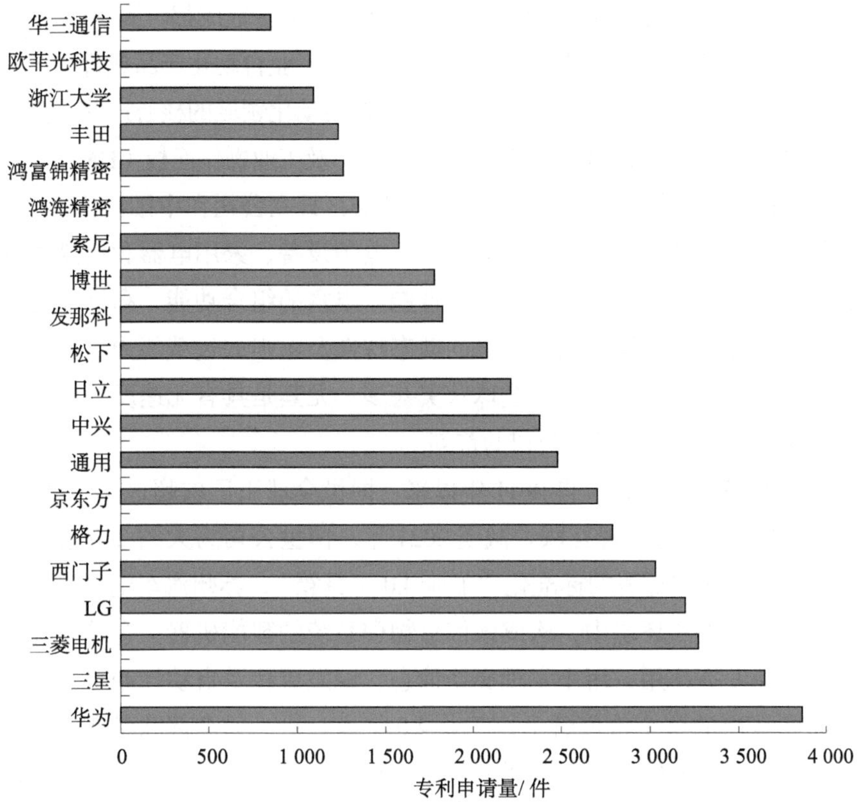

图 12-1　测控领域国内主要申请人

在国内申请人中，京东方专利技术涉及分片合包方法、光伏发电追日器；鸿海精密的专利涉及音圈马达、相机模组、定子、转子；浙江大学的专利涉及直线同步电机、点燃电动机、空压机、步进电机、联轴器、转子、定子；欧菲光科技的专利涉及音圈电机等。

目前在国内排名靠前的国外申请人分别为三菱电机、西门子、日立、松下、通用、索尼及发那科。其中三菱电机的专利涉及压缩机、马达、旋转电机、定子、转子；西门子公司的专利涉及减震器、电机；日立公司的专利涉及电机转子、定子、旋转电机、动力工具。2014 年，西门子数字化企业解决方案已涵盖了工业软件、工业通信、工业信息安全及基于数据的服务，2019 年，西门子数字化工业软件全面集成工程软件、服务和应用开发平台，推出 Xcelerator 解决方案组合，旨在助力工业客户实现转型，以更轻松、更快速、可扩展的方式，跨越工业、建筑、电网和交通运输等领域，帮助各规模企业加速数字化转型。

从2012年筹划西门子工业自动化产品中国智造基地落地成都，到2022年，西门子成都工厂年产值同比增长30%。作为西门子工业自动化产品成都生产及研发基地新的运营主体，主要生产西门子公司在自动化领域的核心产品，分别为可编程逻辑控制器（PLC）、工业计算机（IPC）及工业操作面板（HMI）等。

根据网络公开资料，截至2023年3月末，日立公司在中国国内拥有110多家集团企业，其成员活跃在电力电机、电子设备、家用电器和信息通信等领域，尤其是日立变频器以其稳定的性能、丰富的组合功能、高性能的矢量控制技术、低速高转矩输出、良好的动态特性及超强的过载能力，在变频器市场占据着重要的地位。并在全球获奖甚多，尤其是具有无速度传感器矢量控制技术的变频器，是日立公司的首创。

根据网络公开资料，自2011年以来，博世全球工厂内超过12万台机器及25万台设备均已实现互联。截至2021年，博世公司为大约240家工厂提供了可按曾扩展和部署的标准化“工业4.0工具箱”，苏州汽车电子工厂便是试点之一。在生产环境中，构成该信息物理系统的智能机器、仓储系统及制造设备共同发挥作用，用来实现交换信息、触发流程及自动控制等功能。从供应商到客户的整个价值链上，工业4.0将人、机、物全部联结起来。2016年4月，博世力士乐中国和广州瑞松智能科技股份有限公司（简称“瑞松科技”）举行了隆重的工业4.0战略合作协议签署仪式。双方将视彼此为战略合作伙伴，共同为本地制造商提供工业4.0解决方案。瑞松科技是一家业务涵盖机器人、智能技术、高端智能装备领域的研发、制造、应用和销售的企业，主要为客户提供一整套柔性化、智能化系统，并且提供整体技术解决方案的高新技术企业。在全球范围内，瑞松科技与诸多知名机器人公司建立了战略合作伙伴关系，同时为客户提供优质、定制化的机器人系统集成服务。

唐山松下产业机器有限公司（PanasonicWeldingSystems（Tangshan）Co., Ltd）是由日本松下集团与唐山开元电器有限公司共同投资兴建的中日合资企业。公司完全采用日本松下先进的管理和技术，使用世界一流的制造、调试和检测设备，生产商标为“Panasonic”的各种弧焊机、电阻焊机、等离子切割机、机器人及焊接切割用纯正部品。自1996年起，经济效益连续居中国电焊机行业之首。松下公司2016年7月宣布将涉足机器人控制设备市场，其开发了比以往设备更精确地测量机器人立体位置的“动作感测器”。这类产品能检测并控制机器人的动作，公司认为工厂和护理等领域对该机器人的需求将不断增加，据称控制机器人姿势的能力也有所提高，因而大大地提升了工作效率。

12.2.2　数控机床领域

我国机床产业规模位居世界首位，但国产的中低端数控机床产量较大，高档数控机床起步较晚，国产产能不能满足国内需求，高端数控机床 80% 需要进口，面临着产业结构不合理、自主创新能力不足等多项挑战。如图 12-2 所示，在数控机床领域中，除了发那科、三菱电机等国外领先企业在中国布局之外，我国还有较多数量的高校提出专利申请，包括哈尔滨工业大学、南京航空航天大学、浙江大学、清华大学、上海交通大学、广东工业大学、西安交通大学、华中科技大学、西北工业大学和江苏大学。这是由于数控机床产学研结合比较紧密，老牌工业学校在该行业有较深的科研基础。

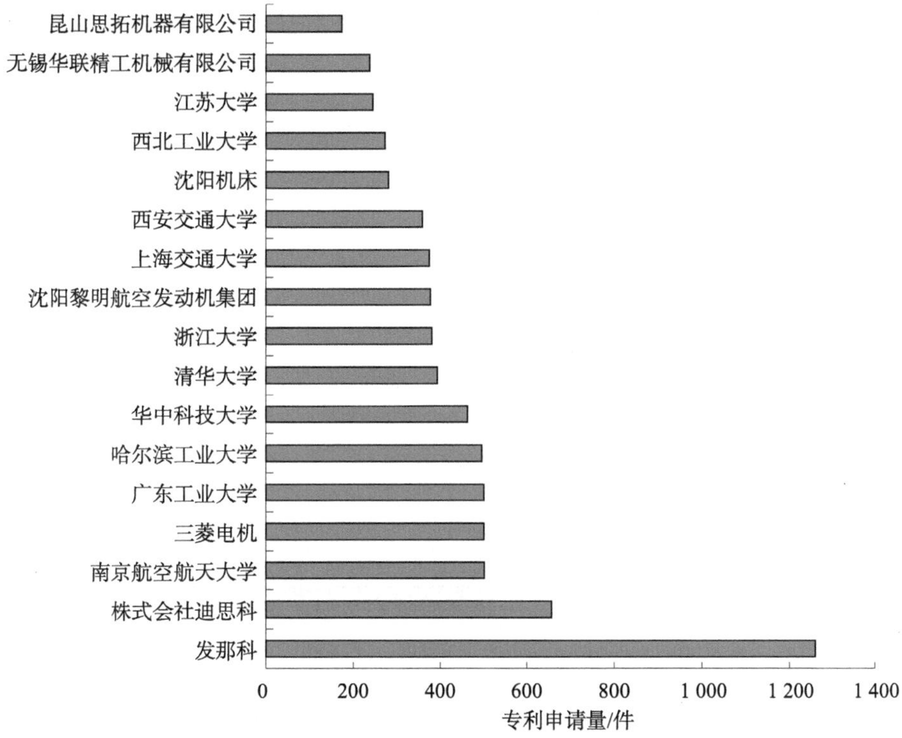

图 12-2　数控机床国内主要创新主体

12.2.3 工业机器人

中国是工业机器人密度全球增速最快的国家，政府也不断采取政策扶持。据高工产研机器人研究所（GGII）数据显示，在智能制造转型升级的大环境背景下，由于政策刺激、社会人口结构老龄化、人力成本上升、机器人使用密度偏低等因素的影响，我国制造企业对工业机器人仍有巨大需求；同时国产机器人企业快速崛起，以埃夫特、新时达、埃斯顿、新松、广州数控等机器人企业为代表，国产化进程加快促使机器人使用成本大幅下降。在工业机器人销量快速增长的同时，市场规模增长相对缓慢。

从图 12–3 展示的专利申请量排名来看，国内机器人主要创新企业除了沈阳新松、苏州博众精工、发那科等业内耳熟能详的企业外，还包括苏州石丸英合、惠州金源等，其中惠州金源是锂电池生产企业，相关的专利主要集中在机械手及电池组装机上下料机构。苏州石丸英合位于苏州吴中区，是自动化机械设备及配件、夹具、治具生产企业，专利技术也集中于夹取、上下料机械手相关技术。

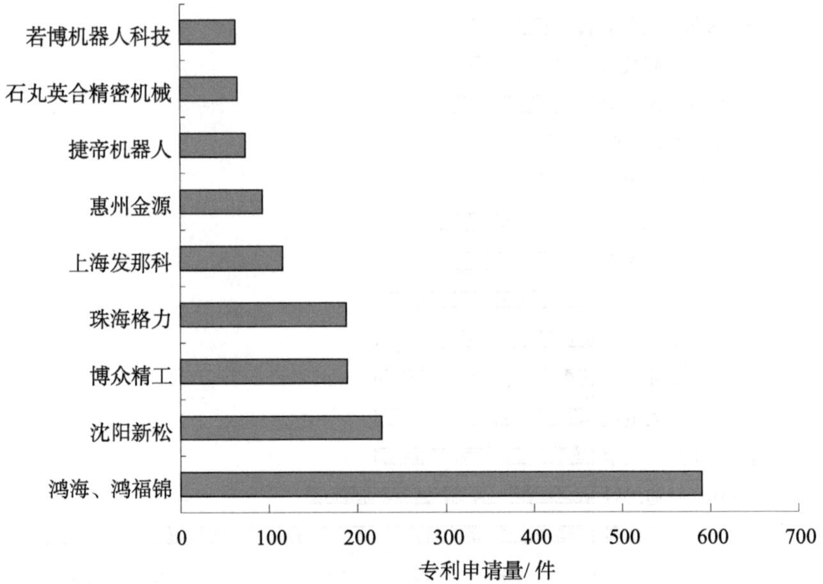

图 12–3 我国工业机器人主要创新主体

从图 12-4 创新高校和院所专利分析图中看出，中国科学院自动化研究所专利数量虽然不多，但有效量占比较大；哈尔滨工业大学、北京航空航天大学、浙江大学和清华大学专利有效量占比也相对较大。广西大学的相关机器人专利主要集中在喷涂、焊接、搬运、钻孔、码垛等工业机器人及部分爬壁机器人领域，从图 12-4 可以看出，广西大学的专利撤回数量最多，有效量较少，可见其专利技术含量并不高。

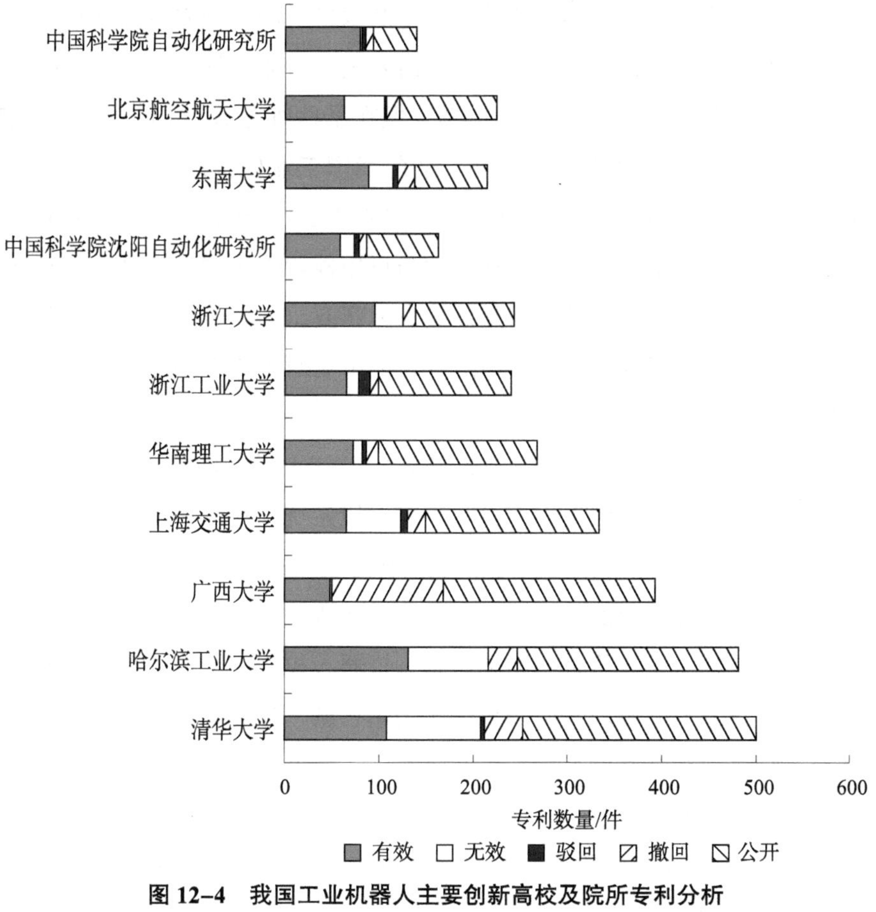

图 12-4 我国工业机器人主要创新高校及院所专利分析

12.2.4 工业管理软件领域

我国工业软件市场增长迅速，但由于起步较晚、技术积累基础薄弱，在大部分工业领域国外工业软件仍占据统治地位，因此软件国产化程度有待提高。而核心技术的受制于人，同样让国内工业软件处于竞争劣势。此外，工业软件行业尚未形成龙头企业带动、中小企业协作配套的产业链，产业协同效应没有充分发挥。目前，我国“十四五”期间已加大工业转型升级力度，并大力发展高端、智能装备产业，因此工业软件市场还将进一步增长，对我国产业发展也将起到极大的刺激作用。

国内工业软件企业市场占比偏低，生产水平与国外领先企业存在较大差距。在国内市场方面，国产软件企业在研发设计、业务管理和生产调度、过程控制三类软件中虽有一定市场份额，但在某些细分领域仍与国外领先软件企业差距较大，仍处于行业末端。当前我国工业软件产品多集中于 OA、CRM 等门槛较低的软件类型，而国外产品在 MES、ERP、PLM 等主流工业软件市场上已占据主导地区，其稳定性与可用性均强于国内产品。同时国内工业软件产品虽然价格较低，但是性能参差不齐，与其他厂商软件的兼容性较差，服务水平的持续性也无法保障，目前市场对国内产品的信心和认可程度总体偏低。

图 12–5 为工业软件重要申请人排名，浙江大学和清华大学位列前位，浙江大学的工业管理软件集中在自动化流水线系统、集成控制系统、总线控制系统和监控系统；清华大学的专利集中在数据采集系统、分布式控制系统、生产过程系统调度优化、安全监控方法和测控模块；东南大学专利集中在生产系统控制、无线传感器网络控制、机器人控制、图像处理、生产流程控制及电子商务等领域。其中来自苏州的李宗诚，作为个人申请，其 200 多个专利主要集中在互联网 IDK、ICT 配置等。值得一提的是，金蝶软件是香港联交所主板上市公司，中国软件产业领导厂商，连续 6 年被 IDC 评为中国中小企业 ERP 市场占有率第一名，被《福布斯》亚洲评为亚洲最佳中小企业，金蝶与 IBM 组成全球战略同盟，其专利技术主要集中在 ERP、MRP 等领域。

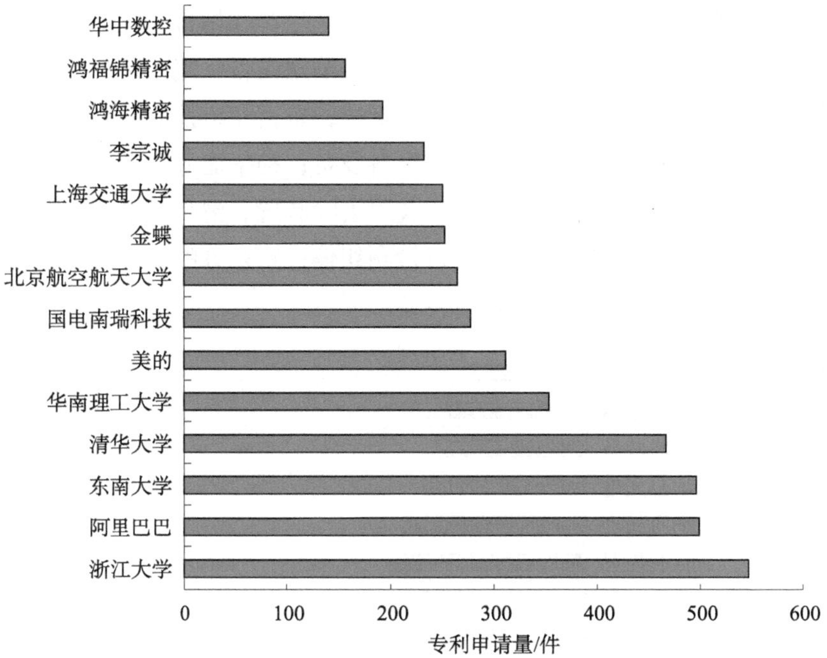

图 12-5 我国工业软件重要申请人

12.2.5 智能输送领域

在汽车整车及零部件生产领域，智能输送成套设备的应用贯穿于冲压、焊装、涂装、总装四大环节，特别是在涂装及总装环节应用更为普遍。市场需求一方面来自新建汽车项目的固定资产投资，另一方面则来自原有生产线的更新改造。此外，汽车整车及零部件生产的冲压、焊装等环节的应用范围的扩大也带来一部分需求增长。

图 12-6 可见输送设备国内主要创新主体，国内输送设备专利重要申请人中，无锡天奇物流是行业内领先企业，主要集中在仓储物流自动化领域，也包括汽车总装物流自动化系统、汽车焊装物流自动化系统、车身储存物流自动化系统、汽车涂装物流自动化系统及自动化立体仓库等，其专利技术也集中在顶升机构、物料小车输送装置、拖拽机、移载机、升降机、摩擦式调整线输送系统和滑板或摆杆输送机构。苏州博众精工是自动化系统解决方案的专业提供商，其服务于3C、家电、汽车等行业，以及AGV等搬运机器人。

楚天科技和东富龙科技是包括制药装备研发、生产和销售的机电一体化高新技术企业，相关专利涉及制药生产线的自动输送设备，楚天科技的专利集中在输送装置、送瓶机构、理盖机构和冻干线；东富龙科技的专利集中在灌装机输送装置、理瓶设备、汇流设备和出料设备；神华能源的专利集中在煤相关输送机；宝山钢铁专利集中在皮带金属去除装置、清扫装置、防滑防水装置、钢丝输送带消磁装置方法和皮带检测纠偏；京东方的专利集中在玻璃板显示板输送装置、夹取装置和收集装置。

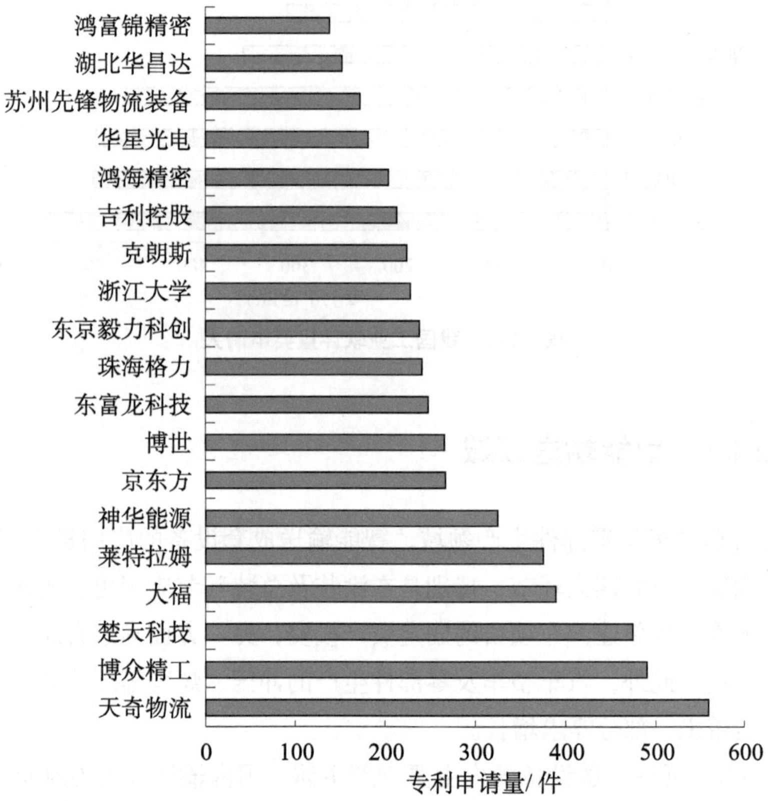

图 12-6　输送设备国内主要创新主体

12.3　创新地域分布分析

图 12-7 至图 12-11 以及表 12-1 为统计出的专利申请地域分布图，目

前中国形成了辽东半岛、长三角地区、珠三角地区和中国西部聚集区四个大区，其中辽东半岛有大连光洋、大连机床、沈阳新松、大连普传、大连智云等行业龙头企业，另外还有黑龙江的哈工大机器人、哈博实等带动培育了一批智能制造装备产业集群；长三角地区以江苏、上海和浙江为代表，其电子信息技术产业和石油化工基础雄厚，以浙江中控、上海新时达、南京埃斯顿、苏州胜利精密、苏州富强科技为代表，培育了一批优势突出、特色鲜明的智能制造装备产业集群；珠三角地区占据控制系统优势，广州数控每年生产销售数控系统占国内同类产品市场的1/2份额，以广东劲胜、深圳汇川、深圳固高、深圳合信、广州数控为代表的智能制造装配产业，已初步显现产业集聚发展特征；中西部集聚区以武汉为代表，依托外部科技资源，在机器人领域已形成优势且增势强劲，相继涌现出一批行业龙头企业，如武汉艾普工华、华中数控、成都广泰实业、湖北三丰、湖北华昌达。

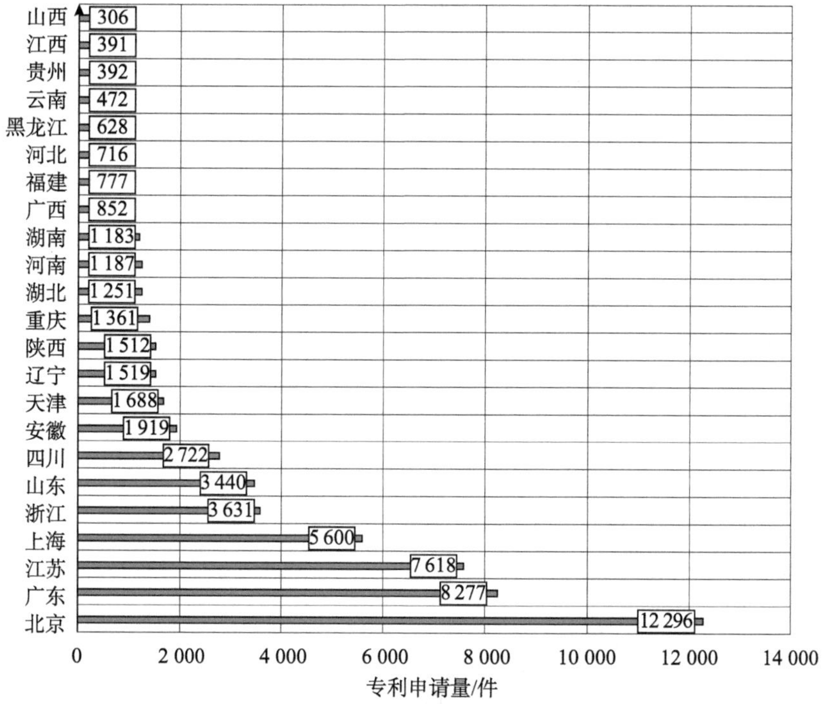

图 12–7　我国工业管理软件地域分布

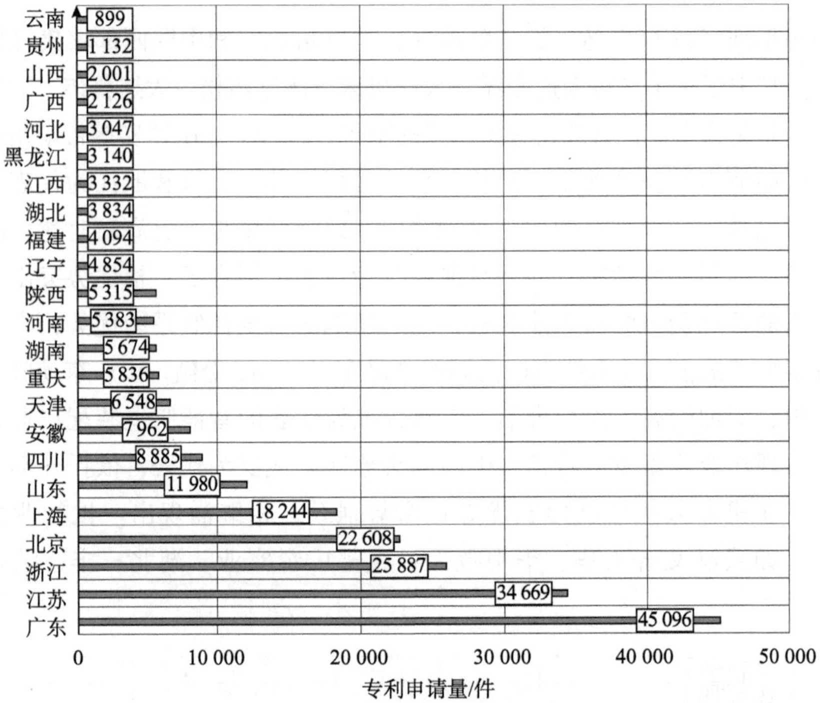

图 12-8　我国测控系统地域分布

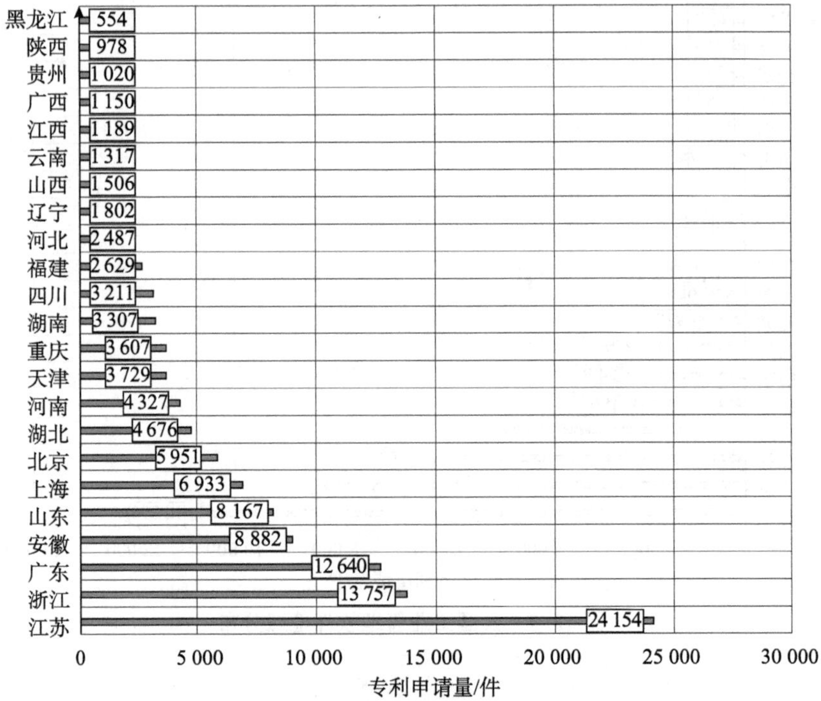

图 12-9　我国输送装备地域分布

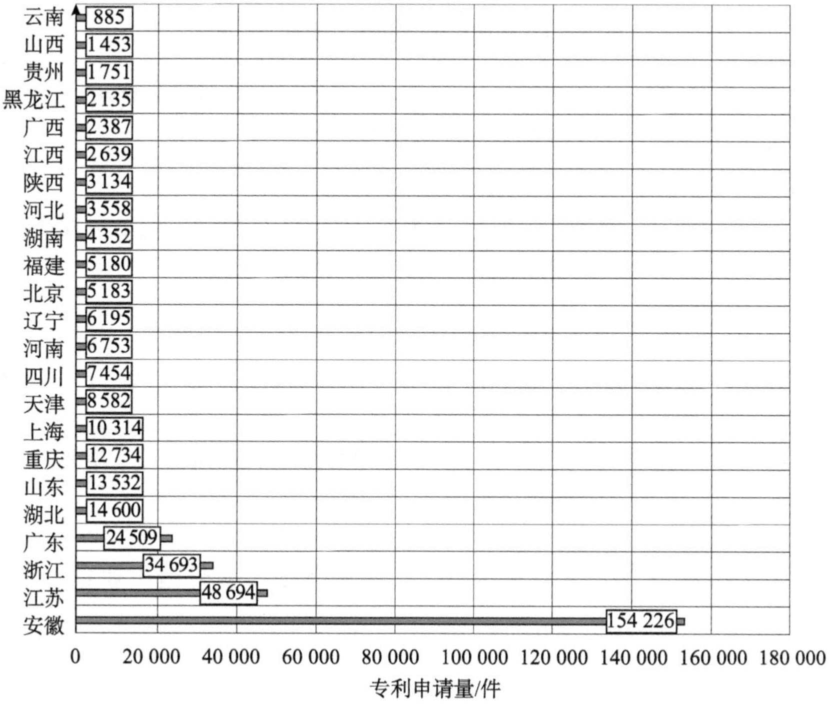

图 12–10　我国数控机床地域分布

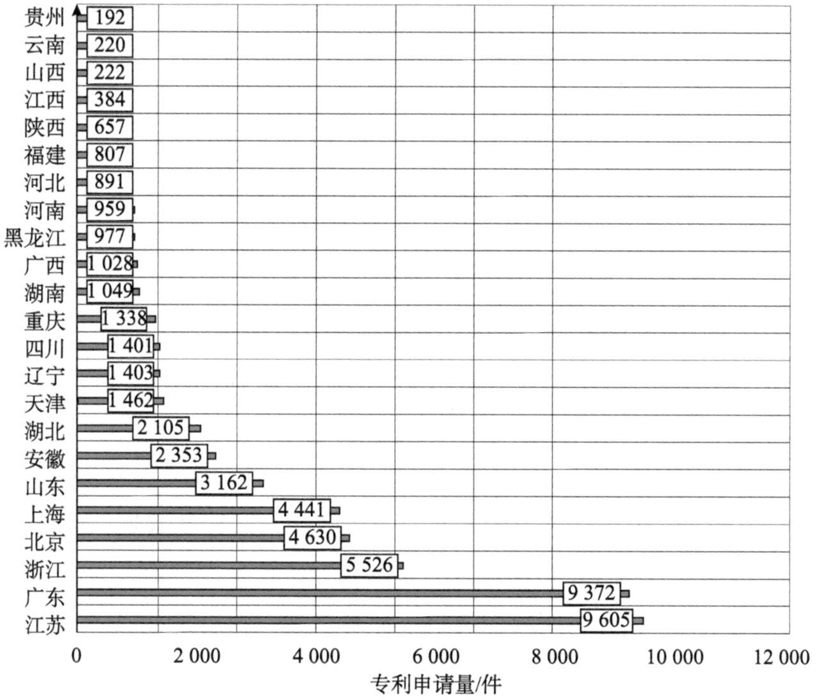

图 12–11　我国工业机器人地域分布

表 12–1 中国工业自动化产业地域分布

<table>
<tr><td rowspan="2">东北部</td><td>哈尔滨</td><td rowspan="2">大连光洋、大连机床、沈阳新松、哈工大机器人、哈博实、大连普传、大连智云等</td></tr>
<tr><td>沈阳</td></tr>
<tr><td rowspan="3">长三角</td><td>江苏</td><td rowspan="3">浙江中控、上海新时达、南京埃斯顿、苏州胜利精密、苏州富强科技、博众精工、昆山华恒等</td></tr>
<tr><td>上海</td></tr>
<tr><td>浙江</td></tr>
<tr><td rowspan="2">珠三角</td><td>广州</td><td rowspan="2">广东劲胜、深圳汇川、深圳固高、深圳合信、广州数控等</td></tr>
<tr><td>深圳</td></tr>
<tr><td>中西部</td><td>武汉</td><td>武汉艾普工华、华中数控、成都广泰实业、湖北三丰、湖北华昌达等</td></tr>
</table>

在《中国制造 2025》政策引导下，全国各地纷纷打造工业自动化产业集群。

1. 东莞

将深入实施“东莞制造 2025”战略，研制自动化、数字化、智能化专用制造装备；深化松山湖国际机器人产业基地建设，培育和引进工业机器人和 3D 打印设备的研发企业、系统集成商和设备服务商。

2. 佛山

2017 年发布《南海区建设中国（广东）机器人集成创新中心行动方案》，拟撬动千亿发展机器人及智能制造产业，实现自主品牌工业机器人年产量 1 万台，计划引进和新成立的机器人企业和相关智能制造企业 100 家。2023 年《佛山市机器人及相关产业发展规划（2023—2030 年）》印发，规划提出，至 2025 年，佛山机器人及相关产业营收从 515 亿元增长到 1 000 亿元，用三年时间实现倍增。至 2030 年，机器人及相关产业营收从 1 000 亿元增长到 2 000 亿元，实现第二个倍增。

3. 洛阳

《关于支持洛阳市建设机器人及智能装备产业基地的意见》的出台，使得洛阳市成为全省唯一的以机器人为主的智能装备生产基地，为产业发展带来重大机遇。“十三五”期间，洛阳市拥有机器人及智能装备产业企业 150

余家，服务机器人、智能制造系统集成、机器人关键零部件等产业链不断完善，年均增速超20%。根据《洛阳市机器人及智能装备产业转型升级行动计划（2018—2020年）》，洛阳市机器人及智能装备产业的主营业务收入超过2 000亿元，形成5万台（套）机器人整机制造能力。基本搭建了工业化和信息化深度融合的产业体系和设施体系，为“十四五”期间培育形成制造业全产业链数字化、智能化、协同化发展体系奠定了坚实基础。

4. 常州

建成国内首个机器人知识产权保护中心。常州科教城作为常州区域“创新之核”，机器人产业集聚度较高，拥有纳恩博、遨博、天正等一批骨干企业；全国首个机器人及智能硬件知识产权保护中心落户常州科教城，将为国内智能制造产业提供全流程的知识产权保护。常州与中国经济信息社展开课题《2016—2017中国智能制造年度发展报告》，为其智能制造产业打下基础，同时还与华中数控建立了智能制造研究所。

另外，依托国际大型企业的背景，也崛起了一些具有国际竞争力的产业集群，如广东省政府与ABB集团在广州签署战略合作框架协议，双方将进一步深化在工业、电力、交通与基础设施等领域的战略合作，支持广东省贯彻落实创新驱动发展核心战略、助推产业升级。美的库卡智能制造产业基地动工仪式隆重举行。由世界500强美的集团与世界级自动化巨擘库卡集团联袂成立的美的库卡合资公司，其智能制造产业基地将率先落户广东省智能制造创新示范园的核心区域，同时这也是合资公司成立后的首个落地项目。

12.4　中国自动化生产线集成产业链下游应用概况

工业自动化生产线集成系统主要集中在汽车工业，市场规模已超百亿。目前国内智能制造系统集成领域，大部分集中在汽车工业，需求市场主要集中在我国汽车、机械产业密集的区域如江浙、广东、上海等几个省份。对于智能输送领域来说，智能输送成套设备被广泛地应用于汽车、工程机械、农业机械、家电、化工、烟草、仓储物流、摩托车、食品、医药、冶金、建材等众多行业及领域。

根据国际机器人联合会（IFR）发布的《2023 年世界机器人报告》，对于工业机器人来说，其分支主要应用在汽车、电子电气、铸造、橡胶及塑料制品和食品行业这传统的机器人五大应用行业。电子 / 电气与汽车行业的强劲需求驱动工业机器人销量大幅增长。过去两年新冠疫情持续肆虐，全球制造业供应链受到较大冲击，2022 年全球工业机器人销量仍能保持大幅增长，得益于电子 / 电气与汽车行业的强劲需求。从全球市场来看，2022 年电子 / 电气行业对机器人的需求量最高，为 15.7 万台，比上年增长 9.8%；其次是汽车行业，销量为 13.6 万台，比上年增长 16.2%；之后依次是金属和机械制造行业（6.6 万台，-2.9%）、塑料和化学制品行业（2.4 万台，-4%）、食品行业（1.5 万台，0%）。

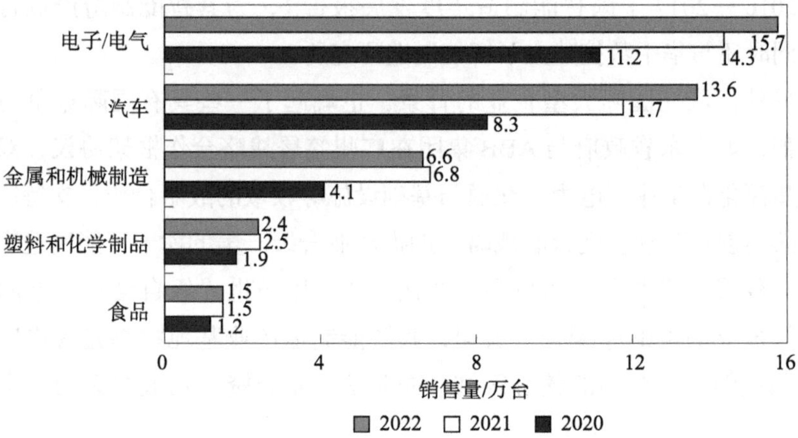

图 12–12 工业机器人下游产业分布

根据加工方式，工业机器人的主要应用领域有焊接、装配、搬运、切割、喷漆、喷涂、检测、码垛、研磨、抛光、上下料、激光加工等复杂或单调的作业。根据应用领域不同，工业机器人主要分为焊接机器人、搬运机器人、喷涂机器人、加工机器人、装配机器人、洁净机器人和检测机器人等。工业机器人种类占比如图 12–13 所示，2022 年搬运机器人销量最大，约为 26.6 万台，比上年增长 10%；焊接机器人排名第二，销量为 8.7 万台，同比下降 7%；接下来依次是装配机器人（6.1 万台）、洁净机器人（3.5 万台）、分拣机器人（2.8 万台）、处理机器人（0.6 万台）。其中，分拣机器人销量较上年的增幅高达149%。

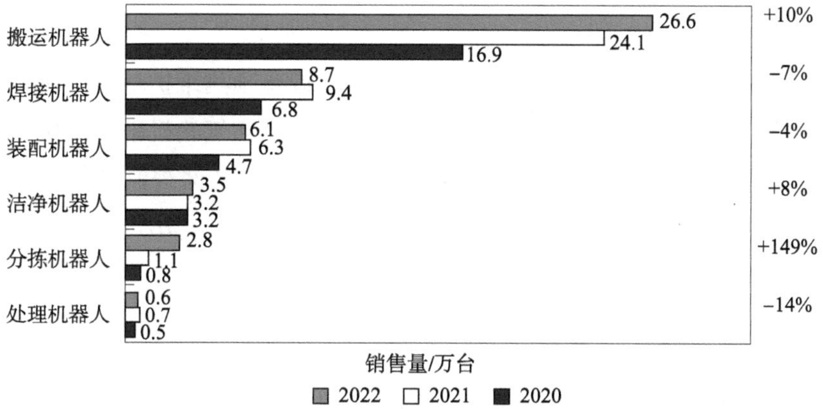

图12–13　工业机器人种类占比

对于数控机床来说，当前机床行业下游用户需求结构出现高端化发展态势，各个行业都将进行大范围、深层次的结构调整和升级改造，对于高质量、高技术水平机床产品需求迫切。总体来说，中高档数控机床市场需求上升较快，用户需要更多高速、高精度、复合、柔性、多轴联动、智能、高刚度、大功率的数控机床。例如，汽车行业呈现生产大批量、多品种、车型更新快的发展趋势，新能源汽车发展加速，从而要求加工设备必须向精密、高效、智能化方向不断发展。在航空航天产业领域，随着民用飞机需求量的剧增以及军用飞机的跨代发展，新一代飞机朝着轻质化、高可靠性、长寿命、高隐身性、多构型、快速响应及低成本制造等方向发展，新一代工业自动化技术迫切需要更先进的加工装备来承载，航空制造装备朝着自动化、柔性化、数字化和智能化等方向发展。例如，在国家"两机专项"重大科技项目致力于突破的飞机发动机制造中，发动机叶片、整机机匣和叶盘等典型零件逐渐向尺寸大型化、型面复杂化、结构轻量化和制造精密化发展，尤其是高强度的高温耐热合金等新型轻质材料的大量应用，这些整体结构件的几何构型复杂且难加工，对大扭矩、高精度数控机床则提出新的更高要求。燃气轮机的大型结构件和大型设备异地维修所需的便携性或可移动式多轴联动数控装备，这种使用无固定基座，可重构拼组的小机床加工大型工件的加工方式，对新型数控装备的结构设计、工艺规格和高能效加工技术提出更大挑战。

未来对工业自动化需求大的重点产业包括以下六个领域。

1. 电力领域

如百万千瓦级火电机组中实现燃烧优化、设备预测维护功能，在百万千瓦级核电站实现安全控制和特种测量功能，在重型燃气轮机中实现快速启停和复合控制功能，3MW以上风电机组的主控功能、变桨控制功能，太阳能热电站实现逐日控制功能，在智能电网中实现用电管理、用户互动、电能质量改进、设备智能维护功能。

2. 汽车及零部件领域

汽车是智能装备需求最大的行业之一，也是机器人应用最多的领域，汽车及零部件制造用焊接机器人、喷涂机器人市场前景广阔，汽车工业将继续成为高档数控机床第一重要用户。

3. 高新技术领域

IT等高新技术产业的发展需要大量高效、精密、智能、多坐标联动和专用数控机床。机械、纺织、冶金、石化、造船、轨道交通等传统产业的技术改造，加大了对高档数控机床、自动化控制系统及仪器仪表的需求。

4. 国防军工领域

未来会重点推进专用机器人、精密仪器仪表、新型传感器、智能工控机在航天、航空、舰船、兵器等国防军工领域的应用，尤其在“一带一路”建立背景下，航空工业将获得极大的发展机遇，在该领域的高档数控机床、智能机器人等市场需求都将会扩大。

5. 基础设施建设领域

在机场和码头建设领域推广应用，实现机场行李和货物的自动装卸、输送、分拣、存取全过程的智能控制和管理，集装箱装卸的无人操作与数字化管理。

此外，汽车制造、工程机械、物流仓储、家电电子、现代养殖等几乎所有现代化及自动化生产行业的发展对自动化生产线产生旺盛的需求，劳动力成本上升引发的产业结构转型与产业战略升级也必然带动自动化生产线固定资产投资的迅速增长。

第十三章 苏州工业自动化集成产业及专利概况

13.1 苏州工业自动化生产线集成产业发展整体概况

近年来，苏州基本形成了集智能设计、智能生产等多个环节于一体的智能工业体系，涌现出一大批省级智能制造示范企业，如苏州纽威阀门股份有限公司、江苏通鼎光电股份有限公司、亨通集团有限公司、康力电梯股份有限公司、江苏波司登羽绒服装有限公司等。外资企业方面，富士康集团昆山工厂实施“机器换人”计划以来，正从原来的劳动密集型向绿色、低碳、高效发展转变。装备制造业已跃升为第三大支柱产业，意大利柯马、德国莱斯（库卡）、三菱电机、达谊恒、绿的谐波等国内外机器人行业知名企业纷纷落户苏州，形成了一批技术水平高、研发能力强、产品竞争力和市场占有率均居全国同行业前列的工业自动化装备制造企业。目前苏州企业存在着大量的“机器人换人”需求，很多领先企业已经着手开始布置智能工厂。

对于家电行业，江苏银河电子股份有限公司钣金车间是张家港市众多老字号企业借助智能改造推进转型升级的缩影。银河电子为改善生产工艺“落伍”，生产效率低下的现状，于 2016 年投资 3 000 多万元引进了 40 多台安川机器人，2019 年“精密结构件智能生产车间”评为 2019 年苏州市示范智能车间；纺织行业，东渡纺织集团 2016 年以来，投资 4 000 多万元，先后从法国、美国引进了智能排版、智能测色、智能配色机器人，迅速缓解了“用工荒”的难题，减少了企业对测色、配色的操作经验依赖，有效提升了面料一次性制成率，2019 年又投资 2 亿元，升级智能化车间，到 2024 年近 400 台智能化生产设备全部联网控制；钢铁行业，沙钢集团累计投资约 6 000 万元实施“机器换人”，从瑞士、日本、德国引进了 100 多台 ABB、安川、库卡机器人。2017 年，沙钢以转炉特钢车间、棒线三车间和棒线九车间为智能工厂试点，向工信部申报的高端线材全流程智能制造新模式应用项目获得批准。2019 年，国内最先进的自动化造球系统在沙钢成功投运。如今在沙钢的生产一线，钢坯喷号、钢包焊接、码垛堆放等许多劳动强度大的工作，机器人成了绝对的“主角”。韩国浦项钢铁苏州光阳工厂打造智能化钢厂，选择智能工厂项目，最大化地提升客户价值；生产运作、质量维护、安全和能源等方面，浦项钢铁与本领域研发专家和 IT 领域的专家积极合作，不断产生新的创意，构建包括物联网技术的综合项目，尤其重点关注传感、分析和控制方向；开发智能工厂的数字基因组图谱，打造用于连续加工工业生产的浦项智能工厂平台 PosFrame。

以上具有智能工厂的企业中，绝大多数是以采购成套生产线或主要的自动化设备应用为主，从事相关技术研发的企业较少。虽然如此，在自动化成套生产线集成相关技术领域中，即供给侧方面，苏州也已拥有一批本土优势企业，并且成为全国的制造业大市，吸收了一批具有影响力的外资企业。对于自动化成套生产线而言，需要上游产业链的各领域高度合作，但是苏州目前的本土企业离散化现象严重，暂未形成自动化成套生产线集群，还未具备抱团优势。

13.2 苏州专利整体概况

图 13–1 为苏州工业自动化专利申请量占比示意图，相对于全球专利和中国专利中测控系统占比较大来说，苏州的测控系统专利占比较小，工业自动化各个分支中数控机床占比最大，其主要原因在于苏州昆山和工业园区的数控机床相关企业较多。

图 13–2 至图 13–8 展示了自动化生产线集成的各个分支在全国省份的分布图，以及苏州相关专利申请在全国领先城市中的地位，其中可以明显

看出，各个分支下，北京、江苏、广东及浙江四个省份的专利申请总量占据专利申请总量一半左右，专利申请还是比较集中的。其中又各有侧重点，尤其在测控和软件领域，目前以北京、广东、上海为领先，也与这几个省份的互联网、IT 技术发展现状有关，而在输送设备、机器人和数控方面则以江苏、浙江、广东为领先，主要原因在于这几个省份的机械工业行业发展较为成熟。

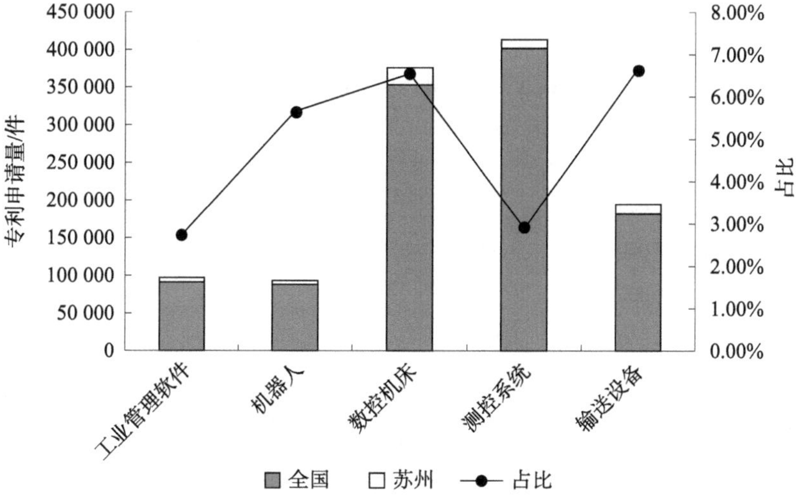

图 13-2 苏州工业自动化各分支申请量和全国相应各分支申请量的对比示意图

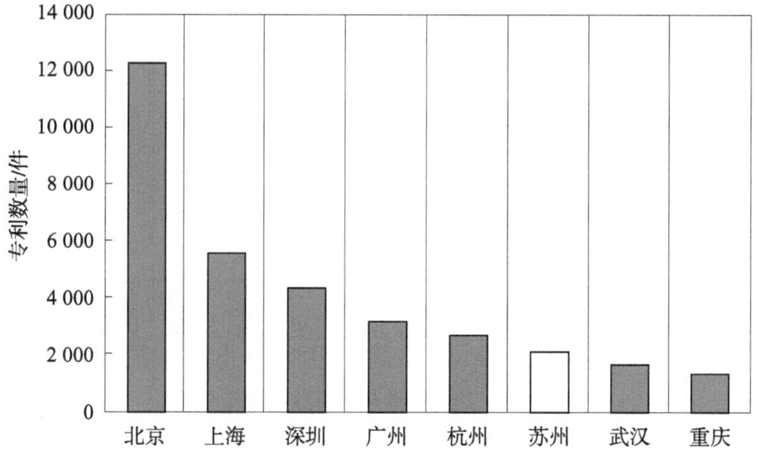

图 13-3 工业管理软件专利数量城市分布

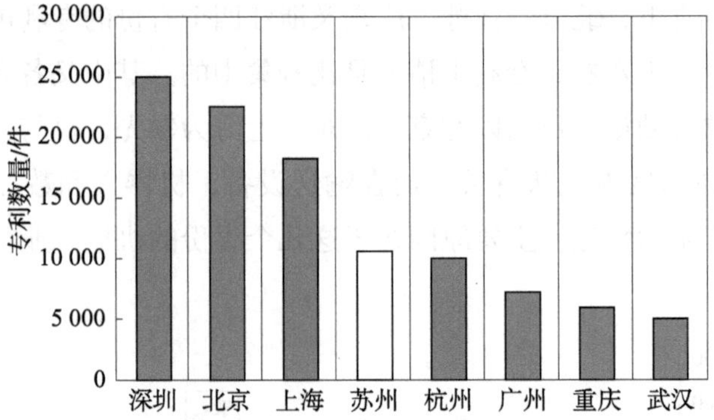

图 13-4　测控系统专利数量城市分布

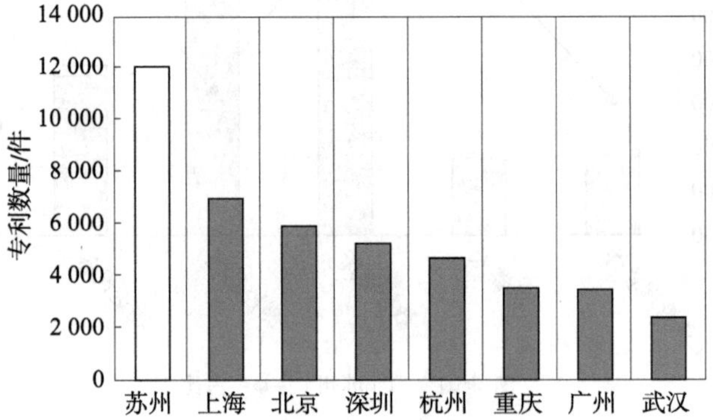

图 13–5　输送设备专利数量城市分布

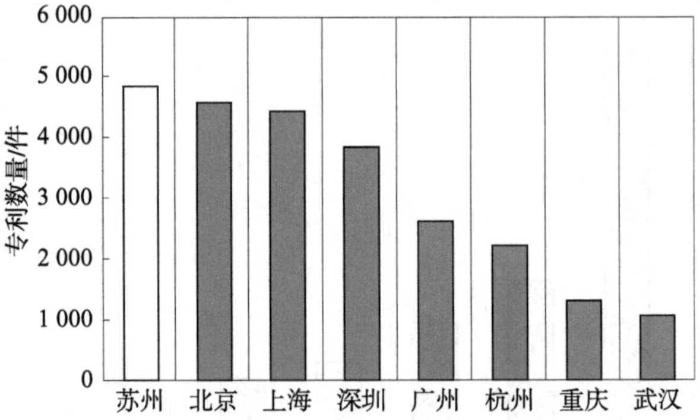

图 13–6　工业机器人专利数量城市分布

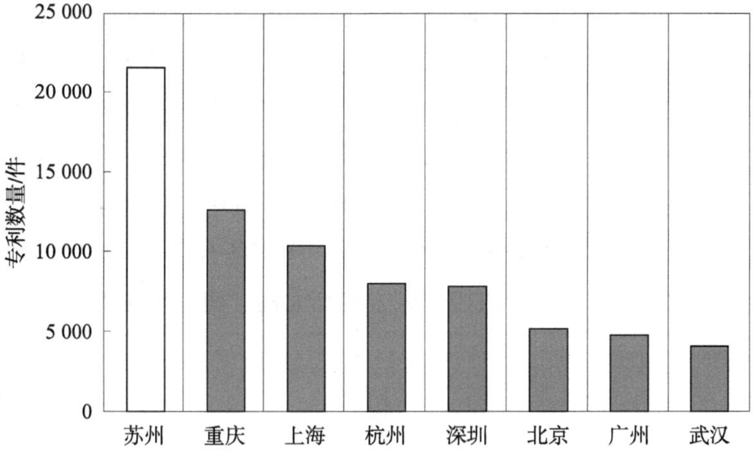

图 13-7 数控机床专利数量城市分布

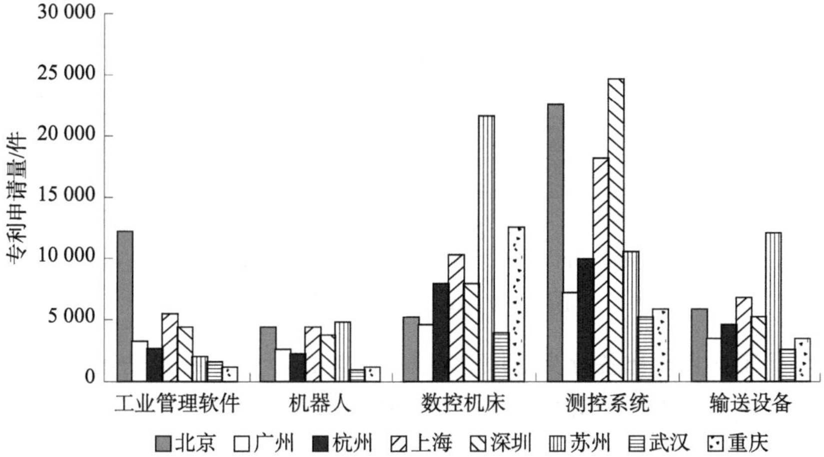

图 13-8 专利数量领先城市整体比较

对于领先城市，选取了北京、上海、深圳、广州、杭州、苏州、武汉和重庆作为比较对象，其中上海发展较为均衡，在每个分支都保持前二、三名的排名；深圳维持在四、五名左右，但是深圳的测控系统排名领先，这也与即将分析的各个下游领域中，深圳的相关企业有关；杭州、广州的各个分支基本上维持在中后排名；北京和苏州呈现明显的两极化发展趋势，北京的工业软件排名第一，工业机器人和测控系统排名第二，而输送设备排名第三，数控机床排名第四，这与北京的城市定位有关，在IT、互联网、机器人等领先行业发展更为成熟，而重工业机械相关行业则转移至外围周边省市。对于苏州来说，工业软件和测控系统明显处于中后排名，而输送设备、工业机器人、数控机床排名第一，从某种意义上来说，苏州的工业自动化行业处于全国城市的领先地位，但是却在自动化行业的关键技术即工业软件和测控系统方面并不占有优势。

图 13–9 展示了江苏省内领先城市的排名，其中可以看到，苏州在江苏省内各城市中处于遥遥领先的地位，无锡和南京各有千秋；而常州也表现不俗，常州尤其在测控系统和数控机床方面与无锡、南京差距不大。

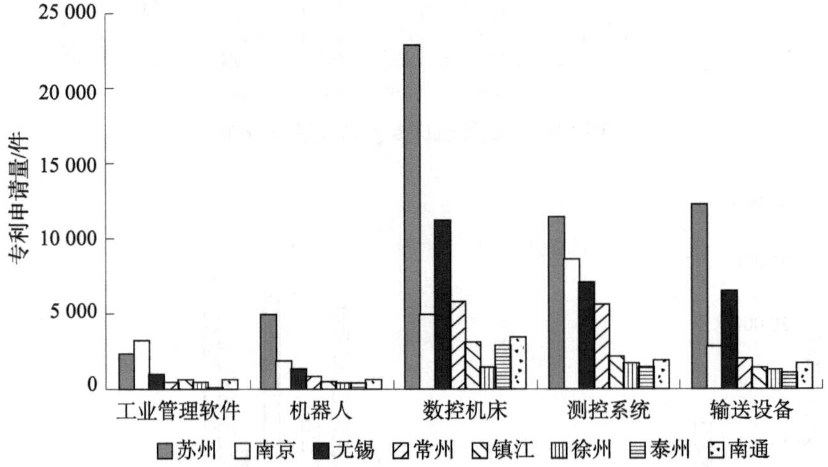

图 13–9 江苏省领先城市排名

苏州工业自动化各分支地域分布如图 13–10 所示。在自动化行业中，以苏州市的昆山和工业园区为主要申请区域，其次为吴中区和高新区。从图中可见，工业园区的相关专利涉及自动化成套生产线的各个领域，发展相对而言较为全面，尤其是数控机床领域遥遥领先于其他各个区域。

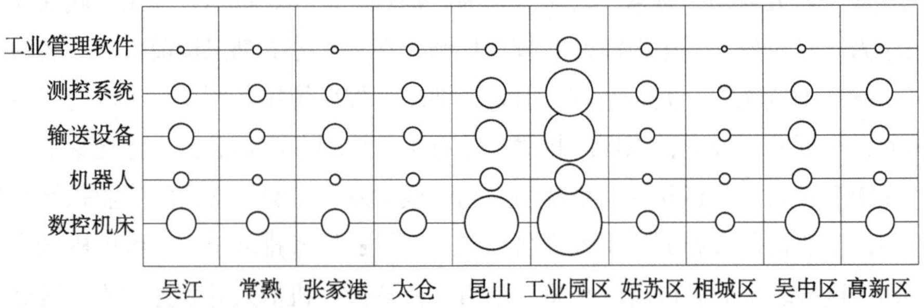

图 13–10 苏州工业自动化各分支地域分布

注：气泡大小代表申请量多少。

图 13-11 为苏州工业自动化各分支专利类型对比示意图。从图中可见，各个分支的专利申请量中可见发明专利申请和实用新型专利申请相差不大，数控机床和输送设备领域的实用新型专利数量大于发明专利数量。该发明专利和实用新型专利的数量对比一定程度上反映了苏州在工业自动化领域的新程度。

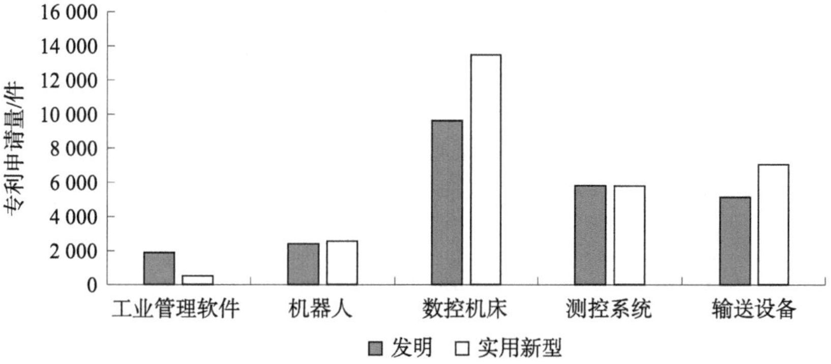

图 13-11　苏州工业自动化各分支专利类型对比示意图

综上所述，从专利申请量来看，苏州在工业自动化成套生产线中，各个分支整体发展并不均衡，其中数控机床领域申请量较多，但是创新性不高，各个区域在该领域的发展也不均衡，各个区域之间未形成明显的优势产业集群，因此苏州在工业自动化成套生产线领域仍有很多不足，但同时也存在较大发展空间。

13.3　苏州工业自动化集成各分支主要创新主体

图 13-12 为苏州工业管理软件主要创新主体。苏州职业大学是苏州在该分支领域中申请量最多的创新主体，其专利技术主要集中在 MES、ERP 控制系统。此外，2016 年工信部软件与集成电路促进中心、苏州市职业大学和苏州凡特斯测控科技有限公司三方签约共建苏州市职业大学的国家信息技术紧缺人才培养工程—博众 · 凡赛斯自动化学院，落成国内首条自动化控制教学生产线，致力于校企全面合作，产教深度融合，为经济社会极力培养智能制造生产和创新型人才；苏州大学，其专利集中在三维位置感应系统、仓

储管理、死锁避免控制方法及系统、服装标准工时的数据挖掘方法；苏州万戈软件有限公司，其专利主要集中在人力资源管理系统、企业培训开发系统和车间管理系统，其智能制造相关度并不高；苏州奇可思，其专利集中在视频教学、订单管理、云端网络、企业网络、企业考勤、产品库存管理、物流系统、售后系统和部门管理系统等，专利涉及的领域比较分散，整体技术含量不高。

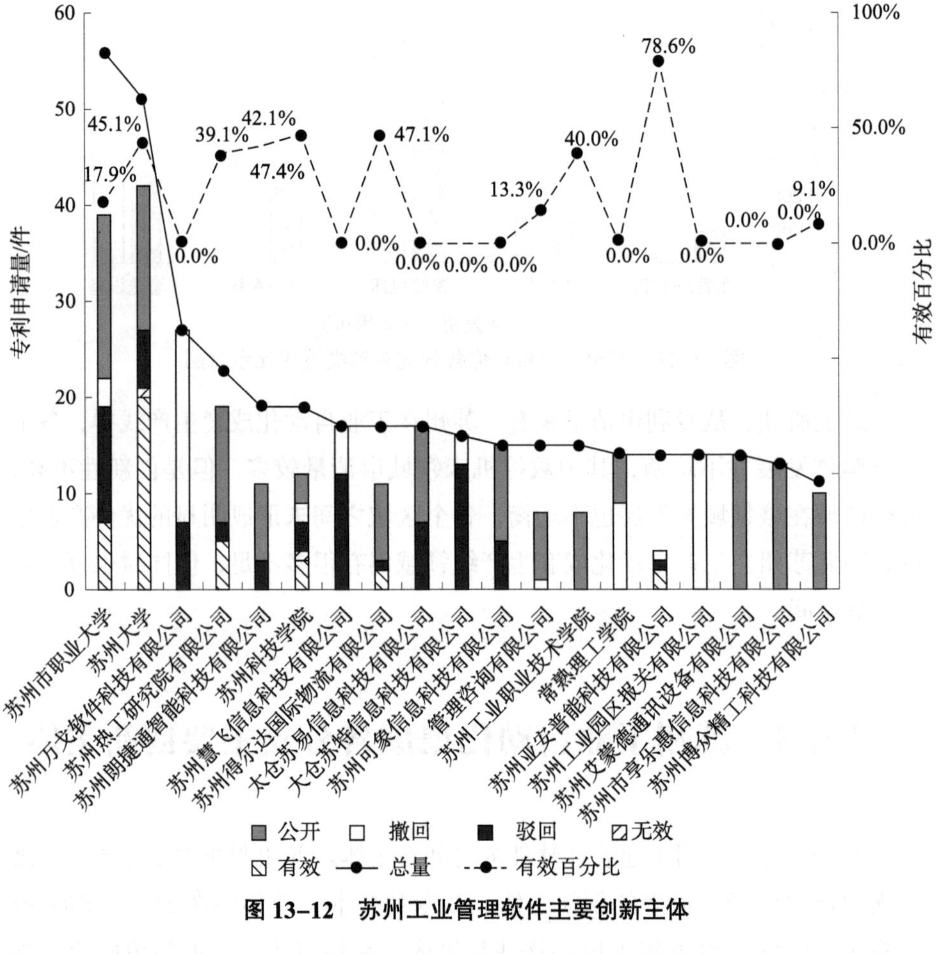

图 13-12 苏州工业管理软件主要创新主体

苏州得尔达国际物流有限公司，其专利技术比较集中，涉及物流仓储、搬运机器人等专利技术。然而与江苏天奇物流所不同的是，该公司是一个纯粹的物流公司，并没有发展到智能输送装备制造业领域，尤其没有涉及车辆等机械制造行业；常熟合正企业管理咨询公司，其专利涉及产品质量分析、成品管理、物流管理、设备维护管理；苏州亚安智能科技有限公司，其专利技术集中在物联网电子商务平台、公司管理系统、无线传感检测技术、高精度识别功能的机械手。

图 13-13 为苏州测控技术主要创新主体。其中，泰信电机和圣马特电机的专利集中在电机插纸、供线及电机结构；莱克电气的专利集中在电器用电机、风机及降噪装置；苏州工业园区职业技术学院专利为磁悬浮电机；苏州大学的专利为双手揉搓彷生装置、电机转子及同步电机；苏州本格自动化专利涉及绕线嵌线、定子制造。值得一提的是，在主要申请人中，只有苏州汇川技术专利涉及电动机、伺服电机控制器及变频器等核心技术。

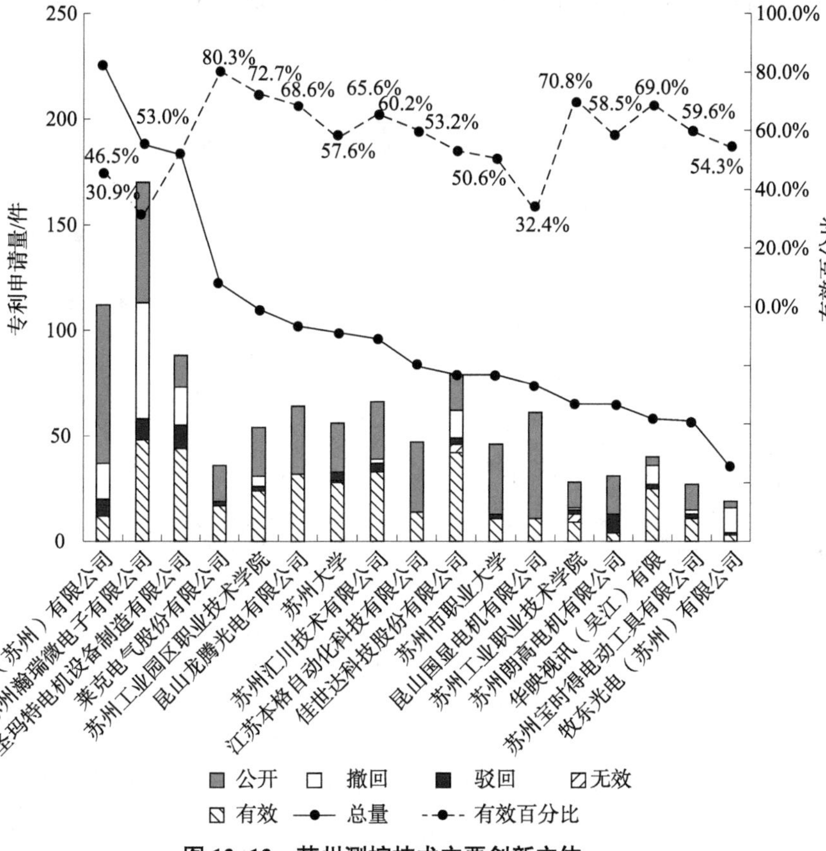

图 13-13　苏州测控技术主要创新主体

图 13-14 为苏州输送装备主要创新主体。其中，博众精工的专利涉及分流机构、上料机构、整理装置、搬运装置、流水线机构、横移输送和拨料装置；先锋物流的专利涉及堆垛车平衡轮、叉车、堆垛车、搬运机构、AGV

导引机构；新美星的专利涉及输送机构、输瓶机构、悬挂输送、换向输送；广运机电（苏州）的专利涉及仓储穿梭车、立体仓储系统、升降机自动翻转机构；工业园区职业技术学院的专利涉及两轮、四轮微电脑鼠冲刺伺服系统、冲刺控制器、自动引导车系统及控制方法、医用AGV控制系统；康贝尔电子的专利涉及收板机及其收板机构、翻板机、叠板机、升降式输送机、伸缩式输送机、移载机；昆山特力伯传动的专利涉及输送带校准、异常检测系统、舒适感滚轮组件、可调式传送装置；苏州互强工业设备的专利涉及双轨平台移载机、自动拔料装置、V形带输送线；苏州赛腾精密电子的专利涉及多层料盘供料机构、供料机构、下料机构、移料机构、翻转机构。

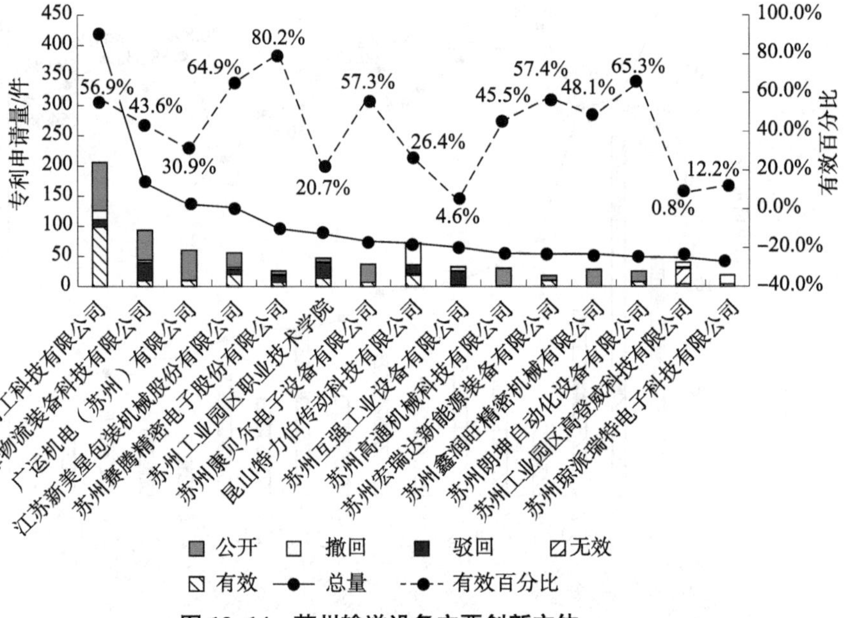

图 13-14 苏州输送设备主要创新主体

图 13-15 为苏州工业机器人主要创新主体。其中，苏州博众精工为行业领先企业，是苏州吴江区的创新型高科技企业，主要从事自动化设备的研发和制造，为江苏省科技“小巨人”企业，其专利集中在机械手、吸料、测力、运动模组及夹爪机械手、组装机，还有部分涉及搬运、举升装置；苏州工业园区职业技术学院的专利主要集中在单轴或多轴全自动高速点胶机器人伺服控制系统，但是其系列专利申请的技术内容均相互类似，创新性需要进一步提升；苏州高通机械主要研发从气动到单轴、三轴、五轴伺服控制机械

手，其提供橡胶、五金、电子等行业自动化技术服务，其专利技术也主要是机械手、取件手臂、末端执行器等；苏州石丸英合位于苏州吴中区，是自动化机械设备及配件、夹具、治具生产企业，专利申请也集中于夹取、上下料机械手相关技术。

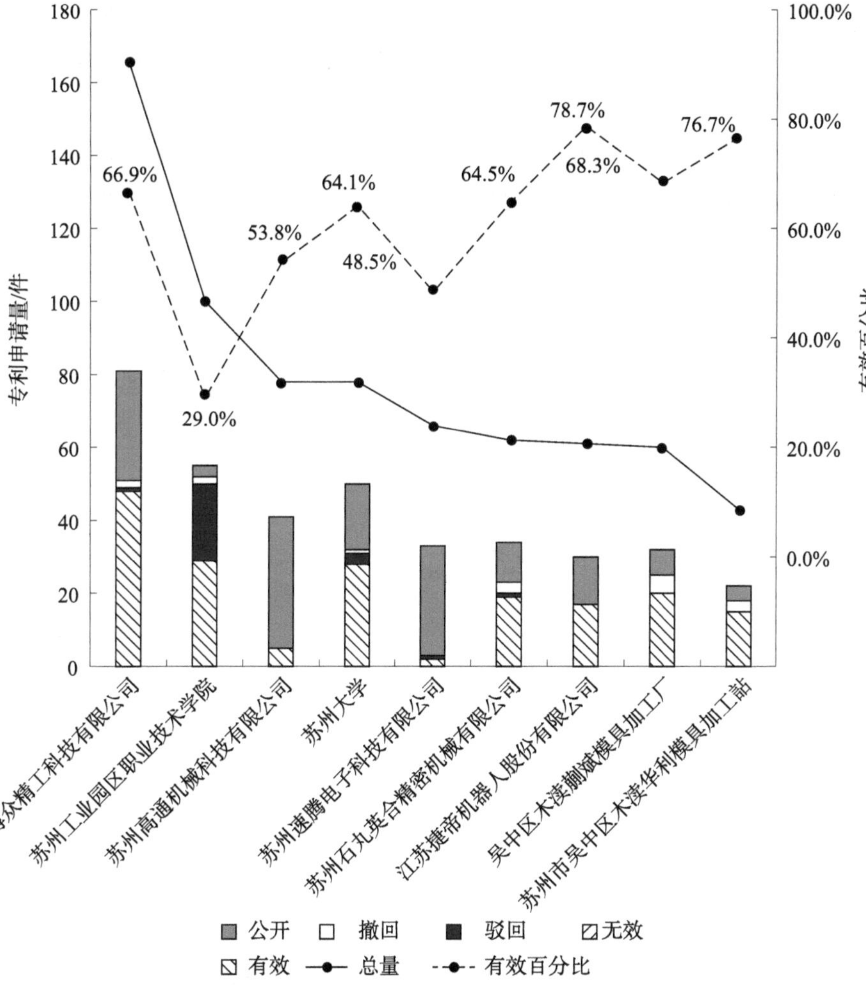

图 13-15　苏州工业机器人主要创新主体

图 13-16 为苏州数控机床的主要创新主体。昆山思拓机器有限公司位于清华科技园，是从事光机电一体化制造装备研制的高科技企业，专业致力于高精密激光微加工设备的研发和制造，拥有完全自主研发的系统控制软

件，能够根据用户的实际生产需求，向各行业用户提供工艺研发和设备研制服务，其专利主要集中在激光切割加工、工件夹取、微加工机床及其周边技术；苏州创丰精密五金有限公司的主营产品为非标精密加工件（切削件）、非标螺母、螺柱和轴类零件，其专利技术主要涉及机床加工的治具、夹具，并不涉及核心加工技术；苏州市宝玛数控设备有限公司主要产品包括线切割机床、电火花穿孔机、电火花成型机、数控雕铣机，产品广泛运用于航空航天业、军工、汽车、电子、IT、通信、机械制造、模具加工、仪表等众多行业和领域；苏州博众精工科技有限公司产品包括工业机器人、非标自动化设备、装配自动化设备、检测自动化设备、自动化成套设备及其软件产品，其数控相关专利涉及供料、上料、定位、夹紧、顶升等相关结构。

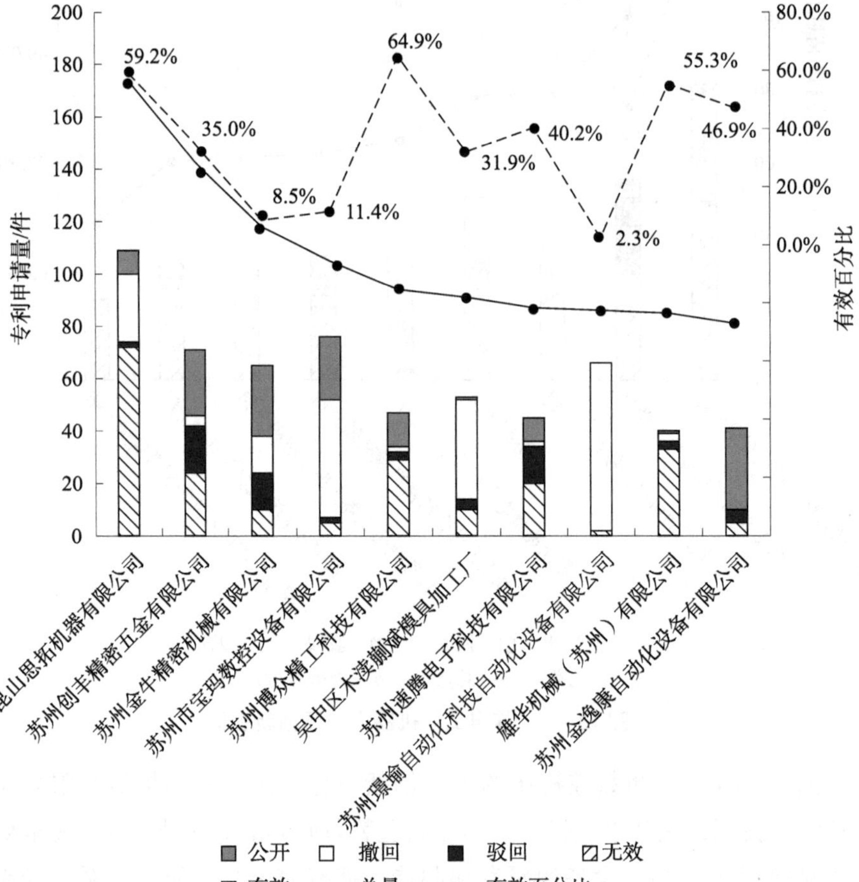

图 13-16　苏州数控机床主要创新主体

综上所述，在专利方面，苏州自动化产业链中工业管理系统和测控领域相对来说是短板，暂无行业领先企业；苏州的智能输送、数控技术由于具有博众精工、新美星、昆山思拓、宝玛数控等行业领先企业，使其在国内处于领先地位，也占据一定的市场份额；智能输送分支中搬运机器人领域，苏州目前有两家行业领先企业，但在数控和机器人的核心技术方面并无明显优势。

13.4 针对不同下游应用产业的对标企业分析

对于应用自动化生产线的下游企业，绝大多数以采购成套生产线和成套加工设备应用为主，从事相关技术研发的企业较少。很多传统企业尤其是纺织和电子信息行业的企业，由于目前改造成本大、竞争激烈、市场需求下降等因素造成部分企业投入意愿不强，更加关注短期收益，因此仅仅对搬运类智能自动化有一定投入倾向。为了深入了解行业现状及分析相关对标企业，本书有针对性地选择了相关四家企业作为调研对象，四家企业分别为武汉华中数控、黄石三丰智能、浙江中控和昆山华恒。这四家企业代表了不同的下游产业链：消费电子（3c）制造业、车辆制造业、石油化工行业及通用加工制造行业，这几个行业也是目前自动化成套设备应用占比最大的行业。

13.4.1 智能输送装备

图 13-17 为智能输送设备下游产业分布图，图中不仅展示了智能输送设备分布于各领域的占比，还进一步展示了每个领域中的对标企业。在智能输送设备分支中，以汽车制造、重工机械为重点应用领域，专利申请占 38.95%。相关专利一部分主要应用在整车制造厂，如吉利汽车等；另一部分主要应用于车辆的焊接、电镀、总装等生产线，如湖北三丰智能等。此外，在智能输送设备领域中，江苏天奇集团、沈阳新松集团在市场份额上占比较大，属于业内领先企业，为三丰智能的主要竞争对手；然而从专利申请内容来看，江苏天奇和沈阳新松集团输送相关的专利技术分别集中在物流仓储和机器人应用领域，因此在汽车制造、重工机械的应用领域中相关专利数量不如三丰智能。

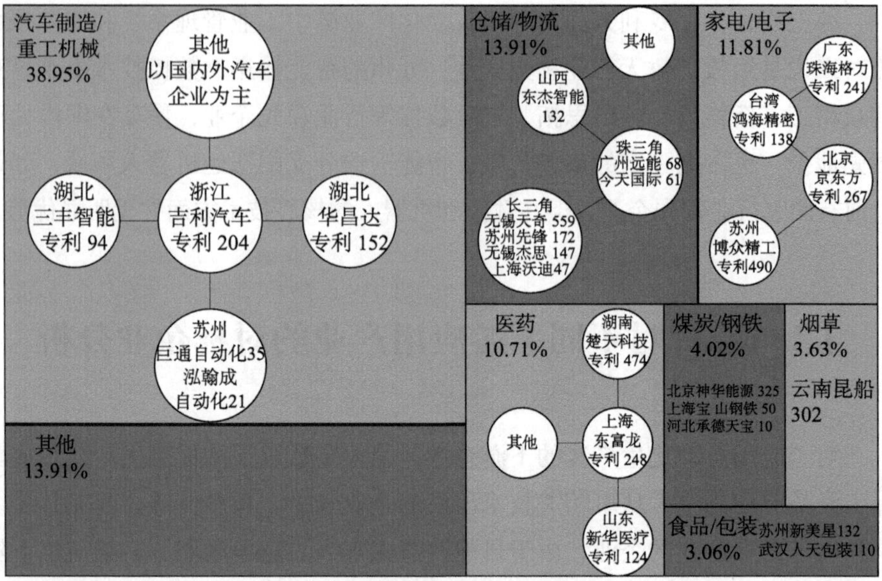

图 13-17 智能输送设备下游产业分布

湖北三丰智能输送装备股份有限公司以智能控制技术为核心，提供产品集成及整体规划方案，是国内最早从事智能物流输送成套装备的研发、设计、生产制造、安装调试与技术服务于一体的企业之一。湖北省形成三丰、华昌达为行业领先龙头企业领衔的产业集群，抱团优势明显。图 13-18 为三丰智能专利的法律状态分析图，从图中可见其专利有效性高达 81%，但是其中实用新型专利申请占 67%，发明专利申请仅占 14%，由此可见该公司具有一定的创新能力和知识产权保护意识，但是缺乏对重点技术进行专利布局的意识，使得创新能力有限。

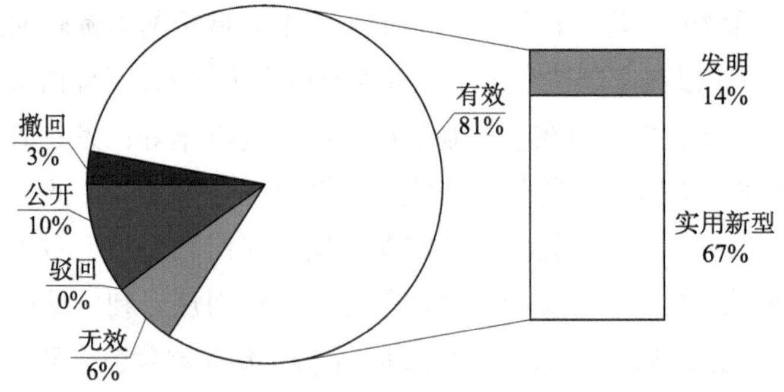

图 13-18 三丰智能专利的法律状态分析

在苏州市具有影响力的800家企业中（2019年工信部网络数据下载），经过统计和标引出汽车相关企业11家，其中10家企业具有智能示范车间，包括首家中英合作的项目奇瑞捷豹路虎常熟工厂、丰田汽车（常熟）零部件有限公司、常熟观致汽车等。奇瑞捷豹路虎常熟工厂拥有独立自主的整车开发能力，拥有自动化率达全球领先水平的冲压车间，还拥有含数百台机器人的焊装车间。目前，具有智能示范车间的10家企业中有7家为国外来华投资企业，其生产线并不由苏州本土企业供给，仅有少数的本土车辆生产线供给企业。如苏州泓翰成自动化系统设备有限公司和苏州巨通自动化，前者主要涉及的行业领域有汽车及汽车配件、发动机、变速箱工程机械、物流仓储、机械加工等，主要客户包括上汽集团、大众汽车、中国重汽、江铃汽车等一批国内外知名企业；后者为一个以设计、制造自动化物流输送系统、工业自动化专机及涂装设备为主的技术先导型企业，公司先后为潍柴动力工厂、康明斯发动机有限公司设计制造了发动机装配线和辅助装配线，为北方奔驰汽车公司、无锡美驰车桥公司、江铃汽车公司设计并制造了重型汽车后桥总成装配线、后桥主减速器总成装配线、汽车零件加工输送线等。将苏州本土企业对标湖北企业，它们在智能输送领域的技术构成如图13-19所示，从图中不难看出苏州巨通和泓翰成的研发实力、创新性、知识产权保护意识等方面均与湖北相关企业差距较大。虽然苏州本土的两家企业主要涉及汽车加工领域，但是它们在该分支的专利申请量为0，说明它们的创新性不高，知识产权保护意识不强，在自身优势应用领域内自我提升意识不够，因此在产业、知名度上均无法与湖北的对标企业相抗衡。

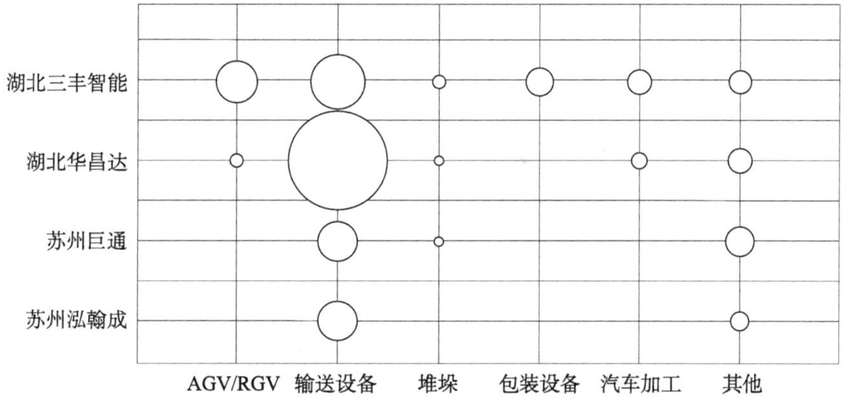

图13-19　本土企业和对标企业在智能输送领域的技术构成示意图

13.4.2 搬运机器人（AGV）

近年来AGV小车（Automated Guided Vehicle，AGV）在智能输送领域中呈迅速发展趋势，AGV指装备有电磁或光学等自动导引装置，能够沿规定的导引路径行驶，具有安全保护及各种移载功能的运输车，工业应用中不需驾驶员的搬运车，可充电的蓄电池为其动力来源。AGV小车应用领域广泛，主要集中在仓储业、制造业、邮局、图书馆、港口码头和机场、烟草、医药、食品、化工、危险场所和特种行业等领域。2013年，工信部《工业和信息化部关于推进工业机器人产业发展的指导意见》出台，明确把AGV产品纳入工业机器人范畴。从国内市场来看，众多新行业对AGV的需求量不断上升，而电子、汽车、家电等自动化行业在一段时间内仍将是AGV的主要应用市场。由于搬运机器人的需求和市场急剧上升，大批企业纷纷涌入该行业。为此，本书选择了国内焊接机器人的领先企业昆山华恒作为调研对象，昆山华恒除了焊接机器人外，还涉及相应的智能输送机器人及其控制系统。

昆山华恒工程技术中心有限公司是昆山华恒焊接股份有限公司的全资子公司，是从事精密机械、自动化设备、物流输送及仓储系统的开发、设计、制造与服务的专业厂家，产品涵盖工业机器人助力机械手、pick-up、T型机器人、多轴机器人、特种机器人；智能装配线、智能仓储线、智能物流线；MES系统、WMS系统、AGV、RGV和自动物流系统，广泛应用于工程机械、能源、轻工、食品、医疗、仓储、物流等行业。昆山华恒的专利法律状态如图13–20所示，可见该企业的专利技术含量较高，知识产权保护意识较强，有效性在45%，其中发明占比29%；另外，从其无效专利也高达26%中可以看出，其涉及的工业机器人、AGV等产业竞争相当激烈。

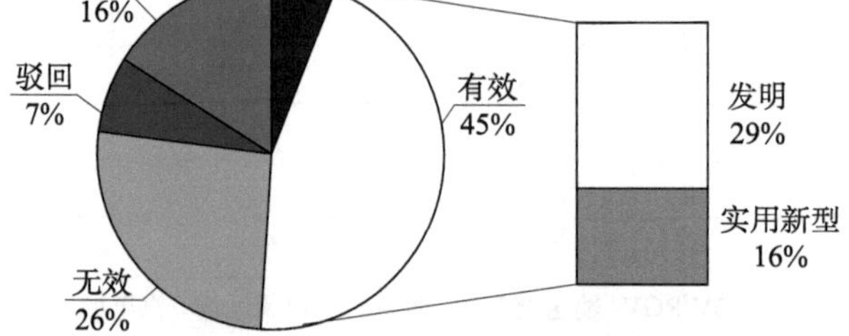

图13–20 昆山华恒专利法律状态分析

结合图 13–21 可见，国内自动导引运输车 AGV 主要生产企业包括沈阳新松、云南昆船和北京机科发展。由于智能制造不断发展，2014 年开始，AGV 生产商融资并购进程加快。北京机科发展、沃迪装备、佳顺智能等生产商纷纷融资扩能，而华晓精密、嘉腾机器人等生产商也通过引入资金充足的大企业方式加速发展。

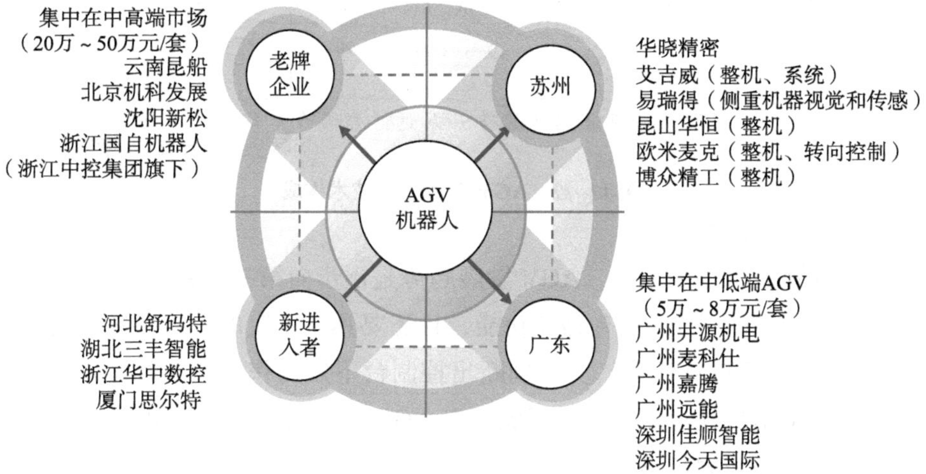

图 13–21　AGV 机器人对标企业

目前，国内 AGV 市场两极分化较为明显，中高端市场以沈阳新松、云南昆船、北京机科发展等公司为代表，产品价格一般在 20 万～ 50 万元 / 台（套），有的甚至高达 100 万元 / 台（套）；中低端市场以广州远能、深圳佳顺智能、广州嘉腾等公司为代表，其轻负载 AGV 产品价格普遍在 5 万～ 8 万元 / 台（套）区间，最低价格可至 2 万～ 3 万元 / 台（套）。智能仓储行业的快速发展，使得 AGV 的需求进一步扩大，众多新行业对 AGV 的需求量不断上升，而电子、汽车、家电等自动化行业在一段时间内仍将是 AGV 的主要应用市场。目前，苏州 AGV 主要生产企业包括苏州艾吉威机器人有限公司、苏州先锋物流装备科技有限公司、苏州博众精工和华晓精密工业（苏州）有限公司。尤其是苏州艾吉威机器人有限公司专门从事 AGV 的研究与销售，并已申请和取得多项欧美专利。

图 13–22 所示的是中国国内申请的 AGV 小车的主要专利技术布局，可见专利技术布局主要在以下 3 个方面。

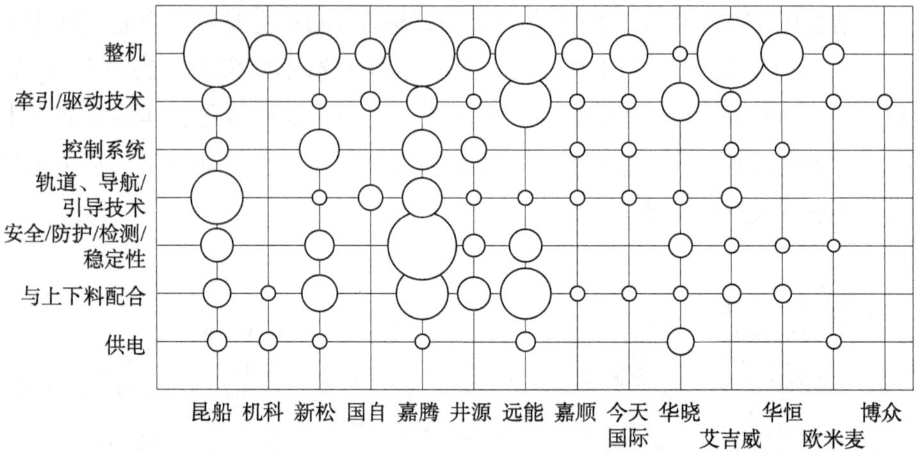

图 13–22　AGV 对标企业技术构成

（1）导航技术。

从导航技术创新来看，AGV 发展趋势是逐步向第三代智能移动机器人过渡，要求 AGV 不仅具有感知功能，且还要具备一定的决策和规划能力。AGV 通过理解自身任务，实时判断出控制台下发的作业任务和运动目标，自主地决策出最佳运动路径。因此很多 AGV 生产商开始研发更多先进的导航技术，由原来固定路径导航逐渐向自由路径导航发展，如自主激光导航、惯性导航、二维码导航、差分 GPS 导航及自然轮廓导航等。

（2）控制技术。

从 AGV 控制技术发展现状和趋势来看，专利技术布局主要是在开放式结构、通用性器件与平台的发展、混合供电技术、智能传感器技术的应用等领域。从而提高 AGV 系统的兼容性和扩展性，使 AGV 更为智能。

（3）本体部件。

目前 AGV 广泛应用于仓储、物流等行业，今后的趋势是家庭及服务行业，AGV 本体将向灵活性、高速性、小型化方向发展。因此，很多 AGV 生产企业对 AGV 轮系、控制单元、供电系统等部件向微型化、高性能化方向不断研究和发展，并考虑批量产业化生产。国内相关专利集中于导航技术、控制系统和车辆本体上，特别是随着人工智能技术的不断研究和探索，对于通信导航、精准控制、能量转换方面不断深入研究。

从图 13–22 中可以看出，大部分企业关于 AGV 整机的专利申请量较大，其中苏州艾吉威、云南昆船、广东嘉腾、广州远能申请量最大，而控制技术申请量较大的则是沈阳新松和广东嘉腾。对于国内企业来说，虽然新松机器人、昆船装备和机科股份等企业占据市场较大份额，但从专利申请数量来看，这三家企业并不领先，主要原因是相关大型企业均为多种经营，AGV产品中的部分技术已包含在其他产品中，并且诸如昆船集团和机科股份的AGV技术以引进国外成熟的AGV技术为主，主要是引入美国Kollmorgen公司AGV控制与导航技术进行国内组装。随着国内技术不断成熟和发展，国内一些AGV专门厂商正不断加大技术研发力度，开展专利布局，力图在下一步的AGV发展中占据技术优势和市场份额。

13.4.3 消费电子

武汉华中数控为高档数控机床领域的领先企业，同时也是消费电子（3c）自动化成套生产线的领先企业。目前消费电子等企业大量扎根在苏州，已经成为苏州鲜明特色；同时由于外资企业选择自动化升级，外包份额逐渐减少，人口红利消失，苏州消费电子行业产业升级迫在眉睫。因此本书选择武汉华中数控作为调研对象，通过调研，挖掘出三家行业领先企业，分别为武汉华中数控、苏州胜利精密、广东劲胜智能。

根据现场调研做出图13–23所示的消费电子领域自动化生产线对标企业分析图，从图中可以看出，3C行业自动化生产线供给侧主要分布在广东、湖北和江苏三个集群，具体涉及武汉、苏州、东莞、深圳等多个城市。2015年工信部公布了首批46个智能制造试点示范项目名单，华中数控和东莞劲胜共建的全国首个3C智能工厂成为首批智能制造试点示范项目。

华中数控具有自主知识产权的数控装置已形成了高、中、低三个档次的系列产品，其专利有效性高达47%。根据专利数据库检索，华中数控相关专利的法律状态如图13–24所示，由于技术保密及软件专利申请难度大等原因，华中数控在专利申请方面并不是很积极。公司在前期技术积累基础上，整合国家重大专项3个课题的研发任务，瞄准国外高档数控系统的最高水平，研制了华中8型系列高档数控系统新产品，目前已有数百台新产品与列入国家重大专项的高档数控机床配套应用。同时具有自主知识产权的伺服驱动和主轴驱动装置性能指标也达到国际先进水平，其自主研制的数百台 5 轴联动高档数控系统已在汽车、能源、航空等领域成功应用。公司研制的 60 多种专用数控系统，同时应用于纺织机械、木工机械、玻璃机械、注塑机械。公司与华中科技大学共同组建了全国唯一的具有最高专业学术研究水准的国家数控系统工程技术研究中心，并被科技部命名为“国家高新技术产业化基地”，而且以公司业绩为背景申报的国家发展改革委制造装备数字化国家工程研究中心被批准立项。在数控系统中，具有自主版权的华中 I 型数控系统荣获了国家科技进步奖二等奖和国家教委科技进步奖一等奖；具有自主知识产权的华中“世纪星”高、中、低端系列数控系统产品，已经销售近万套，与国内数十家著名主机厂实现了批量配套，其中五轴联动数控产品打破国外技术封锁，成为我国军工企业（南昌洪都航空集团）选用的首台全国产化高档数控设备。

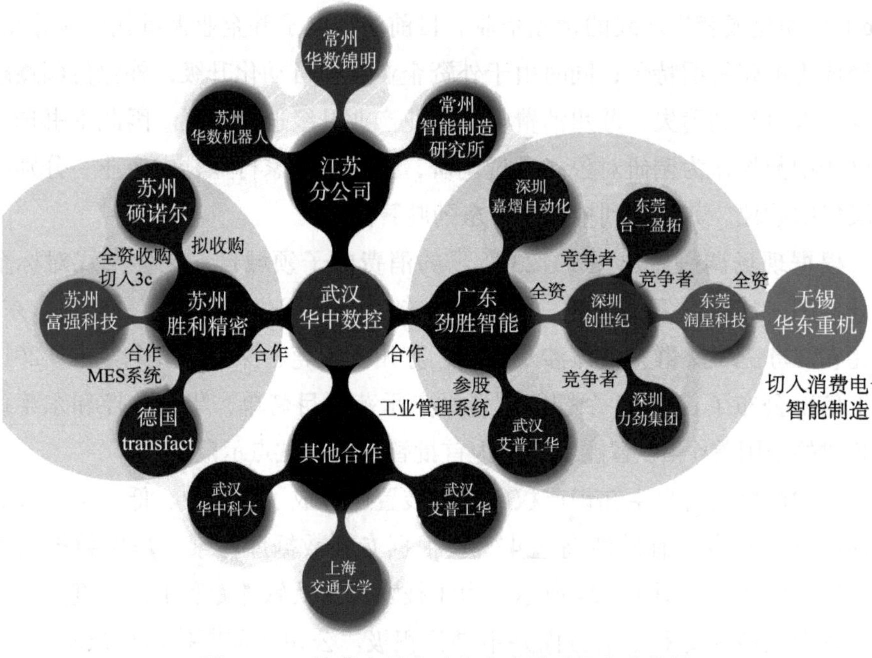

图 13-23　消费电子自动化生产线对标企业分析

注：由于国际技术封锁，广东劲胜联合华中科技大学、华中数控、艾普工华、闪图科技、上海交大组成以劲胜为核心的 18 家企业抱团研发，形成技术整合，长短互补

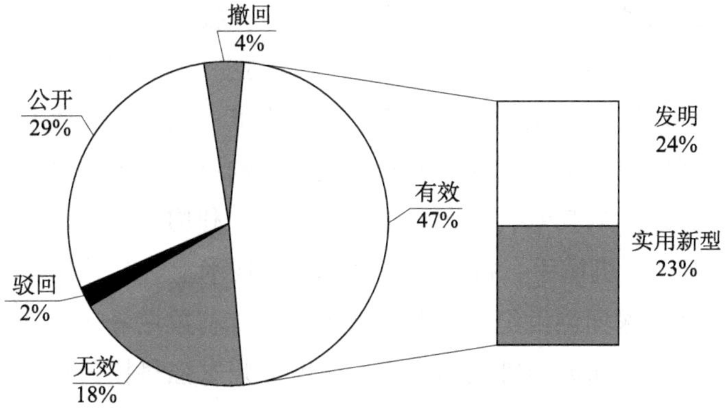

图 13–24 华中数控专利法律状态分析

东莞劲胜精密主要产品为3C产品，在国内设置多个子公司，在收购深圳创世纪后更名为广东劲胜智能，主要产品为数控机床、CNC钻攻机、柔性化全自动生产线，而子公司深圳创世纪机械有限公司（台湾台群机械工业有限公司）是一家专业致力于高品质模具加工设备及零件加工设备技术研发、生产制造、销售及全方位服务于一体的公司，已成为国内实力雄厚的数控机床制造企业。深圳创世纪公司主要竞争对手为台一盈拓、润星科技和力劲集团，其中润星科技为华南最大的数控机床全产业链企业，于2017年9月被无锡华东重机收购，自此华东重机切入智能装备制造业。

苏州胜利精密传统主业是塑品NB、电子产品终端零件，是国内产销规模最大、研发能力最强的专业精密结构模组制造服务商之一，主要从事精密结构模组的研发、设计、生产和后续改进等全流程服务，产品规格齐全，主要产品包括精密金属结构件、精密塑胶结构件、Base、精密模具等，并在购入苏州富强科技后切入3C智能装备制造业。苏州富强科技同时能够提供自动化检测、自动化组装、自动化控制集成、成套生产线等解决方案，现阶段产品主要有4大类型：①高精度全自动测量设备，采用非接触的光学测量或接触式探针测量；②高精度全自动组装与检测系统设备，集成了精密光学影像系统与高精度机械手；③智能制造全方位解决方案：全自动的数据采集、分析处理、远程控制与远程服务等；④精密的夹治具，配套该产品也有一定量的专利技术。

图 13–25 为消费电子自动化生产线对标企业技术构成示意图。华中数控具有自主知识产权的 GK6、GK7 全系列永磁同步交流伺服电机和 GM7 系列交流伺服主轴，同时实现了批量生产，是国内唯一拥有成套核心技术自主知识产权（包括数控系统、伺服单元和电机、主轴单元及主轴电机等）和自主配套能力的企业。从其专利分布也可以看出，专利均匀分布在控制技术、检测技术、机器人 / 机械手、机床和电机等核心技术上。劲胜精密公司由于收购数控机床企业深圳创世纪，因此其数控机床专利数量最多，并具有少量控制技术知识产权。而苏州胜利精密由于收购苏州富强科技公司，因此在自动化组装、检测方面占有明显优势，但在核心控制技术、电机等方面缺乏核心知识产权。

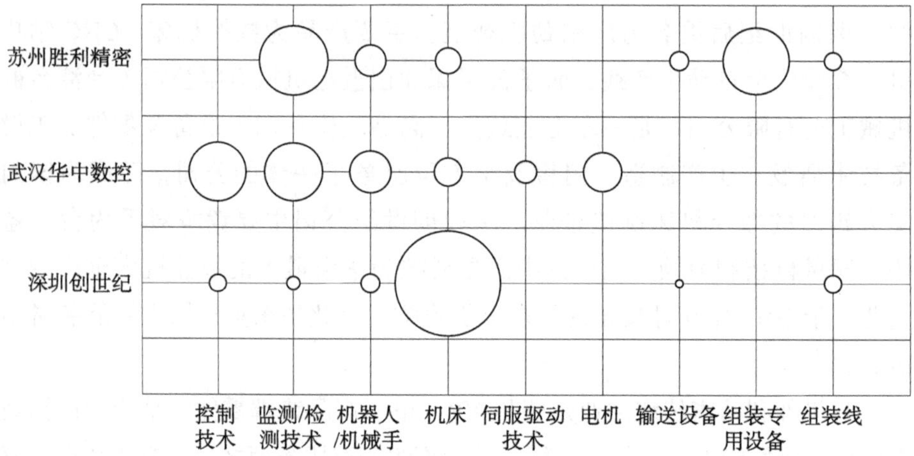

图 13–25 消费电子自动化生产线对标企业技术构成示意图

在工业管理软件方面，华中数控和劲胜智能联合软件公司艾普工华同时走自主研发道路，只为完全打破西门子等国际公司垄断的局面，而苏州富强科技公司则与德国传思法特（transfack）签署战略合作协议，进行行业抱团、资源整合。

13.4.4 流程工业自动化

流程工业自动化主要应用于石油、化工、饮料、灌装、医药等领域，与消费电子、车辆制造行业不同的是，流程工业自动化主要涉及控制器、现场仪器仪表传感器上游产业，并采用特殊的加工设备，因此不涉及数控机床加工设备。

图 13–26 为流程工业自动化生产线对标企业示意图。浙江中控集团始创于 1993 年 3 月，是中国领先的自动化与信息化技术、产品与解决方案供应商，业务涉及流程工业自动化、机器人、科教仪器等领域。旗下包括浙江中控技术股份有限公司、浙江浙大中控信息技术有限公司、浙江中控自动化仪表有限公司、浙江中控软件技术有限公司、浙江国自机器人技术有限公司，其产品体系及工业自动化信息化整体解决方案分别为现场仪表、控制阀、控制系统（DCS、SIS、PLC、RTU、SCADA）、先进控制与优化（APC）、制造执行系统（MES）、企业信息系统（ERP）及智能工厂建设整体解决方案等；浙江中控流体技术有限公司是中控集团下属子公司，其核心产品——工业过程控制阀是中控 InPlant 工业自动化整体解决方案的重要组成部分；浙江中控系统工程有限公司是中控集团的核心子公司，提供自动化整体解决方案和服务，业务范围包括项目设计咨询、自动化与信息化集成、现场安装与调试等全方位的服务。该公司同时涉足化工、石化、冶金、造纸、水泥、煤化工、炼油、食品饮料、氟脂、制药等行业，并具备成熟的整体解决方案。该公司所开展的系统集成项目在国内处于优势地位，连续六年蝉联 DCS 国内市场占有率第一位，并承接诸多亚洲乃至全球最大项目，包括亚洲最大的油气开采自动化 MAC 项目、全球最大甲醇生产装置生产线、全球顶级煤制烯烃 MAV 项目、亚洲顶级大型化肥项目。2015 年，浙江中控集团实现百万吨级烯烃 DCS 国产化零的突破；2016 年，浙江中控推出自主研发并已取得 TUV SIL3 证书的 TCS-900 系统，已在 ESD、BMS、FGS、CCS 等场合广泛应用。2024 年，其推出了震撼全球自动化领域的通用控制系统 Universal Control System（UCS）。UCS 的面世不仅颠覆式地开创了工业控制系统新理念，更是奏响了自动控制技术跨时代革命的序曲。

浙江中控集团的专利集中在总线控制、数据接收、监测预警等方面，专利有效性高达 63%，如图 13–27 所示。与华中数控不同的是，浙江中控集团非常注重专利保护，目前已形成了自我专利保护壁垒，其中其 ESC-700 控制系统已经达到世界先进水平。

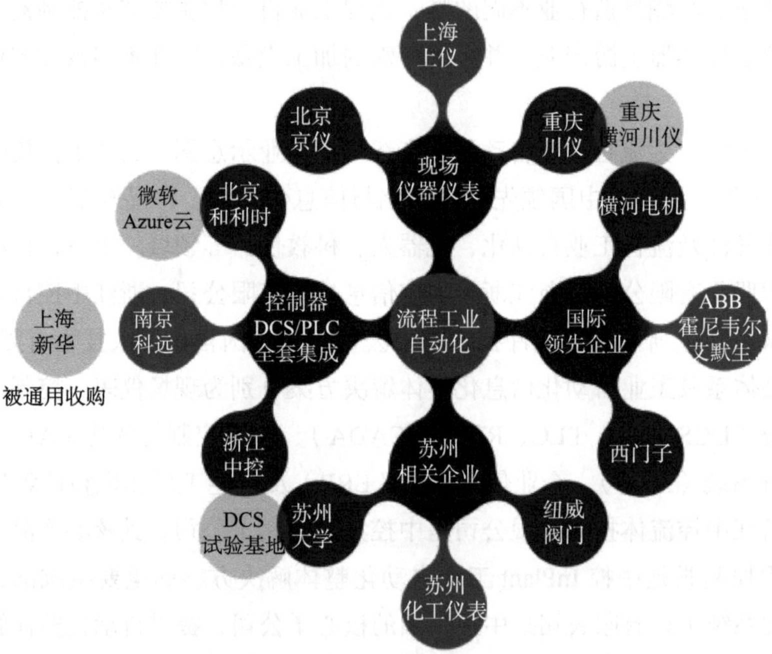

图 13-26 流程工业自动化生产线对标企业示意图

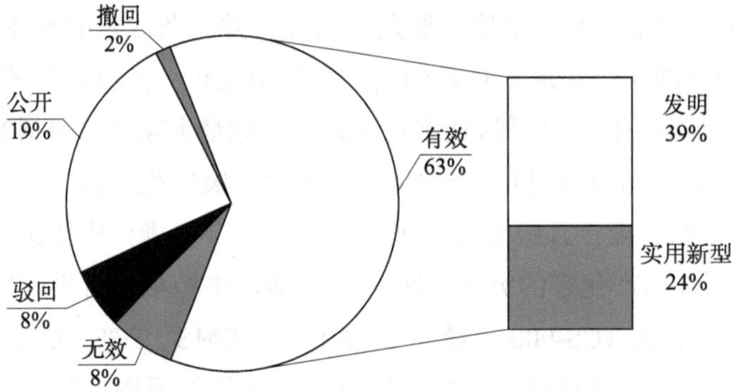

图 13-27 浙江中控集团专利法律状态

图 13-28 为流程工业自动化对标企业技术构成示意图。从图中可见，浙江中控集团的专利集中在控制系统和检测技术，同时这两项技术也是流程自动化的关键技术，而重庆川仪除了控制系统和检测技术外，仪表也有一定的申请量。

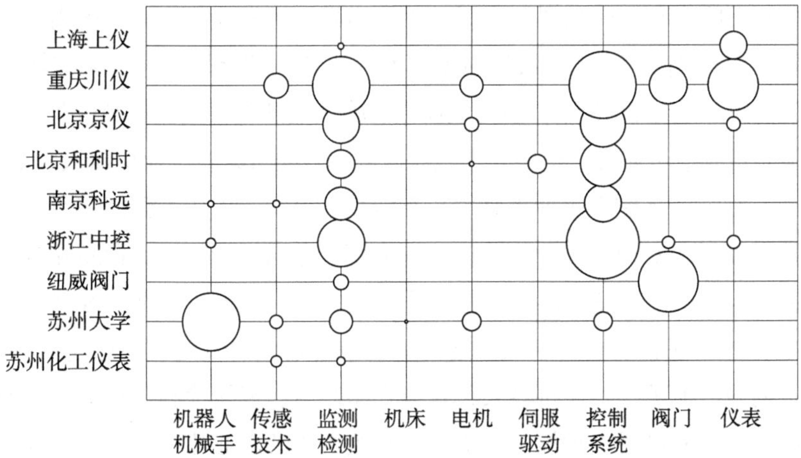

图 13–28 流程工业自动化对标企业技术构成示意图

对于苏州来说，纽威阀门是中国最大的工业阀门制造商与出口商，主要生产球阀门等仪器仪表，其隶属于纽威集团，包括纽威数控装备公司。该公司为长江以南地区产品系列最全、产品型号最多的数控机床生产商，承担国家科技重大专项，是国家火炬重点高新技术企业，同时也是江苏省出口最多、规模最大，品种最全和销售额最大的金属切削机床生产企业。企业内建立江苏省工程技术研究中心、江苏省企业技术中心，并设有工程院院士工作站，目前纽威机床研究院有 100 多位国内机床行业一流的研发工程师。此外，浙江中控与苏州大学共同建立 DCS 实验基地，也为苏州流程工业自动化人才储备提供一定帮助。

13.4.5 家电

图 13–29 所示为国内家电产业领域的对标企业分析。

1. 珠海格力

根据中国专利数据库检索结果可知，在专利数量上，珠海格力电器在测控系统领域、机器人领域及输送设备领域的申请量在全国相应领域中申请量列居前十位。2012 年以前，格力电器累计申请专利仅 5 000 余件，然而截至 2023 年 10 月，格力电器累计申请专利约 124 495 件，其中累计申请发明专利 58 497 件，累计授权发明专利 19 032 件。此外，格力电器还拥有光伏直驱变频离心机、三缸双级变容压缩机等 18 项国际领先技术，使其长期保持全球空调市场占有率第一的位置。早在 2013 年，格力电器已前瞻性地部署智能装备制造业，并设立了智能装备制造事业部，提出要重点突破高档数控机床和工业机器人两个方面。2015 年，智能装备制造事业部独立为智能装备公司，仅用不到四年时间，就自主研发了超过 100 种自动化产品，广泛应用于电器、新能源、食品和节能等领域。2023 年年中报告显示，格力电器的智能装备业务实现营收 2.48 亿元，同比增长 23.68%。在智能装备领域，格力智能装备自主研发的产品已超百种规格，覆盖了伺服机械手、工业机器人、智能仓储装备、智能检测等十多个领域，基本完成了从工业机器人到核心零部件、数控机床的产业化布局，为定制化的工业机器人集成应用、大型自动化生产线提供了解决方案。

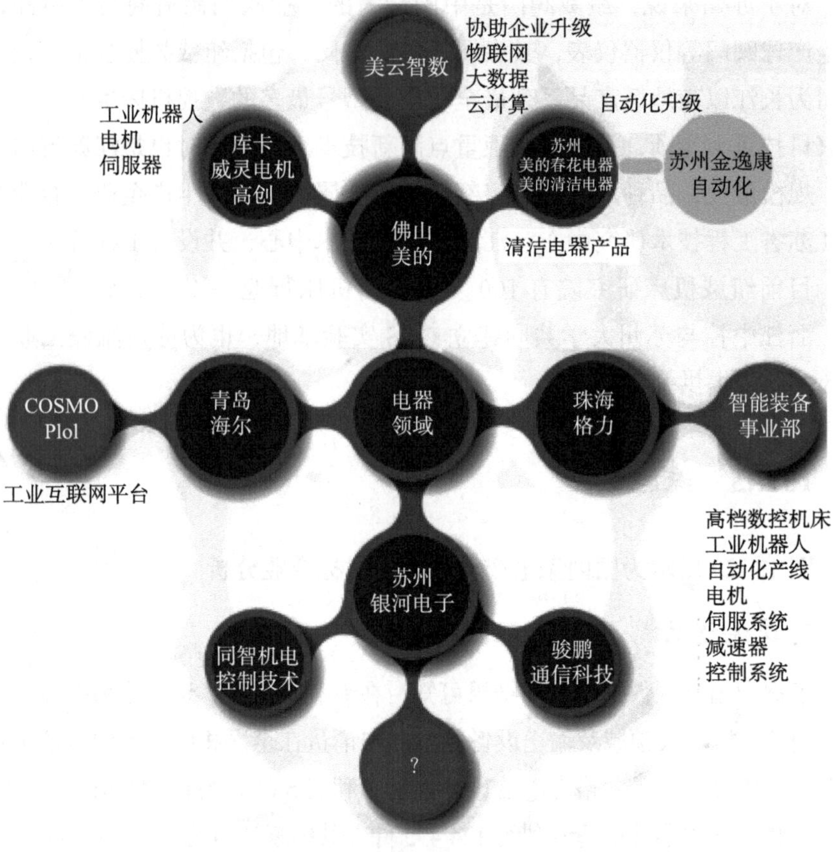

图 13-29　国内家电自动化生产线对标企业示意图

2. 美的集团

根据专利数据统计，美的集团仅在工业管理软件方面专利数量就排在全国前十位。美的集团利用互联网技术实现转型升级，在智能制造、数字化运营方面取得实质性突破。美的家用空调的智能制造战略将分为自动化、信息化和智能化三个阶段，通过“信息化/自动化”的融合，实现设备自动化、生产透明化、物流智能化、管理移动化、决策数据化的智能化工厂体系。第三阶段智能化将全面推行人工智能技术、机器人和数字化制造技术相结合，初步实现制造智能化，并成功打造智能工厂。

美的集团提出了“双智战略”（智能制造＋智慧家居），智能制造关注的是智能产品保障能力的打造，智慧家居关注的是以用户为中心的应用场景和应用体验打造，最终就是要探索在互联网时代，通过智能化的制造和智能化的产品，优化产品经营结构，从而提升和改善企业的盈利能力。而美的集团对库卡公司的收购无疑是美的集团“双智战略”的重要举措。

3. 海尔

2017年11月16日，广州南沙开发区管委会与海尔集团签署合作协议，双方将携手打造智能“大脑”COSMOPLAT产业示范中心，COSMOPLAT工业互联网平台是与德国工业4.0平台、美国工业互联网并驾齐驱的智能制造“大脑”，并在南沙布局智能制造及智慧物流中心、电商物流运营中心。虽然同样是将机器换人作为未来企业的智能制造战略重点，工信部公布《2023年度智能制造示范工厂揭榜单位名单》，海尔智家有2家工厂入选。海尔、美的、格力三家所实行的模式完全不同，海尔集团走的是平台化驱动之路，跳出硬件和内容之争，输出全套的智能制造解决方案；美的集团是通过收购全球先进企业，引进先进产品技术和设备，并进行全球化营销和协同；格力集团则是通过自力更生进行多元化精益制造，加速在智能装备和智能家居的发展进程。格力下功夫解决的核心零部件的供应能力无疑是中国制造业的短板之一，而美的集团重点关注信息技术对制造业的改造，也是GE、西门子等全球制造业领导者近年来关注的重点。

4. 银河电子

苏州张家港的银河电子股份有限公司是国内最早从事数字电视终端研发、生产、销售的企业之一，银河电子股份有限公司总部位于江苏省张家港市，现已发展成为一家综合型企业集团，公司旗下业务涵盖新能源电动汽车关键零部件、国防军工特种装备及数字电视智能终端设备等多个领域，市场覆盖全球多个国家和地区。银河电子作为实力较强的综合性企业，近几年逐步加大智能车间创建的工作力度，围绕设计、生产、管理等智能制造各环节来加快智能车间建设，并努力构建制造业竞争新优势。目前，已实现了激光切割、数控冲剪与折弯、自动焊接、表面处理等工序的智能化、自动化加工，通过技术改造不仅大大提高了生产效率和产品质量。银河电子主要通过购买设备和生产线提高自动化生产效率，其申请的专利主要集中在机顶盒、机壳、卫星接收器、装配工装、流水作业台，线路板上，有部分“自动折弯工业机器人”“自动焊接工业机器人”“工业压铆机器人”“智能焊接系统——多工位多焊种联动”等钣金制造智能化设备技术。银河电子收购的合肥同智机电控制技术公司和福建骏鹏通信科技有限公司，这两家企业都属于智能制造产业链上游企业，经营范围包括高频开关电源、独立系统的机电管理系统、特种电机及控制器的研发、生产、销售等，均是科技小巨人型企业。综上所述，银河电子是具备发展智能制造装备供给的综合型企业。

5. 苏州美的春花电器、美的清洁电器

2005 年江苏春花电器集团股份有限公司进行整体改制，与广东美的电器股份有限公司合资，改名为美的春花电器股份有限公司。江苏美的清洁电器股份有限公司是美的集团厨房电器事业部的专业化清洁器具生产企业，从专利来看，美的春花电器和美的清洁电器的专利集中在吸尘器及其周边产品，并没有智能装备相关供给侧的专利申请。这两家企业均没有在供给侧进行相关专利申请，目前只有苏州金逸康自动化设备有限公司参与到美的春花电器的自动化生产线的改造升级过程中。

13.5　苏州工业自动化生产线发展机遇与挑战

位于长三角核心地域的苏州市，因经济的创新发展模式已成为全国范本。目前苏州的传统制造业不仅拥抱云计算大数据，还走在以互联网技术推动产业转型升级的前沿，并带动以苏州、无锡、常州为代表的整个苏南地区的经济腾飞。苏州工业自动化发展虽然面临较大的挑战，但同时又迎来新的机遇。目前，苏州已经引进了一批国际领先工业自动化生产线相关企业，如意大利柯马、德国徕斯（库卡）、三菱电机、纽威、ABB、博世、川崎精密机械（苏州）有限公司、西门子等。同时也有一批国内领先企业非常重视苏州市场，先后在苏州设立子公司或加工厂，如汇川、北京精雕、优纳科技、华启智能等。更为重要的是，苏州本土成长起一批具有一定核心技术和行业影响力的自动化供应企业，如昆山华恒、博众精工、苏州铂电、绿的谐波、达谊恒、华晓精密、苏铸、富强科技、凯蒂亚、胜利精密、苏福马等。除了汇川苏州（深圳汇川分公司）外，苏州有影响力的测控系统企业数量稀少，可以说工业管理系统和测控领域环节仍是短板。由于苏州昆山和工业园区的数控机床相关企业较多，因此苏州的数控机床专利占比较大，但是生产高档数控机床并拥有核心技术的企业并不多，专利申请也都集中在上下料、夹具治具、检测等领域，同时核心控制技术并不占据优势。苏州的智能输送领域由于具有博众精工、新美星、华晓精密、艾吉威等行业领先企业，因此在国内处于领先地位，同时占据一定的市场份额。

对于上游产业链每个分支来说，在工业管理软件领域，苏州有博云软件、华冠科技、通商软件、天智智能系统公司，均提供ERP、MES等工厂管理系统的开发和定制。通商软件还具有两项著作权，然而这几家企业均未申请过相关专利，所以市场份额也很小；而在该领域的专利创新主体中，位列前几名的申请人的专利申请量较多，但相关专利内容为人力资源管理、仓储管理等，不涉及自动化工业管理。

在测控技术领域，苏州天准科技、优纳科技、华启智能、凡特斯测控科技等是行业内优秀的工业自动化生产线自动检测企业，也都拥有部分专利技术，但均不涉及核心驱动控制技术。在该领域专利创新主体排名中，位居前列的泰信电机和圣马特电机的专利集中在电机插纸、供线及电机结构，只有苏州汇川技术有限公司专利涉及电动机、伺服电机控制器及变频器相关技术。

在输送领域，苏州先锋物流专利申请量位列国内前十位，然而其专利集中于简单搬运机械而非高端装备。在智能输送的 AGV 搬运机器人领域里，苏州华晓精密（已被上海科大智能收购）、苏州艾吉威分别在国内排名第五和第七位，艾吉威拥有 43 项专利，华晓精密拥有 30 项专利，因而在行业内具有一定的影响力。此外，新美星作为包装输送机行业领先企业，拥有高达 132 项专利，焊接机器人领先企业昆山华恒也申请了大量搬运机器人相关专利。

在工业机器人和数控机床领域，苏州涌现出一批拥有关键核心技术的优秀企业，如博众精工、绿的谐波、昆山华恒、高通机械、富强科技（被苏州胜利精密收购）、昆山思拓、宝玛数控等，这些企业均在行业内具有一定的影响力。

在非标自动化生产线领域，纽威阀门、昆山萨驰、胜利精密、苏铸、苏福马、新美星、斯莱克、菱欧自动化等企业也是行业内特色小巨人。

综上所述，在整个自动化行业中，苏州在智能输送、数控机床、工业机器人领域具有一定的优势，然而在自动化的关键分支如工业软件、智能测控方面仍欠缺优势企业。国内自动化领先企业，如深圳汇川、南京新时达等，都是由于具有核心的测控技术才逐步发展壮大，因此苏州在该核心领域的缺失，有可能影响其整个产业的持续发展。

13.5.1 发展机遇

1. 苏州工业大数据创新中心成立

2016 年 9 月，清华大学工业大数据研究中心发起并联合相关企业院所及高校，成立北京工业大数据创新中心。2017 年 4 月苏州市政府签约成立苏州工业大数据创新中心，以促进工业大数据在制造业聚集地区的应用推广。苏州工业大数据创新中心将被打造成苏州智能制造重要的创新载体，其已经与胜利精密、台达电子、通鼎互联等首批战略合作单位签署合作协议。

清华大学软件学院、苏州工业大数据创新中心共同签订《工业大数据十百千工程》协议，三方将按照“围绕一条主线、推进四个结合、实现六个突破”的苏州制造业发展总体要求，实施苏州“工业大数据十百千工程”，即为十家企业示范工程证明价值示范，为百家企业解决方案落地实施，为千家企业诊断把脉指明方向。苏州工业大数据创新中心和首批战略合作单位共同签订战略合作协议，将依托苏州工业的优势行业，以苏州“工业大数据十百千工程”试点先行、行业推广、平台化发展为推进步骤，以苏州工业大数据应用平台为基础，切实摸索并落地行业云的最佳实践，建设以领先企业为龙头的行业聚集新生态。

2. 阿里云助力苏州工业自动化升级

阿里云 ET 工业大脑入驻苏州的协鑫光伏切片生产车间。仅在半年的测试调整期间，ET 工业大脑就在数千个生产参数中发现了影响光伏良品率的规律，帮助提升协鑫光伏提升良品率 1%，一年可以节省上亿元的生产成本。苏州波司登这一拥有 40 年历史、主打羽绒服的知名品牌，已经在与阿里云的合作中率先体验到数据对“新零售”的驱动作用。波司登与阿里云联合搭建“零售云平台”，囊括全局共享的库存中心、用户中心、交易中心和订单中心等。整条交易链上的人、货和交易信息，都被汇聚到即时动态变化的平台上。波司登在此基础上成功开发自动补货系统，有效减少缺货损失 21%，售罄率同比增长 10%，成功解决了困扰服装行业的库存问题。苏州的科沃斯扫地机器人也通过阿里云获得了新的自我进化能力。阿里云连接科沃斯，科沃斯连接用户，设备商以及用户形成共生关系，机器人的行为会通过数据直接反哺企业，同时让企业完成自我进化。

3. 苏州市智能制造产业联盟正式成立

苏州市智能制造产业联盟共有 204 家会员单位，涵盖了智能装备制造商、智能制造软件服务企业、智能制造系统集成服务商、智能制造应用企业、高等院校、科研院所等领域，还包括了银行、证券、融资租赁等金融服务机构，实现了智能制造创新链、产业链、金融链有效贯通，汇聚形成了推动苏州市智能制造发展的强大动力。今后，该产业联盟将突出服务特色，搭建好智能制造公共服务平台；发挥专业优势，建设好智能制造产业发展咨询专家库；强化行业自律，发挥好联系政府和企业的桥梁纽带作用。

4. 库卡苏州富强科技签署战略合作

2017 年起，库卡与苏州富强科技就成立“库卡—富强战略合作联合培训中心”签署了战略合作备忘录，双方在 3C 制造、汽车、医疗、新能源等行业领域展开人才培养方面的合作，共同开发应用型课程，持续性地为智能制造行业输送高端人才。此次签约是继去年双方联合成立机器人工程应用技术中心后的又一重大战略举措。

13.5.2 发展挑战

1. 核心测控技术被国外垄断

技术与核心基础部件主要依赖进口，国内少量的控制技术企业的产品无法实现多样化应用，如长三角地区小型芯片集聚区的芯片产业应用到工控机上存在困难。新型传感器等感知和在线分析技术、典型控制系统与工业网络技术依赖进口，几乎所有高端装备的核心控制技术严重依赖进口。工业机器人的核心零部件主要包括减速器、伺服电机、控制器三部分，对应着执行系统、驱动系统、控制系统，根据艾瑞咨询公开的《2023 年中国工业机器人行业研究报告》显示，多轴工业机器人的成本中占比分别为 25% ～ 30%、25% ～ 30%、20% ～ 25%。其中减速器成本占比最大，且对精度要求高，而全球减速器行业集中度较高，基本被日本的纳博特斯克（Nabtesco）和哈默纳科（Harmonic Drive）所垄断，全球市场份额超过 75%；控制器方面，复杂高端工业机器人的控制器对进口依赖较高，中低端机器人的控制器国内基本能够实现自给，而伺服电机的技术门槛相对较低，与国际差距相对较小，目前国内部分企业已能实现自给，如埃斯顿、新时达的部分机器人已开始使用自行研制的控制器和伺服系统，但高端市场仍被日本、欧美相关领域的有竞争力的企业垄断，占据近 80% 的市场份额。

2. 关键零部件主要依赖进口

高性能液压件与气动元件、高速精密轴承、大功率变频技术、特种执行机构等主要依赖进口。许多重要装备和制造过程尚未掌握系统设计与核心制造技术，如精密工作母机设计制造基础技术（设计过程智能化技术）、百万吨乙烯等大型石化的设计技术和工艺包等均未实现国产化。智能装备国内市场占有率估计不到30%。其他产业如化工设备、冶金设备、包装和食品机械的国内市场占有率更低，智能印刷机械、智能纺织机械国内基本为空白。目前，苏州技术等级最高的企业为绿的谐波（核心减速器件）和博众精工（装备数控集成）两家企业，前者的生产仍然需要进口日本企业生产的手轮式外圆磨床才能生产合格产品；博众精工生产的非标自动化机械也都在国外企业的成套机器上做集成。

3. 软件系统发展滞后

国内重硬件制造、轻软件开发的思维较为普遍，智能制造装备生产企业的软件技术积累严重不足。在跨国公司加快布局智能制造装备模块化生产和操作系统研发之际，我国智能制造装备产业正面临基础操作系统缺失的风险。智能制造技术是以信息技术、自动化技术与先进制造技术全面结合为基础的，而我国制造业的“两化”融合程度相对较低。目前虽然低端CAD（二维绘图）软件和企业管理软件得到很好普及，但应用于各类复杂产品设计（三维建模）和企业管理的智能化高端软件产品缺失。在计算机辅助设计、资源计划软件、电子商务等关键技术领域与发达国家差距仍然较大。企业所需的工业软件90%以上仍依赖进口。国内大多数企业在生产制造过程中都一定程度地应用了自动化技术，但应用于提高产品质量、实现节能减排、提高劳动生产率的智能化技术严重缺乏。同时，信息技术和相关软件产品与制造工艺技术融合不够。

4. 下游市场不愿投入产业升级

很多传统企业尤其是纺织和电子信息行业企业对智能制造有较高兴趣，但是由于改造成本大、竞争激烈、市场需求下降等因素造成部分企业技改投入意愿不强，而是更加关注短期收益，因此仅仅对搬运类智能自动化有一定投入倾向，这也是AGV在全国迅速升温的原因。信息化、网络化是智能工厂的核心，纺织服装类企业受制于软件条件的不足，智能制造投资的规模远超过承受能力。就生产线自动化改造而言，需要从改造企业运行体系开始，重新构建企业资源计划系统SAP、协同OA平台，况且还需要构建SRM供应链整合系统，由于投入成本原因，这些企业采用“机器换人”难度增加，上游供给侧无法打开市场。

5. 行业自动化基础参差不齐，智能化升级难度大

苏州企业 1.0、2.0、3.0 的发展阶段并存，不同行业、不同企业智能制造的实施基础和路径存在较大差异。随着智能制造的深入推进，部分企业逐渐暴露出数据集成和综合利用能力不足的短板，难以将采集到的生产数据转化为对生产经营决策的支撑，制约了智能化水平的进一步提升。

6. 国产产品价格竞争处于劣势

产业规模小、市场占有率低、品牌影响力小使得成本压力大，国产件缺乏验证机遇。龙头企业的规模难以形成规模效应，企业人力、研发和营销成本居高不下。2022 年我国工业机器人国产化率仅 36%，2022 年四大家族在我国工业机器人市占率 39%，长期处于垄断地位。其中发那科 /ABB/ 安川 / 库卡在中国销量分别为 4.3/2.3/2.3/2.2 万台，市占率达到 15%/8%/8%/8%，合计占比 40%，而同期我国工业机器人龙头埃斯顿 / 汇川技术机器人销量市占率仅为 6%/5%。2022 年大六轴工业机器人国产化率仅 17%。以 165 千克六轴关节机器人为例，国产品牌的生产成本比国外品牌要高出 44%，这导致我国机器人生产企业与外资品牌在价格竞争中处于先天劣势。我国企业习惯国外品牌，缺乏项目经验的本土品牌需要更长时间的验证认同期，即使是有成功经验的产品也难以实现规模化生产。由于产业规模小且没有掌握核心技术，导致产品应用灵活性小，较难针对不同的客户需求进行二次开发。国外企业由于产业规模大，产品种类多，灵活性较强，能够渗透各行各业；国内自动化企业产业规模小，应用范围狭窄。由于自动化设备涉及诸多下游行业，各下游制造业的实际情况千差万别，对自动化设备的实际需求也各不相同，甚至同一行业客户因各自工艺的不同导致其对自动化设备的要求也有很大差异。因此，同样的标准化设备无法有效满足不同企业的实际需求，进而给客户提供满足其要求的自动化成套设备及整体解决方案也面临种种障碍，这种供需之间的矛盾是工业自动化行业亟须解决的问题之一。

第十四章 自动化生产线整体结论及发展建议

本章对我国自动化成套设备生产线的整体专利情况做总结，汇总我国自动化成套设备生产线的基本形势及面临的风险，并给出一定的合理化建议。

14.1 总体结论

中国专利申请总量大，但缺乏有一定竞争力的创新主体，核心技术主要集中在美国、日本、德国三个国家，国外企业已在我国进行大量的专利布局，占据重要地位，同时形成一定的技术封锁，对国内企业形成强大的竞争压力。

在中美竞争态势下，美国在自动化成套设备生产线的整体布局更为完善，全面覆盖自动化成套设备生产线各个分支。美国在各分支全球排名前30的申请人中，测控技术有3位，工业管理软件有12位，工业机器人有7位，数控机床有7位，输送设备有6位。图14–1是中美领先企业（中国6个、美国5个）在7项关键技术（DCS、PLC、机器人/机械手、传感/检测、运动控制器、阀、仪器仪表）的分布。由图14–1可以看出，国外领先企业的申请量整体远大于我国领先企业；横向来看，美国五大企业专利均涉及7项关键技术，而国产品牌涉及7项技术的只有浙江中控、北京和利时、南京科远，其中浙江中控、北京和利时具有一定自动化集成竞争实力。

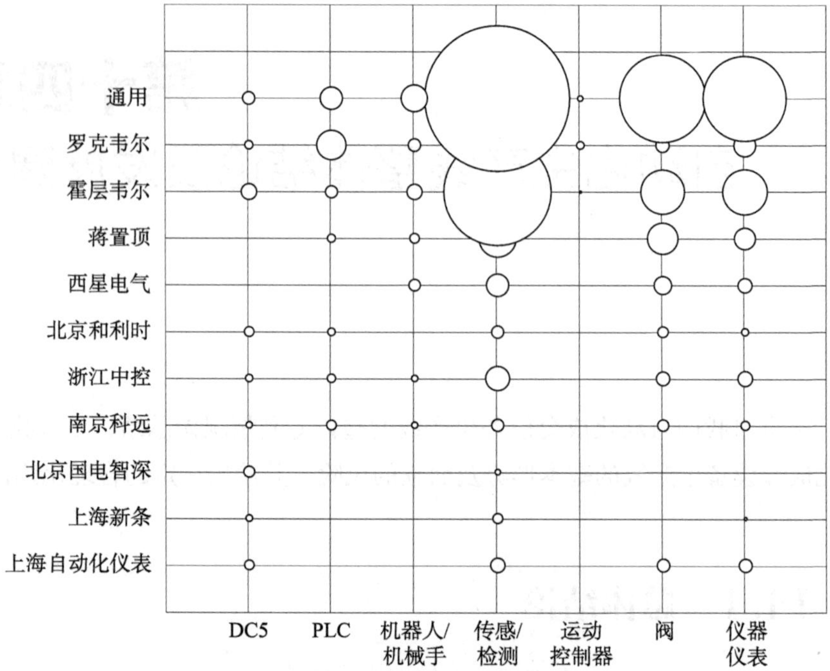

图 14–1 流程工业自动化中美领先企业专利关键技术分布

在中日竞争态势中，日本的优势在于电机、伺服驱动器、机器人、变频器、减速器和关键基础零部件，并在传感、控制、检测技术方面达到世界领先地位。这些领域，国内的新松、新时达、固高、汇川等具有一定的突破（如图 14–2 所示）。此外，日本的欧姆龙、日立、三菱、松下和安川电机在 PLC 方面的专利布局也远高于我国企业（如图 14–3 所示）。

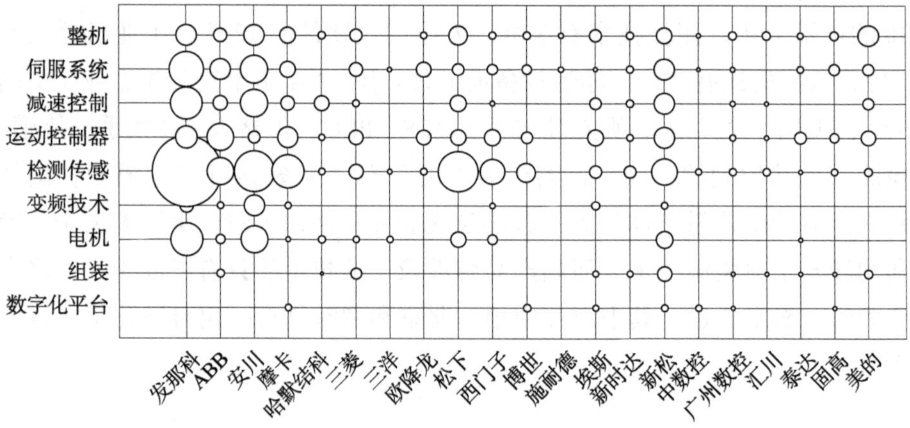

图 14–2 伺服控制、检测、变频等技术中日比较

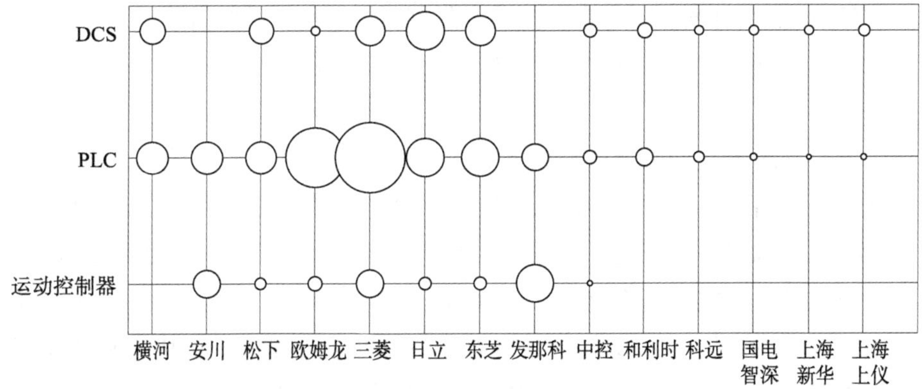

图 14-3　PLC 控制技术中日比较

在中欧竞争态势中，欧洲企业在工控自动化领域分布比较分散，其中以德国西门子、瑞典 ABB 为龙头企业。瑞典 ABB 在全球专利布局数量排名领先，然而 2000 年以来，瑞典 ABB 在中国专利申请量并不领先，对中国最具影响的是西门子公司。西门子公司在核心测控和工业管理软件方面对中国形成了严密包围的知识产权壁垒，其余分支也进行大量专利布局。另外，博世、德玛泰克、德玛吉等在工业机器人、高档数控机床领域也形成了相应的专利壁垒，SAP 在工控 ERP 软件领域虽然占据较大市场份额，但在中国专利布局并不多。相对而言，自 2000 年以来，专利布局排名靠前的企业中欧洲企业已经鲜见上榜，其他欧洲国家则主要集中于意大利的数控机床，以色列的运动控制、伺服控制技术等，这些企业大部分为中小型规模，在中国专利申请量不多，可见中国相对欧洲具有一定的竞争优势。

国外企业在中国就自动化生产线的各方面进行大量布局。DCS 系统方面，国内企业在引进国外技术的基础上，逐渐形成了独立自主的国产 DCS 产业，开始进入大型、综合、成套的关键应用领域，但领先企业在专利保护意识方面与国际企业仍存在不小差距；PLC 控制器方面，德国、美国和日本企业形成了严密的知识产权壁垒，国内领先企业与国际先进水平存在较大差距；工业管理软件方面，MES 系统方面西门子在我国已形成严密知识产权壁垒，国内企业在细分领域深耕突破，但整体对 EMS 知识产权重视程度不足；ERP 系统方面，在全球范围内，SAP、微软和甲骨文占主导地位，国内企业虽然研发投入不断增加，与国际领先企业形成一定的竞争，但在技术层面上与国际企业仍有差距。综上所述，国际领先企业发展有以下路径可供借鉴。

（1）掌握关键核心技术进而横向切入工业自动化集成产业链的各个分支。

测控系统分支的关键核心技术为“电机控制器和伺服系统”，日立公司创立时开发出5kp电机，并逐渐扩展到家电、电梯、机器人等领域，其在输送、测控、机器人各分支专利数量均占前十名；深圳汇川、上海新时达核心技术为电机控制技术，因此能够从电梯行业延伸到自动化生产领域，成为自动化行业龙头。同时，以中小型PLC为进一步发展重点。国内小型PLC企业如浙江中控、南京科远和北京和利时都具有一定核心知识产权和相应的市场份额，建议采用引入高校、科研机构参与的方式，将其深入研发，拓宽核心技术的覆盖范围。

（2）已有一定基础的领先企业审视弥补自身弱点，使自身形成完整生态闭环，掌握自动化领域全产业链。

已经在工业自动化领先的企业仍不断通过兼并收购来完善自身产业链，主要的被并购对象有智能传感器企业，伺服器、电机控制器企业，工业机器人和软件企业。例如，瑞典ABB收购贝加莱，从而掌握工业自动化的全产业链；美的集团收购库卡和以色列企业Servotronix，从而掌握了机器人的全产业链，完成从家电企业向科技集团的转型。

（3）在该领域弱势甚至空白的企业通过兼并收购切入工业自动化集成领域。

国内工业机器人起步较晚，企业主要通过收购来切入该领域。例如，南京埃斯顿收购意大利EuclidLabs S.r.l；安徽埃夫特在收购CMA后其四轴机器人开始逐渐占据较大市场份额，成为国内领先企业；无锡华东重机收购润星科技后切入智能装备制造业。资本界的汉德资本和赛摩电气收购意大利的企业，主要标的产品是机械手臂末端设备和工业自动化设备等；苏州胜利精密传统主业是塑品NB、电子产品终端零件，在其收购富强科技后，直接切入3C智能装备制造行业。

（4）企业抱团以突破国外技术封锁。

国外领先企业已形成专利壁垒和技术封锁，国内相关企业通过抱团合作以突破国外技术封锁。例如，武汉华中数控联合湖北和广东两个地区的包括工业软件、测控技术、数控、机器人等十几家相关企业共同合作，以突破西门子等企业的技术封锁。

（5）与国际领先企业合作，形成战略同盟。

我国工业软件由于起步晚、积累少，国外工业软件仍占据统治地位。因此金蝶软件与IBM组成全球战略同盟，进一步增强在生态链上的竞争力；苏州富强科技与德国transfack签署战略合作协议，同时进行资源整合。

（6）形成专利壁垒，完成技术封锁。

极少数企业依靠自主研发形成自己的核心技术及专利壁垒，如浙江中控为测控行业的领先企业，目前已形成了自我专利保护壁垒，其专利申请量近几年一直呈上升趋势，专利有效性高达57%。

（7）严控商业秘密，防止技术外泄。

华中数控为高档数控机床的领先企业，其在控制技术方面仅有66项专利，在软件方面拥有7项专利，虽然其专利有效性达57%，但相对于其产品覆盖率而言，专利申请量相对较少。根据现场调研，华中数控在专利布局和商业技术保密方面的权衡中，更倾向于商业技术保密，因此在专利技术上没有大量布局。

（8）技术发展形成清晰发展轨迹，坚持技术预研和持续创新。

在工业软件领域，甲骨文、思爱谱（SAP）、IBM和微软相关专利路径都经历了单点局部优化管理——远程控制技术——智能控制——综合集成控制的发展历程；国内湖北三丰智、江苏天奇物流、湖北华昌达三家对标企业均由相对传统的输送机械结构起步，正逐步注入自动化、智能化因素，正逐步向AGV/RGV多功能性、识别检测能力提升及基于输送生产线的智能控制转化。

14.2 发展建议

（1）响应目前市场并购重组浪潮，鼓励企业积极并购或引进上游供应链中具有核心测控技术的企业，弥补测控技术的空白。

国内外领先企业掌握了核心测控技术，因此一直以来处于技术领先地位。从专利上，我们看到测控系统的主要创新主体与工业机器人的主要创新主体是相吻合的。日本的日立电机是开发出 5kp 电机逐渐扩展到电力、家电、电梯、机器人等领域，其专利数量在输送、测控、机器人均占前 10 名。三菱电机从推出 F 系列小型 PLC 开始，逐渐扩展到数控机床等工业化各个领域。深圳汇川、上海新时达公司最初发展电梯技术，其核心技术为“电机控制器和伺服系统”在工业自动化领域处于关键性的地位，应用前景广阔，只要对电机技术适应性改进就能横向切入不同的行业。自动化的其他分支包括数控机床、工业机器人、智能输送、专用设备等，均对测控技术有较强的需求。这就是深圳汇川、上海新时达公司能够从电梯企业延伸到工业自动化领域，成为自动化行业龙头的基础。而苏州本土企业在驱动控制器和软件技术等方面比较弱，只有检测技术占据优势，例如天准精密、富强科技为行业领先自动化检测企业，但并没有领先的电机控制器和伺服系统企业。从专利申请情况看，在伺服系统、电机控制器领域，国内主要专利申请企业有汇川技术有限公司（苏州、深圳）、南车株洲电力机车研究所、卧龙电气集团股份有限公司、建准电机工业股份有限公司、鸿海精密工业股份有限公司、德昌电机、中山大洋电机等公司。而在自主芯片领域，国内领先企业的有无锡江南计算技术研究所的申威芯片、国防科大的飞腾、长沙景嘉微、龙芯中科、华为海思、上海展讯等。目前，长三角还汇聚了来自张江、漕河泾两大高科技园区的锐迪科、鼎芯、澜起、中微、先进、贝岭、华虹、中芯国际、晶晨半导体、兆芯科技、长电科技、先进半导体、上海贝岭、华晶半导体和复旦微电子一系列企业，因此已组成了一个包括中央处理芯片（CPU）、图形处理芯片（GPU）、影音多媒体芯片、存储芯片、显示器件等开发、代工制造、测试封装及架构设计的一揽子解决方案的产业集群。

对于苏州来说，泰信电机和圣马特电机为专利申请量最多的企业，可以依托苏州上述本土几个领先企业，申请并购长三角芯片群里具有核心电机控制器、伺服系统技术的企业，并鼓励企业开展测控技术多样化二次开发应用的尝试。未来，随着越来越多的制造业纷纷步入自动化的行列，掌握自动化设备控制系统，并针对下游制造企业需求对控制系统进行二次开发应用，为下游企业提供满足其要求的定制化自动化成套设备，从而整体解决方案的企业将获得更多的发展空间。首先，发展现有的苏州汇川的电机控制技术，依托苏州本土几个领先企业如泰信电机、圣马特电机引进伺服系统和电机控制器关键技术，包括引进长三角芯片群中众多的优势企业，积极研究无锡申威芯片、华为海思芯片、国防科大芯片等领先企业与工控机的结合技术。其次，依托胜利精密、博众精工、天准精密等检测技术强势的企业从安徽、陕西和黑龙江等地引进传感器生产基地。最后，鼓励苏州本土自动化相关企业开展测控技术多样化二次开发应用的尝试，将测控系统作为重点发展方向。

（2）整合本土上游供应链，打造产业集群，形成完整产业链。

自动化装备行业是由上下游多行业集合而成，可实现产业最有效分工、最短路径协作和最低成本，因此聚焦在某个地区能够共同赢得地区竞争优势。未来集群化是发展趋势。整体来看，中国自动化生产线行业集中在江苏、湖北、广东几个省份，尤其以广东最为集中和团结。而苏州本土企业离散化现象严重，未能形成自动化成套生产线集群，也未意识到抱团的优势；作为短板，苏州应当整合供应链资源，形成完整生态圈。这需要深入调研、考察自动化装备每个环节的国内企业，挖掘具有优势的企业进行整合。同时，针对苏州已有的几个上游领域和行业领先的企业进行整合，使其连成线，帮其完善产业链。可以在引进测控企业同时，建立以测控技术为核心，软件系统企业（如博云软件、华冠科技、通商软件）为纽带，结合苏州本土的输送领先企业如艾吉威公司，数控加工企业如胜利精密，检测领先企业如天准科技等，共同构建一个完善的生态圈。

（3）根据短板测控技术，深入挖掘全球工业自动化领域的隐形冠军和单打小巨人，引进人才和技术。

表 14–1 汇总了近年来国内企业收购国外企业的名单，从名单上可以看出近年来国内收购国外的企业基本为意大利、丹麦、德国企业，机器人领域除了美国和德国之外，瑞典、意大利也在高档机器人领域处于领先地位，机器人和数控机床产业是意大利制造业的支柱产业，其具有极大的发展潜力，但生产规模都比较小。意大利北部区域在机器人及自动化领域上的发展水平更是不输于瑞士与德国等国家。更重要的是，相对于德国、法国、瑞典等国，意大利企业和政府对中国投资者的友好程度更高，这也使对意大利企业收购的交易风险大大减少。事实上，近年来意大利已成为中国企业海外并购的最大目的地之一，从机器人及自动化企业的收购交易数量上来讲，意大利也是遥遥领先的。从卖方的角度看，许多欧洲中小企业主逐渐意识到中国市

场的重要性，但由于企业长期由家族控股并运营，在资金及人力资源上并不具备单独开发中国市场的能力。因此，通过出售股权的同时增设合资企业，双方资源互补来共同开发中国市场，也可以达到卖方的战略意图。

表 14–1　近年国内企业收购国外企业汇总表

收购方	标的	标的主要产品
埃斯顿	M.A.i（德国）	机器人
埃夫特	W.F.C（意大利）	机器人系统集成商
埃夫特	ROBOX（意大利）	运动控制系统
赛摩电气	Epistolio S.r.l（意大利）	机器人及工业自动化设备
埃斯顿	Barrett（美国）	微型伺服，人机协作机器人
埃斯顿	TRIO（英国）	运动控制
汉德资本	Gimatic（意大利）	机械手臂前端设备
美的集团	KUKA（德国）	综合性机器人制造商
埃夫特	Evolut（意大利）	金属加工机器人
埃斯顿	EuclidLabs S.r.l（意大利）	机器人视觉
中国南车	SMD（英国）	海底机器人
华昌达	DMW（美国）	物流机器人
万讯自控	Scape（丹麦）	自动化仪器仪表
卧龙电气	SIR（意大利）	工业机器人集成
埃夫特	CMA（意大利）	喷涂机器人
均胜电子	IMA（德国）	自动化集成

瑞典和瑞士也在工业自动化领域占据一定优势。沈阳市政府 2017 年与瑞典斯特罗斯市政府共同主办了“瑞典机器人谷—东方机器人谷暨沈阳市—韦斯特罗斯市机器人产业发展合作”论坛，同时三家瑞典机器人生产企业于当日与中德装备园签约落地。此外，以色列在机器人赖以发展的电子、计算机和机械工程、软件工程等技术领域都处于世界领先地位，尤其是其运动控制系统、伺服机和软件技术。全球四大工业机器人公司的产品，罕有不带以色列技术 DNA 的，从运动控制系统到伺服电机到软件算法，细究起来都能追溯到以色列技术的影子。以色列在研发机器人领域的成就，已被包括中国在内的众多国家所重视。但以色列缺乏大的市场支撑，企业要做到一定规模，设施、人力、场地等都是短板，由于以色列电机、传感器、软件等技术都走在世界的前面，沈阳新松机器人已经开始与以色列在机器人领域建立沟

通。国内众多企业也已抢先一步，例如深圳美的公司收购以色列企业高创（Servotronix）公司。

表 14–2 所示为国际对标企业名录，可供后续招商引资或者企业对接时参考使用。

表 14–2 国际对标企业名录

企业		主要产品和企业特色	备注
以色列	启东方（Startupeast）	主要服务于以色列高新技术初创企业的海外拓展	
	Solchip 公司	有物联网太阳能电池芯片专利技术的高科技企业	
	BWV（BrightWay Vision）公司	高级视觉系统、先进视觉传感器	
	redcap 公司	消防智能管控专家	
	埃尔比特系统（Elbit systems）公司	检测器 / 传感器 / 无人机等	
	高创（Servotronix）	自动化公司，开发和销售运动控制及自动化解决方案的高新企业，包括工业机器人 / 电子装配 / 半导体 / 机械工具等多个行业提供全面的运动控制方案，产品包括编码器 / 伺服驱动器 / 多轴运动控制	
	洛克斯塔（HexaTier）	云数据库安全初创公司	
意大利（控制器）	迈卡（MAICA）	意大利衬衫制造专家，拥有全球最先进 / 最完善的衬衫流水线生产自动化设备	已被台州杰克缝纫机股份有限公司并购
	TER（Tecno Elettrica Ravasi）	具有强大的制造能力及密切结合客户的特色，为全球范围内的大量起重 / 装卸和安全应用领域内的客户提供解决方案；特别是其旋转限位开关系列产品更是被全球风机制造商普遍采用，此外还有传感器等	
	范提尼柯丝米（Fantini Cosmi）	控制和调节的电气、电子设备及系统的领先制造商	

续表

企业		主要产品和企业特色	备注
意大利（机器人）	比雅斯集团（BIESSE）公司	致力于研发生产高科技的木工领域的机械设备，提供先进的木材 / 板材生产加工整体流水线及全套的解决方案	
	博栗玛（BLM）		
	EL.En 集团	国际先进的激光上市公司	与武汉楚天激光集团合资组建奔腾楚天激光（武汉）有限公司
		主要产品	备注
	柯马（COMAU）	工业机器人	
	CMA	喷涂机器人企业	均已被国内知名汽车装备和机器人系统集成商埃夫特公司（安徽芜湖）并购
	埃夫特（Evolut）	金属加工领域系统集成商	
	瑞博思（Robox）	运动控制领域机器人核心部件生产商	
	W.F.C 集团	业内领先的汽车装备和机器人系统集成商，拥有白车身焊接和通用航空行业 20 余年的丰富项目经验和核心技术	
	Euclid Lab 公司	致力于机器人三维视觉系统和离线编程系统的开发	在南京成立分公司—南京埃克里得视觉技术有限公司
	吉玛泰克（Gimatic）	机械手臂前端设备	
	特赛（Tiesse）		
瑞士（机器人）	ABB	电力和自动化技术的全球领导厂商	
	史陶比尔公司（Staubil）	机器人、工业自动化六轴机器人和其他类型机器人	
	莱斯特（Leister）	机器人	
	Teleretail AG	快递机器人	一家初创公司
	coppeliarobotics 公司	机器人仿真软件	
	徕卡公司（Athletic）	测量机器人	

续表

企业		主要产品和企业特色	备注
瑞士（数控机床）	托诺斯（TORNOS SA FABRIQUE DE MACHINE）	数控机床	
	欧康瑞（OERLIKON BUEHRLE AG）	齿轮、减速机、驱动器、机床等	
	乔治．费希尔股份公司（FISCHER AG GEORG）	汽车零部件	
	宝美（BUMOUEC）	制造针对复杂工件加工的机床	
	阿奇．夏米尔（GF/Agie Charmiles）	数控机床	
土耳其	优玛克（Ermaksan）	激光切割，机械加工	
奥地利	贝加莱公司（B&R）	PLC、IPC、伺服运动、机器人	
	科控（KEBA）工业自动化公司	机器人、机械和过程自动化、移动和操作等；针对客户的不同需求为机械及机器人控制系统提供快速有效的模块化的解决方案。	

（4）促进下游市场与供给商的合作，扩大国内外产业规模和市场占有率。

重点下游领域有车辆、机械工程、消费电子等，而苏州则消费电子、纺织等领域为优势，其中电子电器 OEM 企业自动化升级是一个很大的难题。以昆山 IT 行业为例，其具有明显的传统代工模式特征，传统劳动密集型企业规模大而利润不高，因此这部分企业产品技术要求一般，只依据订单生产。除极少数大企业与国外知名公司有长期合作外，多数企业经营考虑目前实际现状较多，尤其近年来接短单、急单情况明显，产品结构主要受上游企业的主导，同时自身转型升级“门槛”较高。以上情况造成这些企业生产成本较高，其采用“机器换人”难度增加。因此需要依据调研的各行业领先企业名录，并鼓励下游企业与对标的供应链积极合作，采购具有自主知识产权的相应产品，给自动化供应商试验机会，同时也大力升级自身自动化。政府应起到牵线搭桥作用，并构建相应的服务平台，对于银河电子等有实力进行自主研发自动化生产线的企业，则给予一定的鼓励和帮扶措施。

自动化生产线集成领域的重点下游领域有车辆、机械工程、消费电子等，苏州虽然在消费电子、纺织等领域占有一定的优势，但是消费电子、纺织企业自动化升级是一个很大的难题。例如，苏州银河电子是具备发展智能制造装备供给的综合型企业，在技术上也能够与美的、格力抗衡；但是其与美的、格力的战略布局不同，银河电子没有抢占智能装备制造业，没有计划从供给侧进行改革升级，而是通过购买安川机器人等采购方式升级生产线。

（5）鼓励科研并与高校展开合作，促进领先高校与苏州企业的合作及领先企业与苏州高校的合作。

大量的智能制造关键性的研究需要专门的重点实验室来实施和落实，国内自动化领先企业中，基本上依托或源于各地的高校，如华中数控—华中科技大学、浙江中控—浙江大学、上海科大智能—中国科学技术大学等。苏州目前在这方面缺乏实质性的进展。各个领先高校均形成相应分支的创新团队，并对校企合作持欢迎态度，上海交通大学工业机器人专利在国内排名第五，但近一半的专利并无有效的途径实现成果转化，并且其对校企联合持开放态度，上海交通大学协助常州的节卡（JAKA）、蒙牛、光明乳业等研发全自动灌装生产线就是较好典型。浙江中控目前与苏州大学共同建立 DCS 实验基地，也为苏州流程工业自动化人才储备提供一定帮助。这不仅可以促进苏州本地高校与领先企业或者苏州本土企业与领先高校合作，还可以筹备相关实验基地。从专利申请数量上看，在智能测控领域，浙江大学排名领先；在高档数控机床领域，哈尔滨工业大学、南京航空航天大学、浙江大学、清华大学、上海交通大学、西安交通大学、华中科技大学、西北工业大学、北京航空航天大学排名领先；在工业机器人领域，清华大学、哈尔滨工业大学、上海交通大学、华南理工大学、浙江工业大学、浙江大学东南大学排名领先；在工业软件领域，浙江大学、清华大学、东南大学、华南理工大学、北京航空航天大学排名领先。清华大学与国内外多个智能制造行业领先企业均开展了深入合作，如与西门子（中国）有限公司建立合作伙伴关系，在北京建立先进工业机器人联合研究中心；与三菱电机共同成立“清华大学—三菱电机联合实验室”。苏州在这方面可效仿之，尝试与上述各领域的领先高校逐一开展合作。

（6）挖掘专用领域的特色企业。

专用领域成套设备包括重大智能制造成套设备由石油石化智能成套设备、冶金智能成套设备、智能化成形和加工成套设备、自动化物流成套设备、建材制造成套设备、智能化食品制造生产线、智能化纺织成套装备及智能化印刷装备组成。根据国家发展方向，针对下游重点领域，电力、汽车及零部件制造领域、家电电子、节能环保领域、农业装备领域、现代养殖、石油化工领域进行自动化升级扶持。扶持特色专用非标企业（如昆山萨驰、苏福马、昆山华恒、新美星、斯莱克、金逸康等），做大做强。大力培育发展专业特色鲜明、技术含量较高、配套能力较强、市场前景较好的科技型“专、精、特、新”行业“小巨人”企业，引导企业加强自主创新、专业制造、精益生产、集约经营，打造相应的专用领域内的领军企业。支持装备制造领域的初创企业孵化，引导企业开展紧密分工协作，形成大中小微企业协同发展格局。

（7）重视工业管理软件的知识产权风险。

在智能制造领域中，核心工业管理软件严重缺位，智能制造龙头公司西门子在工业管理软件全产业链布局与我国工业管理软件发展相对滞后格局形成鲜明反差。智能控制技术发展到今天，技术不断更迭，PLC 和 DCS 控制器被逐渐扁平化，信息技术和自动技术更多地融入工业生产过程中，并且由于硬件的通用化和标准化降低了系统的成本，高端 PLC 将注意力更多地集中到了软件功能与行业应用库的开发上，工业管理软件封装了客户的内在竞争力，MES、ERP 等工业管理软件的影响也越来越大，数据库和云服务的支撑作用日益凸显。而国内企业却在相关领域对知识产权重视程度不够，仅有少数企业，且这些企业相关专利数量为个位数，大部分企业都未进行专利布局，因此需要提高中国工业管理软件知识产权不受重视的局面。此外，参考领先企业西门子公司，专利布局需要进行全方位考虑，而不是就特定领域进行单点布局，并需要整合 ERP 及 MES 的两种类型的企业，更加紧密地实现 ERP 与 MES 对接技术，使得企业全面发展，并结合工业管理软件跨界发展的趋势，鼓励国内领先企业突破细分领域局限性，拓展跨行技术，积聚技术优势。

就全球专利申请主体而言，可以看出部分行业内处于垄断地位的国际领先企业，包括西门子、发那科、日立、三菱、东芝、松下、博世、丰田等企业的专利技术以测控、软件技术为核心，同时在自动化成套设备生产线行业的各分支进行全面布局，并且专利布局并不仅限于特定领域。例如，日立公司不限于电梯，三菱公司不限于空调，尤其西门子公司的自动化成套设备生产线专利涉及各行业的自动化技术。反之，中国的企业的专利布局不仅数量较少，而且涉及层面较窄，通用集成型龙头企业缺乏。例如，浙江大学的工业管理软件集中于冶金化工领域，上海华力微电子的专利集中于半导体领域。这些可以以政策为导向，鼓励通用型企业在该领域进行全方面知识产权布局，其中中国在该领域表现突出的企业有华为、格力、美的、浙江大学、京东方（博科），它们通过知识产权布局的通用性、全面性，实现在各行业具有一定自由度的切换，从而提高抗击市场风险能力。知识产权的布局需要面向各种技术的通用化、标准化、模块化及融合性、开放性。